KB200344

호세아·미가

어떻게 설교할 것인가

두란노 HOW주석 시리즈 29
호세아·미가 어떻게 설교할 것인가

엮은이 | 목회와신학 편집부

펴낸곳 | 두란노아카데미
등록번호 | 제302-2007-00008호
주소 | 서울시 용산구 서빙고로 65길 38 두란노빌딩

편집부 | 02-2078-3484 academy@duranno.com http://www.duranno.com
영업부 | 02-2078-3333 FAX 080-749-3705
초판1쇄발행 | 2009. 12. 1. 7쇄 발행 | 2018. 1. 25.

ISBN 978-89-6491-079-5 04230
ISBN 978-89-6491-045-0 04230(세트)

책값은 뒤표지에 있습니다.

두란노아카데미는 두란노의 '목회 전문' 브랜드입니다.

호세아·미가

어떻게 설교할 것인가

• 목회와신학 편집부 엮음 •

두란노 HOW 주석

HOW
COMMENTARY
SERIES
29

설교는 목회의 생명줄입니다

설교는 목회의 생명줄입니다. 교회 공동체를 향한 하나님의 음성입니다. 그래서 목회자는 설교에 목숨을 겁니다. 하나님의 말씀을 가감 없이 전하기 위해 최선을 다합니다.

이번에 출간한 「두란노 HOW주석 시리즈」는 한국 교회의 강단을 섬기는 마음으로 설교자를 위해 준비했습니다. 「목회와신학」의 별책부록 「그말씀」에 연재해온 것을 많은 목회자들의 요청으로 출간한 것입니다. 특별히 2007년부터는 표지를 새롭게 하고 내용을 더 알차게 보완하는 등 시리즈의 질적 향상을 추구하였습니다. 독자 여러분의 끊임없는 관심과 격려를 부탁드립니다.

「두란노 HOW주석 시리즈」는 성경 본문에 대한 주해를 기본 바탕으로 하면서도, 설교에 결정적으로 중요한 '적용'이라는 포인트를 놓치지 않았습니다. 또한 성경의 권위를 철저히 신뢰하는 복음주의적 관점을 견지하고자 노력했습니다. 또한 성경 각 권이 해당 분야를 전공한 탁월한 국내 신학자들에 의해 집필되었습니다.

학문적 차원의 주석서와는 차별되며, 현학적인 토론을 비껴가면서도 고밀도의 본문 연구와 해석이 전제된 실제적인 적용을 중요시하였습니다.

이 점에서는 목회자뿐만 아니라 성경공부를 인도하는 평신도 지도자들에게도 매우 귀중한 지침서가 될 것입니다.

오늘날 교회에게 주어진 사명은 땅 끝까지 이르러 예수 그리스도의 복음을 전파하는 것입니다. 사도행전적 바로 그 교회를 통해 새롭게 사도행전 29장을 써나가는 것입니다. 이 시리즈를 통해 설교자의 영성이 살아나고, 한국 교회의 강단에 선포되는 말씀 위에 성령의 기름부으심이 넘치기를 바랍니다. 이 땅에 말씀의 부흥과 치유의 역사가 일어나고, 설교의 능력이 회복되어 교회의 권세와 영광이 드러나기를 기도합니다.

바쁜 가운데서도 성의를 다하여 집필에 동참해 주시고, 이번 시리즈 출간에 동의해 주신 모든 집필자들에게 이 자리를 빌어 감사의 뜻을 전합니다.

두란노서원 원장

호세아

어떻게 설교할 것인가

contents

II. 호세아 본문연구

I. 배경연구

1. 호세아와 오늘의 메시지 | 이형원
2. 에브라임은 어리석은 비둘기(호 4~10장) | 정중호
3. 모든 것보다 우세한 사랑(호 11~12장) | 한정건
4. 야웨의 심판과 구원(호 13~14장) | 이동수

01

호세아와 오늘의 메시지

설교자들이 신·구약성경 중에서 가장 등한히 취급하는 부분 가운데 하나는 구약성경의 예언서일 것이다. 그 이유가 다양하겠지만, 보편적으로 볼 때 설교자들이 예언서를 그 속의 환상들이나 상징적인 용어들 때문에 난해한 책으로 간주하거나, 본문의 사회적 상황과 그들의 현재적 삶의 상황이 너무나 차이가 있어서 현재에 적용할 만한 메시지가 없다고 속단하기 때문이다.

그러나 설교자가 예언서들을 설교하기 위해 고려해야 하는 일반적인 해석 원리들을 충실히 따라 연구한다면 예언서가 그리 난해한 책이 아니라는 것을 깨달을 것이다. 또한 본문이 제시하는 사회 전반적인 상황을 주의 깊게 살펴보면 그것이 오늘날 우리의 삶의 상황과 매우 흡사하다는 점에 놀랄 것이다. 더욱이 각 예언서에 담겨 있는 독특한 신학 사상들이나 삶의 교훈들이 처음 독자들에게 뿐만 아니라 현재 독자들의 삶을 긍정적으로 변화시키기에 충분한 힘이 있다는 점을 발견하게 된다.

예언서에 대한 연구나 설교를 기피하는 또 하나의 이유를 든다면, 그것은 다수의 설교자들이 그들이 살고 있는 사회의 전반적인 면에 대한 문제 의식을 느낄 수 있는 영적 통찰력이 부족하거나, 현 사회에 팽배한 죄악에 이미 휩쓸려 다니기 때문이다. 그리고 반문한다. "무엇이 문제란 말인가? 우리 사회가 보다 민주화되고, 생활 수준이 급속도로 향상되며, 한국 교회가 부흥하고 또 선교 사역에 앞장서고 있지 않은가?" 그러나 우리가 하나님의 말씀에 비추어서 현재의 우리 사회와 교회가 나아가는 길을 주시해 볼 때 많은 문제점이 있음을 시인할 수밖에 없다. 급변하는 세계정세와 남북한관계에 대한 국민들의 정치적 불안감, 국민간의 사상적 대립, 청배(請陪)하는 물질주의와 소비지향주의, 향락주의와 도덕불감증 현상, 빈부의 격차, 종교다원주의, 교회의 형식주의, 그리고 세속화 현상 등은 우리 모두가 비일비재하게 체험하거나 목격하는 것들이다. 이러한 현상들을 대하는 신실한 그리스도인들은 다음의 질문들을 던질 수밖에 없다. 무엇이 문제인가? 왜 이러한 일이 우리 사회와 교회에서 일어나고 있는가? 이러한 현상들을 극복할 수 있는 길은 무엇인가? 하나님의 말씀에서는 이런 문제들에 관해 어떠한 해결책을 제시하고 있는가?

필자는 위의 질문들에 대답해줄 수 있는 말씀들이 구약성경의 예언서에서 많이 발견된다고 본다. 그중에서도 대표적인 한 책이 호세아서다. 왜냐하면 호세아서가 제시하는 사회적 상황과 오늘날 우리의 삶의 상황이 너무나 흡사하기 때문이다. 또한 그 본문의 메시지가 우리 사회와 교회, 가정과 개인을 하나님 앞에 바로 서게 하는 데 필요적절하기 때문이다. 구약성경의 예언서를 연구하기 위해 고려해야 할 일반적인 사항들은 다음과 같다. 예언자의 삶과 개인적 체험 속에 담겨 있는 신적 교훈, 예언자가 본 환상의 계시적 의미, 예언서에 나타나는 비유적 언어나 이미지의 효과, 예언서의 문학적 형태, 예언서의 사회 전반적인 상황, 그리고 예언서의 주제와 중심 메시지다. 위의 사항들 중의 대부분은 예언서의 신학적 주제나 메시지를 파악하는 데 직간접으로 영향을 끼친다. 그런데 예언서가 기록될 수밖에 없었던 당위성을 파악하며, 오늘날 우리 사회에서도 예언서를 설교해야 한다는 점을 인식하는 데 결정적인 도움을 제공하는 것은 예언서 본문이 소개하는 사회 전반적인 상황 연구다. 필자는 이 글의 제한된 분량 때문에 호세아서가 소개하는 호세아 시대의 사회 전반적인 상황을 집중적으로 소개하고, 그에 상응하는 본문의 메시지를 찾아보고자 한다. 그리하여 본문의 상황과 유사한 상황에 처한 오늘날 우리 사회와 교회를 변화시킬 수 있는 메시지를 제시하고자 한다.

호세아서의 사회 전반적인 상황

예언자 호세아는 주전 8세기 이스라엘 왕 여로보암 2세가 통치하던 시대에 하나님의 소명을 받고 예언활동을 시작했다(호 1:1). 그의 예언활동 기간에 관해 보다 구체적으로 논의하기는 어렵지만, 보편적으로 여로보암 2세 때부터 이스라엘이 멸망하기 직전까지로 간주되고 있다(주전 750~725년경). 그 이유는 여로보암 왕이 죽은 이후 약 이십년간에 여섯 왕이 바뀌게 되는 무정부적 정치상황과 외교적 약화로 말미암은 국가의 임박한 패망을 본문이 암시해주기 때문이다.[1] 호세아는 다른 예언자들보다 독특하게 하나님의 부르심을 받았다. 호세아 1:2와 3:1에 의하면 그는 음행한 여인을 사랑하여 결혼하고, 또 그녀가 결혼한 후에 그의 품을 떠나 다시 음행하게 되었을 때 그녀를 사랑하는 마음으로 찾아가서 다시 아내로 맞아들이도록 명령받았다. 이러한 부르심에 순종한 호세아는 그가 개인적으로 경험한 체험 속에서 하나님과 이스라엘 백성간의 관계를 바로 깨닫게 되고, 그것을 예언의 한 핵심주제로 선포하게 되었다. 그가 외친 핵심주제는 이스라엘 백성이 하나님 앞에서 사회 전반적으로 음행하여 죄를 행했지만, 그럼에도 불구하고 하나님께서는 그들을 끊임없이 사랑하셔서 그들로 하여금 자신의 사랑과 보호하심 안으로 돌아오도록 회개를 권유하는 것이다.

정치적 상황

호세아서가 소개하는 호세아 당대의 죄악상들 중에서 우선 들 수 있는 것은 정치적인 것이다. 여로보암 2세가 북 이스라엘을 통치하던 시기(주전 786~746년)에 이스라엘 백성은 다윗과 솔로몬 시대에 누렸던 것과 유사할 정도의 국가적 번영과 평화를 누렸다. 이것은 국제적으로 볼 때, 그 당시에 제국으로 군림하던 앗수르의 왕들이 이스라엘을 침략할 의사를 보이지 않았을 뿐만 아니라, 남 유다 웃시야 왕과 북 이스라엘 여로보암 왕이 평화 관계를 유지하고 있었던 결과다. 그러나 국가적 번영과 평화의 시대를 이끌던 정치적 지도자들 중 다수는 서서히 교만하고 방종하여 자신들을 하나님의 법도 아래 두려하지 않았다. 정치, 사회적으로 권세 있는 자들은 자신들의 권력을 유지하기 위하여 유언비어를 퍼뜨리고 음모를 꾸미며, 강도와 살인까지도 일삼았다(호 4:2, 5~14; 7:3~7). 더욱이 여로보암이 죽고 난 다음 거의 이십년 동안은 왕권찬탈을 위한 피비린내 나는 쿠데타가 연속적으로 발생했다(호 7:3~7). 또한 쿠데타에서 승리하여 왕권을 잡은 자들은 그 나라의 주권자 되신 하나님을 의지하기보다 이웃 나라들과 동맹을 맺거나 조공을 바침으로써 왕권을 유지하려는 시도를 보였다(호 7:11; 8:9; 12:1). 호세아는 이렇게 혼돈스러운 여러 정치적 양상들을 하나님 앞에서의 범죄행위로 간주했다. 그리고 이러한 죄악에 대한 하나님의 엄한 심판이 나라의 멸망으로 나타날 것임을 선포했다.

사회적 상황

여로보암 2세 때로부터 팽배해진 국가적, 경제적 번영과 외교적 평화 양상은 여러 가지 부작용을 야기시켰다. 호세아보다 조금 앞선 시대에 예언했던 아모스가 소개하는 당시의 사회적 상황을 보충자료로 해서 인용한다면, 소수의 권력 있는 정치가들과 경제적 부호들은 서로 긴밀하게 유착한 가운데 불법을 행하고, 가난한 백성들의 재산을 겁탈하고 착취했다(암 2:10, 15; 5:7~9). 법관들도 뇌물을 받음으로 의인을 괴롭히는 악을 행했다. 또한 그들은 부당하게 번 돈으로 여름 별장과 겨울 별장을 사들이며, 날마다 술과 노래와 비싼 음식을 동반한 채 향연을 벌이는 향락적인 삶에 빠져 있었다(암 6:3~6). 그들은 주위에서 생존을 위해 애쓰고 있는 가난하고 소외된 이웃에 대한 동정은 조금도 없는 철저한 개인주의자들이었다. 그 결과 사회의 부의 부 빈익빈 현상이 심화됐다.

이러한 사회적, 경제적 불평등과 부정에 대해 호세아는 침묵하지 않았다. 하나님의 언약 공동체의 일원으로서 모든 백성이 하나님 앞에 귀한 인격체로 간주되며, 서로가 함께 더불어 잘사는 그러한 사회를 구성하는 것이 하나님의 뜻일진대, 여기에서 너무나 벗어나 있는 당대의 사회적 상황에 대해 호세아는 지적하며 그 결과로 하나님의 심판이 임할 것이라고 선포했다.

종교적 상황

이스라엘 백성의 종교적 부패를 세 가지로 지적한다면 윤리적 생활과 분리된 종교형식주의, 혼합종교주의, 그리고 종교 지도자들의 부패를 들 수 있다. 아이러니하게도 호세아 시대에 정치, 사회, 사법적으로 불법을 행하고, 가난한 사람을 착취하던 권력자는 종교적 열심이 대단한 자였다.[2]

가난한 자들도 예외는 아니었다. 벧엘에 있는 성전은 왕실의 예산으로 지원되었고(암 7:4), 종교적 집회들이 빈번하게 개최되었다(암 9:1). 그중에는 야훼 예배도 있었지만 술과 음행이 곁들여진 바알 예배도 있었다(호 4:11~14, 18).[3] 여러 가지 종교적 절기와 축제들도 철저히 지켜졌다(암 4:4~5). 예배 때의 찬양과 오케스트라 연주도 아름다웠다(암 5:22~23). 그리하여 사회적 풍요와 종교적 부흥이 발맞춰가는 것처럼 느껴졌다. 그러나 호세아는 백성들의 이러한 종교적 열심 이면에 숨겨져 있는 죄악된 마음을 볼 수 있었다. 성전이나 성소 내에서의 종교적 열심이 사회 생활에서 하나님의 뜻을 따르는 실제적인 행동으로 연결되어지지 않는 점을 호세아는 간파했다. 그들의 종교적 열심에도 불구하고 하나님을 체험하여 깨닫는 지식이 없음도 발견했다(호 4:1, 6). 그리하여 호세아는 윤리적 생활이 동반되지 않은 종교적 열심은 형식주의에 지나지 않으며, 이러한 현상은 하나님의 혐오를 불러일으킨다는 것을 지적했다.

더욱이 호세아는 이스라엘 백성이 다양한 우상들을 그들의 신들로 간주하여 의지하는 점을 발견했다. 그들은 야훼를 섬길 뿐만 아니라 많은 지방산당에서 바알을 섬기고(호 2:13, 17; 9:10; 11:2; 13:1), 여러 나무들 아래에서 점치는 행위도 시도했다(호 4:11~13). 특히 바알 예배가 이스라엘 백성에게 제공하는 추수의 확신과 성적인 쾌락, 그리고 술의 향연은 그들의 종교적, 윤리적 생활을 타락시키기에 충분했다(호 4:11). 그들은 야훼를 시내산과 광야의 하나님이요 과거의 하나님으로 이해했다. 아울러 그들이 현재 가나안 땅에서 농사를 짓는 데 실제적으로 도와줄 수 있는 신은 바알이라고 간주했다. 그래서 그들은 조상과 전통의 신 야훼도 섬기고, 현재의 의식주 문제를 해결해줄 수 있는 능력자로 바알도 섬겼다. 여기에 덧붙여 그들은 현재와 미래의 문제들을 해결해 줄 수 있는 신비한 힘이 있다고 생각하는 나무들 앞에서 빌기도 서슴지 않았다. 이스라엘 백성의 이러한 혼합종교주의는 호세아의 설교의 비판 대상이 될 수밖에 없었다.

제사장들의 부정과 음행과 하나님을 아는 지식의 결핍은 호세아 시대의 종교적 상황을 어지럽게 하는 또 하나의 주요 요소였다(호 4:6~10). 언약의 불법에 나타난 하나님의 뜻을 백성들에게 바르게 전해야 할 그들이 하나님의 법도도 모르거나 알면서도 어기고, 사회적인 지도자들과 결탁하여 공의를 거스르는 일들이 비일비재한 현상을 본 호세아는 하나님의 심판이 그들에게 기필코 임할 것이라고 지적했다.

위에서 언급한 바와 같이 호세아서는 호세아 시대의 사회 전반적인 상황 중에서 문제점이 되는 것들을 심도 깊게 지적하면서, 그것들을 해결할 수 있는 구체적인 해답들을 제시한다.

현재 우리 삶의 상황

호세아서가 제공하는 주전 8세기 이스라엘의 사회상은 의아해 할 정도로 현재적 우리 삶의 상황과 유사하다. 그러나 수천 년 전 이스라엘 백성이 하나님 앞에서 보였던 죄악이 지금 우리 사회와 교회에서도 존재한다는 사실은 온 인류가 하나님 앞에서 죄인이라는 성경적 진리를 확인해 준다.

호세아 시대의 정치적 죄악상은 오늘날 한국적인 옷을 입고 우리속에 존재하고 있다. 권력을 지닌 정치가, 입법가, 재벌 등이 서로 유착하여 일반 서민의 권익을 빼앗고, 자신들의 부귀만을 축적하는 사건들이 얼마나 많은가? 공직자 재산 공개와 금융실명제를 통해 보여진 사회 각계 지도자들의 추한 모습들은 우리 정치의 부패상을 단적으로 증거한다. 무엇보다도 급변하는 세계 정세 속에서, 그리고 핵문제가 우리의 생존권을 위협하는 시점에서 온 국민에게 신앙 안에서 참다운 평화의 길을 제시하는 결단력 있는 정치적 지도자들의 부재는 커다란 문제다. 온 국민이 야훼를 의존하는 신앙으로 뭉쳐서 이 나라를 지키자고 권고하기보다 주위의 강대국들에게 도움을 요청하기에 급급한 정책은 모든 그리스도인들에 의해 비판받아야 한다. 특히 설교자들은 정치적 지도자들의 우유부단함과 야훼에 대한 불신앙의 결과로 하나님께서 이 나라의 미래를 어둡게 하실 수도 있다는 경종의 메시지를 던질 수 있어야 한다. 현재 우리 경제적 생활 수준이 과거 어느 때보다 높아졌다는 점에 대해 다수의 사람들은 긍정적인 현상으로만 간주한다. 일제의 압박과 한국전쟁으로 말미암아 폐허가 되었던 이 땅에서 극심한 보릿고개를 경험했던 우리 국민은 피땀 흘리며 일한 결과로 한강의 기적을 이루었고, 지금은 의식주 문제는 걱정이 없는 시대가 되었다고 말한다. 그리고 올림픽이나 엑스포, 월드컵 등의 세계적인 행사를 유치할 만큼 사회적 안정과 번영을 지구촌 사람들에게 인정받고 있다고 말한다. 그러나 이러한 경제적 풍요와 사회적 번영과 더불어 동반되는 부정적인 현상들에 대해서도 우리는 주의를 기울여야 한다. 극소수의 권력가들이나 재벌들이 부동산 투기나 독점 등을 통하여 교묘하게 대다수 서민들의 재산을 잠식하는 현상, 그로 말미암아 부익부 빈익빈 현상이 심화되는 추세, 먹거리와 볼거리의 풍요 속에 국민들이 과소비와 향락주의로 치닫는 현상, 이에 따른 국민들의 도덕불감증 현상, 사회 각층에 팽배한 뇌물수수 현상과 그에 따른 부정부패, 아직도 일용할 양식을 위해 갈등하는 서민들에 대한 대다수 국민들의 무관심…. 이와 같은 현상들이 비일비재 하는 현 시점에서 우리는 우리 사회가 이전보다 더 함께 잘사는 사회로 가고 있다고 감히 말할 수 없을 것이다. 오히려 우리는 호세아처럼 이러한 사회악으로 말미암아 우리나라가 국가적 어려움을 당할 수도 있다는 점을 경고해야 한다. 특히 우리는 외부의 적에 의해서보다도 우리 내부의 죄악 된 삶의 모습 때문에 이러한 일이 일어날 가능성이 더 높다는 점을 부각시켜야 한다.

현재 우리나라의 사회 전반적인 상황 중에서 커다란 문제를 안고 있는 또 하나의 국면이 있다면 그것은 종교적인 것이다. 정통 기독교적 신앙을 고수하고 있다고 주장하는 많은 개신교회들에서 크고 작은 부패상을 하나님 앞에서 연출하고 있다. 호세아 시대에 팽배했던 종교적 형식주의, 혼합종교주의, 그리고 종교적 지도자들의 부패가 마치 고스란히 우리나라로 수입된 듯하다.

한국 교회는 이 사회와 전 세계를 하나님의 말씀으로 변화시키고 복음화시키기 위해 빛과 소금의 사명을 감당하도록 부름을 받았음에도 불구하고, 아직도 교권주의, 교파주의, 교회 내의 상업주의, 지나친 신비주의 등의 폐단에서 벗어나지 못하고 있다. 아울러 교회에서 가르치는 신앙적 교훈이나 교회의 예배의식이 우리 삶을 변화시키는 것과 거리가 먼 형식주의에 치우치고 있는 현실이다. 그리하여 한국 교회가 물질적으로는 풍요해지고 있지만 하나님을 알고 체험하는 일에 있어서 크게 도움이 되지 못하고 있다. 여기에 덧붙여 여러 교회 지도자들의 복음에 벗어난 삶의 모습과 개인적 야욕을 성취시키려는 노력들이 한국 교회를 어지럽히고 성도들을 미혹시킨다.

또한 포스터 모더니즘적 삶의 형태가 지배하는 현 사회 속에서 종교도 다원화 현상이 찾아왔다. 그렇기 때문에 다른 종교들을 통해서도 구원과 진리에 이를 수 있다고 주장하는 사상들이 교계 내에서 팽배하고 있는 추세다. 이러한 현대판 혼합종교주의는 반드시 배격되어야 하며 복음의 진리로 물리쳐야 한다.

위에서 언급한 현재 우리 사회의 전반적인 부패상들은 분명히 거룩하신 하나님의 심판을 초래할 것이다. 그리고 호세아서에 의하면 그 심판은 국가를 멸망에 이르게까지 할 수 있는 위협적인 것이다. 이러한 영적인 원리를 간파하고 있는 설교자들은 지금 이 시점에서 우리 국민과 특히 성도들의 삶의 방향을 하나님 앞으로 돌려놓아야 한다. 죄악과 그로 말미암은 심판으로 치닫는 그들을 회개와 구원의 방향으로 인도해야 한다. 이것이 모든 설교자들의 책임이다.

호세아가 우리에게 주는 메시지

호세아가 당대의 죄악된 백성들에게 외친 메시지는 무엇인가? 그중에서도 현재 우리 시대의 죄악상을 변화시키기 위해 적용할 수 있는 메시지는 무엇인가?

1. 죄와 심판

먼저 호세아는 그 백성의 죄악에 대해 민감하게 반응했다. 그는 백성들의 삶이 하나님의 법도에서 어긋난 것일 때에는 반드시 그것을 지적해주며 그 죄의 결과로 하나님의 심판이 임한다고 경고했다. 그런데 오늘날 설교자들이 특히 주지해야 할 사실은 호세아가 지목한 죄악상들이 결코 종교적인 것에만 국한되지 않았다는 점이다. 하나님의 백성의 사회 전반적인 삶의 모습 중에 어떤 국면이든지 정의와 공평과 하나님에 대한 신뢰가 실현되지 않았을 때에는 그것에 대해 분명히 언급하면서 힐책했다.

오늘날 설교자들은 강단에서 죄와 심판에 대해 설교하기를 꺼려한다. 비록 죄에 대해 언급해도 그것은 피상적이거나 교회 내적인 생활에 국한된 것이다. 이러한 서점에서 호세아가 그 백성들에 대해 지적한 죄와 심판의 메시지는 우리의 강단에서도 다시 강조되어야 한다.

2. 회개의 중요성

비록 호세아가 그 백성들의 죄악상을 나열하며 그 결과로 맞이하게 될 국가적 멸망을 선포했지만, 그 자체가 그의 예언의 궁극적 목표는 아니었다. 오히려 그는 죄와 심판의 외침을 통해 백성들이 하나님 앞으로 회개하고 돌아오기를 유도했다. 그러므로 회개의 주제야말로 호세아의 설교의 핵심이다(12:6; 14:1~3). 이것은 또한 모든 예언서의 보편적 주제요, 성경 전체의 주제이기도 하다.

그러므로 오늘날 호세아서를 설교하거나 예언서를 설교하는 자들은 그들의 설교의 마지막 결론부분을 회개의 주제로 마무리 지어야 할 것이다. 설교자가 잘못된 예언자적 심리에 빠져서 죄에 대한 형벌이 하나님의 최종적인 뜻이라고 외친다면 그것은 참다운 예언자적 설교를 하는 것이 아니다.

3. 하나님의 끊임없는 사랑

대부분 예언서의 공통된 메시지들은 죄와 심판, 그리고 회개에 관한 것이다. 그런데 죄에 빠진 하나님의 백성으로 하여금 회개에 이르도록 권유하기 위해 선포하는 신학적인 주제는 예언서마다 독특하다.

예를 들어, 아모스는 죄악에 빠진 백성들에게 정의로우신 하나님의 심판을 부각시켰고, 이사야는 하나님의 거룩하심과 영광스러우심을 강조했다. 에스겔은 신비한 환상들을 통해 하나님의 주권을 강조했고 예레미야는 새 마음을 주시는 하나님의 임재를 강조했다.

그러나 호세아는 특별히 하나님의 끊임없는 사랑을 강조함으로써 백성들이 하나님 앞으로 돌아오도록 권유했다. 그는 죄악된 백성들의 죄의 크기보다 더 크신 사랑을 지니신 인격적인 하나님을 소개했다.

"에브라임이여 내가 어찌 너를 놓겠느냐 이스라엘이여 내가 어찌 너를 버리겠느냐 내가 어찌 너를 아드마같이 놓겠느냐 어찌 너를 스보임같이 두겠느냐 내 마음이 내 속에서 돌아서 나의 긍휼이 온전히 불붙듯 하도다"(호 11:8).

특히 호세아는 이 주제에 관해 단순히 말로만 선포하지 않았다. 자신의 가정생활에서 경험한 비극적 부부관계를 생생하게 소개하면서 전했다. 또한 여러 가지 인상적인 비유적 언어들과 이미지들을 사용하면서 전했다. 사랑하는 남편과 불성실한 아내의 비유(2:2~7; 16:20), 사랑하는 아버지와 아들의 비유(호 1:10~11; 11:1~4), 의사와 환자의 비유(5:13~6:2). 그리하여 아모스가 하나님의 정의로움을 강조하면서 죄악된 백성들의 양심에 호소했다면, 호세아는 하나님의 끊임없는 사랑을 소개하면서 그들의 마음에 호소했다. 호세아가 강조란 하나님의 끊임없는 사랑이라는 주제는 성경 전체의 주인공이신 예수 그리스도의 삶과 연관지어 볼 때 더 큰 의미를 지닌다. 죄악된 백성이라 할지라도 계속적으로 그들이 회개하면 용서하신다고 호세아를 통해 자신의 뜻을 계시하신 하나님은, 자신이 정하신 때에 육체를 입고 이 땅에 오셔서 온 백성들에게 자신의 끊임없는 사랑과 은혜를 직접 선포하셨다. 그러므로 호세아서를 통해서 하나님의 끝없는 사랑을 선포하는 설교자들은 그 사랑의 궁극적인 성취가 우리 주 예수 그리스도 안에서 이루어졌다는 점을 명확히 밝혀주어야 한다.

회개한 하나님의 백성이 행해야 할 도리

이스라엘 백성이 하나님 앞에서 범한 죄목들을 구체적으로 열거하고 그 결과의 심각성을 소개한 다음에, 하나님의 끊임없는 사랑을 강조함으로써 회개를 촉구한 호세아는 그의 메시지의 진행을 여기에 멈추지 않았다. 그는 한 걸음 더 나아가서 회개한 백성들이 걸어야 할 길들을 구체적으로 제시했다.

먼저, 그는 이스라엘 백성이 하나님의 백성이라는 정체성을 새롭게 가지고 살도록 권했다.[4] 그는 하나님과 아담의 언약(호 6:7), 즉 족장 야곱과의 언약(12:3~4), 출애굽 사건과 광야에서의 인도하심을 통해 나타난 하나님의 구원활동, 그리고 여러 가지 비유적 표현을 통해 강조된 하나님과 그의 백성간의 인격적인 관계 등을 통해서 이스라엘이 하나님의 축복을 약속받은 백성임을 확인시켜주었다.

"내가 나를 위하여 저를 이 땅에 심고 긍휼히 여김을 받지 못하였던 자를 긍휼히 여기며 내 백성 아니었던 자에게 향하여 이르기를 너는 내 백성이라 하리니 저희는 이르기를 주는 내 하나님이시라 하리라"(호 2:23).

둘째로, 그는 이스라엘 백성에게 끊임없는 사랑(חֶסֶד헤세드 한결같은 사랑)을 베풀어주신 하나님 앞에, 이제는 그들이 하나님을 사랑하며 그의 언약의 법도를 지키도록 제안했다.

셋째로, 그는 하나님의 사랑을 체험하고 그분께 동질의 사랑을 돌려드림과 아울러 이웃들에게 공의(מִשְׁפָּט미쉬파트)와 정의(צְדָקָה쩨다카)를 보이도록 권고했다(호 2:19). 이것이 결핍된 채 행해지는 종교적 열심은 하나님 앞에서 무가치할 뿐만 아니라 그분의 엄한 심판을 야기시킨다는 점을 그는 시시때때로 주지시켰다.

넷째로, 호세아는 이스라엘 백성들이 하나님과 이웃들을 대함에 있어서 항상 진실되고 성실하도록(אֱמוּנָה에무나) 가르쳤다. 이것이야말로 하나님과 그 백성과의 언약관계를 유지시키는 데 필수요건임을 그는 강조했다.

다섯째로, 그는 이스라엘 백성이 하나님을 아는 지식(דַּעַת אֱלֹהִים다앗 엘로힘)을 가져야한다고 외쳤다. 매일 기도와 언약의 말씀연구를 통한 하나님과의 인격적 교제가 그분의 성품과 뜻을 알아가는 첩경임을 그는 지적했다. 특히 당대의 제사장들의 삶 속에서 이것이 부족했다고 힐책한 호세아의 예언은 오늘날 우리 교계의 지도자들에게도 경종을 울리는 말씀이다(호 4:1~6).

여섯째로, 그는 이스라엘 백성들이 인자한 행동(רַחֲמִים라하밈)을 생활 형태로 삼도록 권했다. 소비 지향적이거나 향락적인 삶의 자세에서 떠나, 주위의 가난하고 소외된 자들에게 인자와 동정을 베풀며 함께 잘 사는 공동체를 형성하자는 호세아의 메시지는 오늘날의 설교자들이 힘주어 외쳐야 할 메시지 중의 하나다(호 10:12; 12:6; 14:1).

이 짧은 글에서 소개된 호세아 시대의 사회 전반적인 죄악상의 이해와 현재 우리의 삶의 상황에 대한 이해가 이 글을 읽는 설교자들이 그들의 청중을 이해하는데 조금이나마 도움이 되기를 바란다. 또한 호세아서가 우리에게 주는 메시지들에 관해 필자가 소개한 내용이 설교자들에 의해 보다 확장되어 선포됨으로 말미암아 우리의 교회와 사회가 하나님 앞에서 구원의 방향으로 보다 변화될 수 있기를 간절히 바란다.

02

에브라임은 어리석은 비둘기

호세아 4~10장

일반적으로 4:1~3은 '계약 소송' 양식으로 보고, 4~19절 부분은 제사장과 제의에 관한 심판 예언으로 보아 서로 구별하고 있다. 하지만 내용을 세밀히 살펴보면 이 두 부분은 사실 하나의 단위를 이루고 있음을 발견할 수 있다. 우선 '들으라'(שְׁמַע 쉐마)라는 청중을 향한 명령형은 예언을 시작할 때 사용되는 단어다. 이 단어가 4:1과 5:1에 나타나있는 점으로 미루어 4장 전체는 하나의 예언 단위이고 5:1에서 새로운 예언이 시작됨을 알 수 있다. 그리고 이스라엘을 청중으로 지칭하는 모습이 4:1과 15~16절에 동일하게 나타나는 점도 4장 전체가 하나의 단위임을 보여준다.

'하나님을 아는 지식'이 없는 백성이여!(4장)

보통 '쟁변하다'(ריב 립)라는 단어가 나타나기만 하면 이 단어가 소속된 단위는 계약 소송 양식 혹은 소송 양식이라 분류한다. 그런데 드로쉬(M. de Roche)는 이러한 주장을 비판하며 '쟁변하다'(립)라는 단어를 사용한다고 해서 소송 양식이라 한정지을 수 없고 오히려 재판 이전의 논쟁 단계를 가리킨다고 주장했다.[1] 1~3절이 소송 양식이 아니라 일반적인 논쟁 혹은 비판이라면 1~3절 부분과 4~19절 부분을 구분할 근거가 약해진다.

또한 4~19절이 제사장과 제의에 관한 심판 예언이라는 주장이 있으나 이는 잘못된 주장이다.[2] 왜냐하면 4, 6, 9절에 제사장이라는 단어가 나타나지만 제사장을 향해서 말하거나 제사장을 비판하는 말은 아니다.

4장 전체는 일관성 있게 청중인 이스라엘 백성을 향한 말씀이다. 8절에 '하타아트'(חַטָּאת)는 개역한글 성경에서 '속죄제물'로 번역되어 마치 제사장이 제물을 먹는 것처럼 번역됐으나 이 단어는 '반란, 반역'을 가리키는 단어로도 볼 수 있다. 따라서 4~19절은 제사장과 제의에 관한 특별한 내용이 아니기 때문에 내용상 1~3절과 구분되는 것이 아니며 오히려 동일한 내용이 4장 전체를 흐르고 있음을 알 수 있다.

그러면 4장 전체는 어떠한 상황에서 무엇을 위해 호세아가 예언한 것인가? 볼프(H. W. Wolff)는 "예언의 역사적인 상황을 무시한 채 예언을 해석하려고 한다면 반드시 잘못된 결과를 낳을 것이다"라고 경고했다. 이 말을 염두에 둘 때, 먼저 4장의 역사적 배경을 찾아보는 것이 순서일 것이다.[3] 거짓과 강도와 살인과 폭력과 학살의 현상이 이어지는 상황(2절)은 전쟁 혹은 반란으로 인한 내전 상황을 연상시킨다. 그런데 '행음'이란 단어가 반복되며 우상숭배를 지탄하는 내용이 이어진다. 우상숭배를 비판하는 이러한 내용과 2절의 상황을 어떻게 조화시킬 수 있겠는가? '행음'이라는 단어는 도덕적 혹은 종교적 우상숭배를 나타내는 말이기도 하지만 정치적인 배신행위를 나타내는 말이기도 하다. 따라서 4장 전체는 단순히 무시간적인 우상숭배를 비판한다기보다 특정한 시대에 일어난 반란 사건의 와중에서 그 시대를 규탄하는 호세아의 예언으로 볼 수 있다.

호세아가 통탄해 마지않은 것은 단순히 우상숭배라든가 제사장 및 예언자들의 타락상 등 종교적인 것뿐만 아니라 정치 군사적인 면을 포함한 사회 전반적인 문제에 대한 것이었다. 종교와 정치를 분리해야 한다는 시각이 있지만 적어도 예언자들의 경우, 아니 구약성경 전체를 보아도 그러한 시각은 없다. 현실의 역사를 주관하시는 분이 하나님이신데 역사 가운데 종교적인 부분만 하나님께서 관심을 두실 리는 없는 것이다.

반란이 일어나고 거짓과 강도와 폭력이 난무하며 학살 사건이 꼬리를 물고 있고 온 땅과 피조물들이 고통을 당하는 현실을 바라보며 호세아는 그 근본원인이 '하나님을 아는 지식'이 없기 때문이라 진단했다. 즉 하나님을 존경하지 않았고 하나님을 멀리하며 멸시했기 때문에 이러한 일들이 일어났다는 주장이다. 그러면서 호세아는 성전에 가서 제사를 많이 드리라든가 혹은 기도를 많이 하라고 처방을 내리지는 않았다. 오히려 호세아는 길갈이나 벧아웬과 같은 큰 성전에는 가지 말라고 막고 있다(15절). 그럼 호세아의 처방은 무엇인가? 왜 성전으로 가는 행렬을 막고 있는가?

호세아의 진단과 처방은 정확했고 보다 더 구체적이고 현실적이었다. 즉 예후 왕조에 살룸이 반란을 일으키고(주전 747년) 요단강 동편에서 베가가 또 다른 세력을 확장하는 일들이 하나님의 뜻이 아니고 사회 전체를 혼란에 빠뜨리는 일임을 지적했다. 호세아는 예후 왕조를 비판하기도 했지만(1:4) 예후 왕조 이래로 계속된 친앗수르 정책을 옹호했다. 호세아는 친앗수르 정책이 평화를 유지할 수 있는 현실적인 방법임을 알고 있었으며 그러기에 반앗수르 세력이며 내란을 일으키고 있는 베가와 살룸을 신랄하게 비판한 것이다. 호세아가 길갈성전에 가지 말라는 것은 길갈이 반란세력인 베가세력의 중심 성전이었기 때문이다. 그리고 호세아가 우상숭배를 비판하는 것도 반란과 관계가 있다. 즉 하나님의 이름을 들면서 국제조약을 체결한 친앗수르 정책을 버리고 반앗수르 연합세력과 손을 잡고 조약을 체결하는 행태를 '음행'이라 혹은 우상숭배라 단정하여 비판하는 것이다.[4]

분명 이스라엘의 참혹한 상황은 하나님을 버렸기 때문에 일어난 일이었지만 구체적인 원인은 하나님의 뜻을 버리고 국제관계를 혼란하게 하고 반란을 일으키는 정치적인 행동에 있었음을 알 수 있다. 오늘날 한국의 상황은 국제정세에 민감히 대처해야 하는 상황이다. 왜냐하면 우리의 생존이 달려 있는 문제이기 때문이다. 하나님은 한국의 기독교인과 교회에만 관심을 기울이시는 것이 아니라 우리 민족 전체의 생명과 평화에 관심을 기울이시며 씨름하고 계신다. 기독교인의 역할은 하나님께서 땀 흘리고 계시는 현장에

가서 그 일에 동참하는 것이다. 만약 하나님의 뜻에 동참하지 않고 거역한다면 이 땅은 울부짖게 되고 한민족뿐만 아니라 이 땅에 함께 살고 있는 들짐승과 공중의 새와 바다의 고기도 함께 고통 속에 죽어가게 될 것이다.

지도자들의 책임(5:1~7)

제사장과 지파의 지도자들과 왕궁의 지도자들은 이스라엘 백성을 이끌어가는 지도자들이며 이들은 하나님의 법과 정의를 바로 세울 책임을 진 사람들이었다. 그런데 그들이 여호와를 존경하지 않고(4절) 여호와께 대항하여 일어서는(2절) 행위는 스스로 여호와와 자신들 사이에 담을 쌓는 행위이며(4절) 여호와를 떠나시게 하는(6절) 행동이었다. 양을 치는 목자는 양을 보호하고 푸른 초장으로 인도해야 하는데 이들은 하나님으로부터 위임받은 양(백성)을 착취하고 양을 잡아먹는 악한 목자들이었다. 그들은 정의를 바로 세우기보다 백성들의 덫이 되었고, 백성들이 걸려 넘어지는 함정의 역할을 했다. 이러한 상황이 펼쳐진 배경에는 혼란스러운 므나헴 시대(주전 746~737년)가 있었다. 또한 이러한 혼란과 더불어 이스라엘을 압박하는 세력은 시리아를 등에 업고 있는 베가의 세력이었다.

지도자들이 하나님을 멀리한 결과는 그들이 지도하는 국가가 멸망하는 것이었으며, 반란사건이 꼬리를 물고 유다까지도 고통을 당하는 결과(시리아-에브라임 전쟁)를 낳게 되었다. 그들이 하나님께 감추려는 모든 것들이 명명백백하게 드러나며(3절) 자신들의 죄 때문에 자신들의 자유가 속박 당하게 되는 것이다. 많은 제물을 준비하여 큰 제사를 드려도 하나님은 외면하실 것이요 결국 그들은 영토를 잠식당하고 베가의 세력은 이스라엘 왕궁을 완전히 장악하게 되는 것이다.

오늘도 우리 사회에는 하나님의 법과 이사회의 정의를 책임지고 있는 교회 지도자와 사회 지도자가 있다. 이들이 하나님으로부터 위임받은 책임을 다하지 않고 오히려 하나님의 뜻에 대항한다면 우리 사회의 앞날은 암담해진다. 우리 모두가 삶의 터전을 잃게 된다. 이러한 문제는 예배의 대형화와 교세확장으로 해결할 수 있는 문제가 아니다. 왜냐하면 변화해야 할 대상은 하나님이 아니라 인간이기 때문이다. 지도자의 변화가 필요하며 이들이 하나님의 뜻을 따를 수 있게 여론을 조성하고 민주 국가에서 부여받은 개개인의 주권을 올바르게 행사해야 한다. 현대에는 점점 많은 대중들이 정치에 무관심해지며 공동체의 평안보다 자신들의 이기심을 채우기에 급급해지는 경향이 있다. 개인과 집단의 이기심을 버리고 우리 사회 전체의 평안을 위해서 기독교인부터 스스로 모범을 보일 때이다.

하나님의 나타나심이 새벽빛같이 일정하다(5:8~6:11)

기브아와 라마와 벧아웬(벧엘)지역에서 나팔소리와 호각소리가 터져 나오는 것은 전쟁의 소리이며 베가가 사마리아를 점령하기 위해 진격하는 반란군의 소리로 짐작된다. 5:1~7에서 예언한 재난이 나타나기 시작한다. 베가는 반란을 일으켜 므나헴의 아들이며 이스라엘의 왕인 브가히야를 몰아내고 이스라엘의 왕권을 차지했다(주전 734년). 므나헴과 브가히야는 앗수르의 도움을 기대했지만 무산되었고(5:13) 사자같이 달려드는 하나님의 심판(5:14)을 막아낼 수 없었다. 제사장은 회개를 촉구하며 하나님의 용서를 강조하지만(6:1~3) 너무 하나님을 기계적으로 생각하는 면이 있다. 인간이 하나님께 회개한다고 해서 반드시 기계적으로 하나님이 용서를 베푸시는 것은 아닌데 제사장은 "하나님의 나타나심이 새벽빛같이 일정하다"고 여기며 하나님의 자유로움을 무시하는 표현을 했다. 그러나 하나님은 결코 기계가 아니며 더구나 그 누구에 의해서 조종되는 분은 더더욱 아니시다. 그리고 하나님은 많은 제사가 아니라 삶의 현장에서의 진정한 회개를 원하시는 것이다. 6:6에서 언급된 제사는 화목제와 번제로서 모두 감사 제사에 속한다. 이 절에서 말하고자 하는 것은 모든 제사가 무용지물이라는 것이 아니라 회개하고 죄를 용서받는 속죄제와 속건제를 드리지 않고 감사제만을 드리는 것을 하나님께서는 싫어하신다는 것이다. 하나님께서 원하시는 것은 회개하며 하나님을 존경하고 하나님을 충심으로 섬기는 것이다. 예언자들이 제사를 비판하는 경우들을 자세히 살펴보면 제사를 전면적으로 부정하고 쓸데없다고 하는 것이 아니라 죄를 회개하지 않고 감사제만 드리고 있는 모습을 신랄하게 비판하고 있음을 알 수 있다.

길르앗은 요단강 동편에 있는 지역으로 베가 세력의 근거지다. 베가가 반란을 일으켜 학살을 자행할 뿐만 아니라 제사장까지 세겜 길에서 강도떼와 다름없이 사람을 죽이고 있었다. 제사장들이 어떤 이유로 이와 같이 끔찍한 일들을 저질렀는지 알 길은 없지만 종교권 다툼과 정치적 분쟁의 와중에서 살인했을 것으로 짐작된다. 이러한 행위는 결정적으로 이스라엘을 패망의 길로 몰아넣었다.

반란과 전쟁의 와중에서 제사장 즉 종교지도자들이 해야 할 역할은 무엇인가? "하나님의 용서는 무한하고 하나님은 반드시 우리와 함께 하신다"는 말만 선포할 것인가? 아니면 총칼을 들고 어느 편에 서서 전쟁에 참여할 것인가? 이러한 역할보다 종교지도자들이 해야 할 기본적인 역할이 있다. 즉 왜 이러한 재난이 닥쳐왔으며 왜 하나님께서 이 재난을 허락하셨는가를 반성하며 국민들로 하여금 하나님 앞에 회개하고 올바른 모습으로 하나님 앞에 설 수 있도록 지도해야 할 것이다.

에브라임은 어리석은 비둘기(7장)

북 이스라엘 마지막 왕은 호세아(예언자 호세아와는 다른 인물)였으며 그는 앗수르의 지지를 등에 업고 반란을 일으켜 왕위를 차지한 인물이었다. 그러나 이스라엘 왕 호세아(주전 730~722년)는 즉위한 지 4년 만에 앗수르와 조약을 파기하고 친이집트 정책을 취했다. 앗수르와 이집트 사이에서 줏대 없는 정책을 편 이스라엘 왕 호세아의 모습을 예언자 호세아는 "어리석은 비둘기"(11절)라고 묘사했다.

이스라엘 왕 호세아가 갈팡질팡한 원인은 그 자신에게만 있다기보다 이러한 상황으로 몰아간 친이집트파 세력의 힘이었다고 볼 수 있다. 7장 전체는 친이집트 정책으로 돌아서는 이스라엘의 정책이 하나님의 뜻을 거역하는 정책임을 지적하고 날카롭게 비판한 말씀이다.

상처 입은 이스라엘을 치료하시려는 하나님의 음성이 울려 퍼지는데, 이스라엘은 자신의 잘못을 고백하고 자신의 상처를 보여드리는 대신 오히려 하나님을 대적하는 악행을 계속하며 악행으로 자신을 감싸는 상태에까지 이르렀다(1~2절). 여기서 말하는 악행이란 3절 이하에 구체적으로 묘사된 것과 같은 정치적인 악행으로 친앗수르 정책에서 친이집트 정책으로 변경시킨 행위를 말한다. 3절 이하에 나타나는 '저희'란 바로 친이집트파를 가리키는 말로서 이들이 왕과 지도자들을 미혹하여 끊임없이 친이집트 성향으로 국가를 끌고 가는데 그들의 노력은 너무나도 집요하여 마치 달궈진 화덕과도 같다고 비유되어 있다. 그들은 '왕의 날'에 즉 주전 727년 가을 축제에 드디어 왕 호세아가 친이집트 정책을 취하도록 유도했다(5절).

'술의 뜨거움'(5절)으로 병이 났다는 것은 술에 취해 올바른 판단력을 상실한 것을 말하며 지도자들이 올바른 판단을 하지 못하는 가운데 왕이 친이집트파에 휘말려 친이집트 정책을 취한 것임을 알 수 있다.

이러한 설명에서 나타나는 의문점은 외교 정책 문제가 어떻게 하나님을 향한 신앙 문제와 깊게 관련되어 있는가 하는 것이다. 이스라엘은 강대국 사이에 위치한 약소국가로서 국가의 운명이 강대국에 의해 좌우되는 경우가 허다했다. 따라서 어떠한 외교 정책을 취하는가 하는 문제는 국가의 사활을 결정하는 중대한 문제이며 백성들의 생사가 걸린 문제였다. 자신이 선택한 백성의 생명을 아끼시는 하나님은 이스라엘의 외교 문제를 중요하게 여기실 수밖에 없으며 예언자를 통해서 올바른 방향으로 백성을 인도하시려고 하신 것이다. 주전 8세기 후반부의 상황은 앗수르가 급속히 강대해지는 시기였으나 이스라엘 왕궁 내부에서는 앗수르의 세력을 체감하지 못하고 이집트를 선호하는 경향이 있었다. 역사를 주관하시는 하나님은 이 시기에는 친앗수르 정책을 통해서 이스라엘의 안정을 도모하기를 원하였으나 이스라엘은 하나님의 뜻을 거역했다. 국제적인 안목으로 장래를 볼 줄 모르고 당장 힘든 앗수르의 멍에만 벗어버리려고 친이집트 정책을 취하였기에 이스라엘은 멸망했으며 백성들은 죽임을 당하고 혹은 사로잡혀갔다.

한국은 이스라엘과 비슷한 점이 많다. 강대국에 둘러싸인 약소국가라는 점이라든가 분열 민족이라는 상황과 외교 정책이 국가의 사활을 결정한다는 점들이 비슷하다. 한국의 기독교인들은 한국의 외교 정책에 관심을 둘 필요가 없는가? 하나님은 한국의 외교 정책에 관심이 없으실까? 우리의 신앙에 비춰볼 때 우리가 선택할 외교 정책은 과연 무엇일까? 한국 백성의 생명을 살리는 지도자의 현명한 통찰력과 백성의 생명을 살리는 지도자의 용기 있는 결단을 하나님께서는 원하고 계신다. 한국의 기독교인들은 지도자들을 위해 기도할 뿐만 아니라 그들이 올바른 길을 선택할 수 있고 추진할 수 있도록 영향력을 행사해야 한다. 그렇다고 기독교인 모두가 정치인이 되라는 것은 아니다. 자신의 일들을 충실히 수행하면서 자신의 일을 통해서나 여론 조성을 통해서 가능한 방법으로 이 문제에 관심을 가지고 민주시민의 한 사람으로 영향력을 행사하는 것을 말한다. 근시안적인 애국심은 나라를 망칠 수 있고 맹목적인 복수는 이 땅에 억울한 피를 흐르게 할 수 있다. 기독교인의 책임은 기도와 예배뿐 아니라 이 땅의 생명들을 살리는 데 있다.

사마리아의 송아지(8장)

친이집트 정책을 취하며 앗수르에 대항하였을 때 앗수르 왕 살만에셀은 사마리아를 공격하게 되었고 호세아는 앗수르 군대에 의해 포로가 되었다

(주전 725년, 왕하 17:4). 왕이 항복을 하였지만 사마리아성 사람들은 그 후 앗수르에 대항하여 계속 3년 동안이나 저항했다. 결국 사마리아성은 3년 후인 주전 722년 함락당하여 앗수르의 영토로 합병되고 말았다. 8장은 이스라엘 왕 호세아가 포로 된 이후 사마리아성 사람들이 자기들 마음대로 새 왕을 세우고 앗수르 군대에 저항하는 상황을 그 배경으로 하고 있다.

'여호와의 집'(1절)이란 여호와께서 택하신 백성 이스라엘을 가리키는 구절이며(호 9:8, 15) 이스라엘 백성들이 독수리가 덮치듯 갑자기 공격을 당하여 멸망할 것을 호세아가 예언했다. 이스라엘이 하나님 앞에서 잘못한 것을 들어보면, 첫째 '내 언약' 즉 여호와의 언약을 어겼다. 이 언약은 시내산 계약이 아니라 국제 외교상 조약을 가리킨다. 즉 여호와의 이름을 들면서 맺은 조약을 말하는데 구체적으로 지적한다면 앗수르와 이스라엘이 맺은 봉신계약을 가리킨다고 볼 수 있다. 비슷한 경우를 예로 든다면 바빌론 왕 느부갓네살과 유다 왕 시드기야 사이에 맺은 조약인데 에스겔은 이 조약을 '내 언약'(겔 17:19) 즉 여호와의 언약이라 했다. 둘째 사마리아에 하나님의 허락 없이 왕을 세운 사실이다. 셋째는 사마리아에 송아지를 만들고 송아지를 신으로 숭배했다는 사실이다. 이스라엘을 지으신 분은 여호와신데 이스라엘은 송아지를 섬김으로 여호와를 버린 것이다. 이러한 그들의 노력은 '바람을 심고 광풍을 거두는'(7절) 허망한 몸부림이며 그들이 종교에 열심을 쏟는다 하나 그들의 종교는 그들을 범죄케 하는 종교가 되었다(11절).

앗수르에 대항하는 이스라엘은 동맹군을 얻기 위해 많은 대가를 지불했고(9절) 모든 방법을 다해 앗수르 군대에 저항했지만 그 계획은 수포로 돌아가고 다시 이집트로 가는(13절), 즉 다시 노예상태로 전락하는 비참한 종말을 맞이하게 되는 것이다.

현대에도 국제 관계나 인간 관계에서 신의를 잃어버리면 다시 회복하기란 지극히 어려운 일이다. 강대국의 힘에 눌려 불평등한 국제 조약을 맺었을지라도 하나님의 이름을 들면서 조약을 맺었다면 그 조약을 준수하며 국제간의 평화를 증진시켜야 할 것이다. 또한 하나님의 뜻에 인간의 뜻을 맞추는 것이 아니고 인간의 뜻에 맞게 종교를 변형시켜 버린다면 종교는 구원을 주는 종교가 아니라 재앙을 주는 종교, '범죄케 하는 제단'(11절)이 될 것이다. 사마리아 사람들이 다른 종교를 수입하거나 창설한 것이 아니고 여호와 종교를 변형시켜 여호와를 잘못 숭배한 것이다. 인간이 만든 우상 '송아지'는 참 신이 아니며 이러한 종교를 숭상하는 집단은 멸망을 자초하게 되는 것이다.

에브라임의 영광이 새같이 날아가리라(9장)

사마리아가 앗수르에 대항하여 반란을 일으킨 가운데 주전 724년경 가을 추수 축제가 열렸다. 가을 축제인 장막절을 맞이하여 백성들이 흥겹게 춤을 추며 즐기고 있는데 예언자 호세아가 사마리아를 향해 심판 예언을 했다. 사마리아를 포함한 이스라엘이 멸망당하고 포로로 이방 땅에 잡혀갈 것이라는 예언이었다. 하나님은 더 이상 이스라엘을 사랑하지 않고 이스라엘 백성을 추방하신다는 예언이었다.

이스라엘이 하나님의 징계를 받는 이유는 이스라엘이 하나님의 말씀에 귀 기울이며 그 말씀을 순종하지 않았기 때문이며(17절) 정치 지도자뿐 아니라 종교 지도자들이 올바른 지도를 하지 못했기 때문이라고 지적했다. 예언자는 어리석었으며 오히려 백성이 걸려 넘어지도록 덫을 놓는 역할을 하였고 성전에서 하나님께 적대감을 품는 지경에까지 이르렀다(7~8절). 이러한 백성에게 내려질 징벌은 더 이상 여호와의 땅에 거주할 수 없고 앗수르로 추방되고 이집트로 도망할 수밖에 없는 추방의 징벌이 있을 뿐이다(3~6절). 이스라엘이 귀중히 여기던 모든 것이 잡초만 자라는 폐허가 될 것이며 이방 땅에서 숨을 거둘 것이라고 예언했다(6절).

10절 이하에서는 입양과 파양이라는 모티브를 사용하여 이스라엘을 향해 심판을 선언했다. 하나님께서 이스라엘을 입양시켜 자식으로 맞이하실 때는 사막에서 포도를 만난 것 같은 기쁨으로 맞이하였으나 부모를 업신여기고 청종하지 않는 자식이 되어버렸다는 것이다. 그리하여 이제는 파양을 선언하고 이스라엘의 자녀들이 더 이상 출생도 못하고 출생한 자녀들은 죽임을 당하는 형벌을 내리시는 것이다. "내가 그 사랑하는 태의 열매를 죽이리라"(16절).

국가가 멸망당하고 사회가 절망 속에 허우적거리는 이면에는 종교 지도자들의 어리석음과 악행이 숨어 있다. 반대로 종교 지도자들이 바로 서 있다면 그 사회는 희망이 있는 것이다. 기독교인과 교회는 진실한 종교 지도자들을 양성하는 데 힘을 기울여야 할 것이며 현재의 종교 지도자들은 자신들이 이 사회의 재앙을 막을 수 있는 마지막 보루임을 명심해야 할 것이다.

사랑을 많이 쏟아 부을수록 배신당했을 때의 아픔은 더욱 쓰리다. 하나님의 사랑을 한껏 받은 하나님의 자녀들은 하나님의 아픈 가슴을 먼저 생각하며 자신들의 악행을 회개하고 하나님의 뜻에 따라야 할 것이다. 하나님은 사랑의 하나님이면서 동시에 자신의 자녀까지 벌하실 수 있는 공의의 하나님이시다.

어미와 자식이 함께 부숴지리라(10장)

앗수르 왕 살만에셀 5세가 페니키아 지역을 공격하면서 사마리아성을 포위한 주전 724~723년 경을 배경으로 한 10장은 점점 강하게 구체적으로 사마리아성의 함락과 이스라엘의 멸망을 예언하고 있다.

이스라엘은 하나님의 은혜로 열매가 주렁주렁 열리는 포도나무같이 풍성한 생활을 했고, 하나님께서 가르치고 훈련시켜 왔으며 성전도 많고 종교의식도 화려했다. 하지만 하나님을 두려워하는 모습이 없고 군사력에 의존하였고, 반앗수르 외교 정책으로 멸망을 자초했다. 예언자 호세아는 여호와를 다시 찾고 묵은 땅을 기경하라고 외치며 친앗수르 정책을 취할 것을 호소했지만 사마리아는 완강하였고 이스라엘은 반앗수르 물결에 깊이 빠져 있었다. 이스라엘은 멋대로 반앗수르 동맹에 조약을 체결하며 국제적인 신의를 저버리고 여호와께서 선택한 왕을 무시하며 여호와에게 더 이상 기대를 하지 않는 상황이 되었다(3~4절). 그러므로 나라가 멸망할 뿐만 아니라 그들이 스스로 만든 벧아웬 송아지도 전리품으로 앗수르 왕에게 바쳐질 것이며 이스라엘이 자랑하던 많은 성전들도 파괴되고 제단에는 가시덤불이 덮이는 참담한 지경에 이르게 될 것이라고 예언했다(2, 5~6, 8절). 자랑하던 군대도 패망하고 요새는 파멸되며 백성들은 참혹하게 죽임을 당할 것이라고 예언했다. “어미와 자식이 함께 부숴지리라”(14절).

하나님의 자녀가 하나님을 경외하지 않고 하나님을 무시하며 마음대로 가는 그 길은 하나님께서 막으시며 징벌을 내리신 것이다. 또한 하나님의 뜻을 따르지 않고 마음대로 종교 세력을 팽창시키고 신학을 변경할 때 하나님은 그 종교의 핵심인 제단과 주상을 부숴버리고 가시덤불이 제단을 뒤덮게 만들 것이다. 마귀가 아니라 하나님께서 손수 잘못된 길로 걸어가는 종교를 파괴시키신 것이다. 오늘날 기독교인들과 교회는 하나님의 징벌의 채찍이 어디로 향하고 있는가를 주시해야 할 것이다. 이 일이 깨어있는 파수꾼의 할 일이요 여호와를 경외하는 방법이다. 우리 교회만큼은 임마누엘의 교회라 자랑하는 동안 하나님의 채찍이 ‘우리 교회’를 향하고 있을지도 모른다. 사마리아성이 함락당할 때 여호와의 제단들이 파괴당했고 예루살렘 성이 무너질 때, 예루살렘 성전도 불에 탔다. 이 사회를 살리지 못하고 이 백성들의 죽음을 막지 못하는 잠자는 교회를 향하여 하나님께서는 그 책임을 물으실 것이다.

03

모든 것보다 우세한 사랑

호세아 11~12장

호세아서는 사랑의 책이다. 호세아서는 하나님과 인간의 관계는 사랑의 끈으로 맺어져 있음을 말해준다. 하나님과 사람의 외적인 행동만을 묘사한 것이 아니라 내면의 동기, 즉 외적으로 행동하는 비밀한 감정을 찾아낸다. 그리고 이러한 비밀한 감정을 경험으로써 느끼고 확인할 수 있었던 호세아였다. 호세아는 고멜과의 혼인 생활에서 쓰라린 경험을 맛본 후 하나님의 심정을 더 잘 이해했을 것이다. 호세아는 고멜이 부정한 여인인 줄 알면서도 결혼했고, 부정한 여인을 또 다시 데리고 와서 사랑하려고 했다. 호세아는 이러한 자신의 비극적인 경험에서 하나님과 백성과의 사랑의 관계를 발견하게 된다.

음란하고, 자기를 버리고 다른 신을 향하여 도망갈 여인인 줄 알면서도 하나님은 이스라엘을 택하셨고, 결혼하셨고, 사랑하셨고, 또 부르셔서 다시 사랑하셨다. 호세아는 하나님의 이런 일방적인 선택과 사랑, 그 고통과 연민, 쓰라린 슬픔과 기쁨 등을 알 수 있게 된 것이다. 이것이 사랑이며 복음이었다.

호세아 11~12장도 이러한 전반적으로 흐르는 주제에서 벗어나지 못한다. 그러나 이 성경 본문은 전체 아래에서 한 메시지를 주는 하나의 설교와 같다. 하나님의 사랑과 이스라엘의 배신, 그리고 끊임없이 부르시는 하나님의 호소, 이스라엘의 어리석음과 죄악들, 심판에 대한 경고, 그러나 끝내 구원하시는 하나님의 사랑의 메시지가 이 호세아의 한편의 설교에 반복적으로 나타난다.

하나님의 사랑과 이스라엘의 배신(11:1~7)

이제 우리는 호세아의 사상 중 가장 심오한 지경을 엿볼 수 있다. 고멜의 죄와 같이 이스라엘의 죄는 사랑을 저버린 죄다. 사랑이 짓밟히고 은혜에 침뱉어지고, 호의가 무시를 당한다. 단순히 은혜를 무시하는 것이 아니라, 사랑을 짓밟는 일이요 거룩한 혼인의 언약을 모독하는 일이다.

본문은 앞부분과 달리 하나님의 부성적(父性的)인 사랑을 말한다. 마치 어린 아기를 품안에 품듯이 하나님이 이스라엘을 애굽에서 인도하심으로써 이 부성적인 사랑은 시작된다.

1. 사랑의 첫걸음

"이스라엘의 어렸을 때에 내가 사랑하여 내 아들을 애굽에서 불러내었거늘" (11:1).

하나님은 이스라엘을 애굽에서 부르실 때에 이미 '내 아들'이라고 부르셨다. 이미 하나님과 그들과의 관계는 그들의 조상들인 아브라함과 이삭과 야곱 때부터 맺어졌다. 그러나 그들은 아직 어렸었다. '나아르'(נַעַר)는 때로는 유아기를 가리키기도 하고(출 2:6; 삿 13:5, 7; 삼상 1:22 등), 때로는 소년기를 나타내기도 한다. 그러나 종종 아직 경험이 없고 도움이 필요한 소년을 의미한다(참고 삼상 17:34, 42).

애굽에서의 이스라엘은 아직 가야 할 길을 잘 분별하지 못하는 어린아이와도 같았다. 그들은 하나님의 이름도 잊어버렸고(참고 출 3:13), 오랫동안 하나님께 제사도 드리지 않았다(참고 출 5:3; 8:25~27). 그들은 패역했고, 오히려 그들이 애굽의 우상들을 떠나지 아니하므로 하나님이 내버려두었더니 그들은 애굽인들의 손에서 학대를 당하는 자가 되었다(겔 20:8). 이렇게 이스라엘은 하나님 편에서 볼 때 아직 철부지와 같은 어린아이에 불과했다.

하나님은 '내가 사랑하여' 그들을 '애굽에서 불러내었다'고 하신다. 왜냐하면 그들은 하나님의 '아들'이기 때문이다. 이미 조상 아브라함과 이삭과 야곱에서부터 그들은 하나님의 아들로 등록된 자들이다. 하나님께서는 이들이 애굽에서 고통 하는 소리를 들으시고 "아브라함과 이삭과 야곱에게 세운 그 언약을 기억하셨다"(출 2:24)고 한다. 즉 하나님은 그들이 자기 아들임을 인정하신다는 것이다. 그리하여 그분은 자기 백성 이스라엘 자손을 구출하러 가겠다고 나서신 것이다.

이스라엘에 대한 하나님의 사랑은 이스라엘이 큰 나라가 된 후에 시작된 것이 아니다. 이스라엘이 아직 철도 안 들고 갈 바를, 또 행할 바를 바로 알지 못할 때에 하나님은 그들을 자기의 아들로 인정함으로써 사랑은 시작되었던 것이다. 그렇기 때문에 이 사랑은 일방적이요, 은혜의 사랑인 것이다. 출애굽은 이러한 자기 아들에 대한 사랑에 기인하여 하나님이 일으키신 사건임을 호세아는 밝히고자 한다.

2. 예수 그리스도에게 적용된 본 구절

호세아 11:1은 마태복음 2:15에 인용됨으로써 그 중요성이 더 높이 평가된다. 신약성경에서 예수님은 헤롯의 위협을 피해 애굽으로 가셔서 헤롯이 죽기까지 거기에 머무셨다. 마태는 이 사건을 두고 선지자 호세아의 예언을 이루게 하심이라고 호세아 구절을 인용했다. 우리는 신약성경이 구약성경의 구절을 성취하신 것으로 인용하는 경우들을 그 적용의 유형에 따라 구분할 필요가 있다.

첫째로, 구약성경의 구절이 신약 시대를 멀리 바라보며 예언했고, 신약성경은 이것을 직접 이루어진 것으로 인용하는 경우다. 둘째로, 구약성경의 구절은 당시 시대의 상황에 대한 묘사였지만 신약성경은 이것을 이차적으로 적용함으로써 해석한 것이다. 두 번째 경우는 시편 22편에서 찾아 볼 수 있다. 시편 기자(다윗)는 자신이 당하고 있는 어려움 속에서 하나님께 부르짖는 것이지만, 신약성경은 이것을 예수님의 십자가에서의 상황과 연관시켜 인용한 것이다. 우리는 시편을 이해할 때 하나님께서는 시편 기자에게 그러한 경험을 묘사하게 하시면서, 결국 그것이 신약성경의 메시아에 대한 묘사로 연결하신 이중적인 목적이 있었다고 본다.

호세아 11:1도 후자의 경우에 속한다고 할 것이다. 호세아는 분명히 하나님께서 이스라엘을 어떻게 사랑하셔서 인도하셨는지를 말하고 있다. 그러나 그 출애굽의 기록은 모형으로서 예수 그리스도에게 이차적으로 적용될 수 있게 하나님께서 목적하신 것으로 이해해야 한다. 예수님은 이스라엘의 대표자로서 이스라엘을 예표하고 있다.

특히 이사야서를 예로 들어 보면 이것을 잘 이해할 수 있을 것이다. 이사야 42장 이후에는 '여호와의 종' 이 자주 나타난다. 많은 경우에 이 '종'은 복수 이스라엘 백성들을 가리키는 것이 분명하다(사 41:8이하, 42:19이하 등). 그러나 '여호와의 종'이 갑자기 단수인 어떤 특정인을 가리키는 것으로 나타나기도 한다(사 42:1이하; 49:5이하; 52:13~53:12). 단수인 종은 복수(이스라엘)의 대표자로서 복수인 종이 이루지 못한 사명을 이루게 하고, 그가 당할 고통을 당하게 하심으로써 (특히 사 52:13이하)[1] 이스라엘을 다시 회복시키는 역할을 하는 것이다.

예수님은 이스라엘을 구속하기 위하여 인간으로 오셔서 이스라엘의 길을 걸으시는 것이다. 고난 중의 애굽 생활의 모습까지도 같음을 신약성경은 부각시키고 있으며, 하나님께서 자기 아들을 얼마나 사랑하셔서 애굽에서 부르셨는지도 같음을 마태는 말하려고 하는 것이다.

호세아 11:1이 신약에서 예수님께 적용된 사실에서 우리가 다시 재확인할 수 있는 것은, 하나님은 그처럼 이스라엘을 사랑하셨다는 것이다. 우리들은 하나님이 자기의 독생자 예수님을 지극히 사랑하셨음은 쉽게 이해할 수 있다. 헤롯의 위협에서부터 생명의 안전을 위해 애굽으로 피신을 명령하신 하나님, 애굽에서의 피난의 고생을 이제 그만하고 고향으로 돌아가라고 부르신 하나님의 배려 등은 하나님이 자기 아들을 얼마나 사랑하시는지를 잘 보여주는 것이다.

거꾸로 이스라엘로 돌아가 보자. 하나님께서 가나안 땅의 가뭄으로 인한 생명의 위협으로부터 안전을 위해 애굽으로 가도록 준비시켜주시고 (요셉을 미리 보내셔서), 애굽에서 고생을 이제 그만하고 고향으로 돌아가라고 불러내신 점 등은 하나님이 자기 아들 이스라엘을 그토록 사랑하신 이유에서였음을 호세아는 확인시키기를 원하는 것이다.

3. 사랑을 배신하는 이스라엘

"선지자들이 저희를 부를수록 저희가 점점 멀리하고…"(11:2).

출애굽 이후의 이스라엘은 전 역사를 통하여 반역의 연속이었다. 큰 선지자 모세 이후 하나님은 반역의 백성들을 위해 선지자들을 보내고 또 보내어 자신의 뜻을 전하고 가르치게 하셨다(왕하 17:13; 렘 7:25; 슥 1:4). 그러나 그러면 그럴수록 이스라엘은 하나님에게 멀어져만 갔으며, 오히려 우상을 가까이 하고 숭배했다. 그들은 선지자들의 말에 귀를 기울이려 하지 않았다.

이사야 선지자의 경우를 예로 들어보자. 선지자의 말에 그들은 이르기를 "뉘게 지식을 가르치며 뉘게 도를 전하여 깨닫게 하려는가 젖 떨어져 품을 떠난 자들에게 하려는가"라고 비아냥거렸다(사 28:9). 즉 선지자의 말은 너무 어려워서 알아듣지 못하겠다고 관심을 두지 않았다. 그러나 하나님은 꾸준히 선지자들을 보내셨으나 이스라엘은 그들 중 더러는 죽이고 채찍질하고 구박했으며, 마지막 선지자인 그리스도까지 그들은 십자가에 못 박은 것이다(참고 마 23:34~35).

4. 사랑의 인내

"그러나 내가 에브라임에게 걸음을 가르치고 내 팔로 안을지라도…"(11:3~4상).

호세아는 하나님은 사랑이시라고 외친다. 하나님의 사랑은 세밀하다. 마치 부모가 아기의 걸음을 한 걸음 한 걸음 가르치듯이 어린 신앙의 이스라엘을 붙들고 그들이 가야 할 길을 인도하시는 사랑이다. 그분의 사랑은 의로운 사랑이다. 비록 택한 백성이 비틀거려 다른 길로 갔더라도 다시 제자리로 돌아오게 가르치시고 인도하시는 하나님이시다.

'내 팔로 안을지라도'는 이스라엘에 대한 하나님의 지극한 사랑의 보살핌을 보여주는 비유적인 말이다(신 1:31). 그들이 광야에서 뜨거울 때에 구름으로 덮어주시고, 밤에 추울 때는 불기둥으로 데워주셨다. 또 대적과 전쟁할 때에는 앞서가서 싸워주시고(법궤를 메고 전쟁에 나간 것), 그들에게 안식을 주시기를 원하셨던 분이셨다. 그런데도 그들은 기회만 있으면 하나님으로부터 떠나 우상을 섬기는 데로 돌아서곤 했다. 그들은 참으로 하나님의 사랑과 은혜를 저버리는 백성이었다.

"내가 사람의 줄 곧 사랑의 줄로 저희를 이끌었고"(11:4상).

'사람의 줄'은 '짐승의 줄'(시 32:9)과 대조되는 뜻으로 쓰였다. 자기를 배반하고 떠나는, 말을 듣지 않는 자기 백성들을 하나님은 짐승들처럼 멍에를 씌우고 줄로 묶어 끌지 않으시고 그래도 사람을 다루듯이, 오히려 자기 자녀로 대하면서 이끄신다.

그분은 끝까지 인내하심으로 사람의 마음속을 움직여 굴복시키시고야 마는 사랑을 가지셨다. 사랑은모든 것보다 강하다. 죄에 대한 형벌이나 배반자에 대한 미움보다 사랑은 더 강하다. 이 하나님께서 품고 계시는 사랑의 줄로 그는 자기를 떠난 자를 계속 자기에게로 이끄신다.

5. 구속의 사랑

"그 목에서 멍에를 벗기는 자같이…"(11:4중).

하나님의 사랑은 자기 아들을 구속(救贖)으로 이끄신다. 배반하고 떠난 아들을 종살이의 고통에서 이끄시어 그 멍에를 벗기시는 것이다. 마치 도망간 고멜을 몸값을 지불하고 도로 찾아오는 것처럼, 포로로 잡혀간 이스라엘을 위해 대속의 값을 치르고 다시 돌아오게 하시는 것이다.[2]

"저희 앞에 먹을 것을 두었었노라"(11:4하).

하나님은 이스라엘을 위해 젖과 꿀이 흐르는 가나안 땅을 준비하셔서 그들에게 선물로 주셨으며, 이른 비와 늦은 비를 통해 백성들이 풍성함을 누리도록 해주셨다(신 7:13). 마치 제사장을 위해 성소에 진설병을 주셨듯이, 그분은 자기 앞에서 봉사하는 자기 백성들에게 항상 상을 베푸시어 먹을 것을 주셨다. 이와 같이 이방의 멍에에서 돌아오는 백성을 위해서도 그분은 풍성한 상(床)을 준비하실 것이다.

6. 하나님을 떠남

"저희가 애굽 땅으로 다시 가지 못하겠거늘"(11:5상).

표준새번역 성경은 "이스라엘은 이집트 땅으로 되돌아가게 될 것이다"로 번역하고 있다(RSV, NEB 등을 따름). 그러나 히브리어 본문을 직역하면 "그들이 애굽으로 돌아가지 못할 것이다"이다(개역한글 성경과 일치함). 우리는 이유 없이 히브리어 본문을 변형시킬 필요가 없다. 본문은 이스라엘이 진퇴양난에 처해있는 형편임을 말한다. 세계 정세는 이미 앗수르에게 기울어져 있다. 지금 이스라엘이 앗수르로부터 재난을 피하기 위해 애굽으로 간다는 것은 너무 늦었다. 애굽은 그들에게 아무 도움도 줄 수 없음이 너무나 명백한 때이다. 앗수르는 이미 문전에까지 이르렀으며, 이스라엘은 막다른 골목에 와 있는 것이다.

이러한 정세의 상황은 마치 옛적에 홍해 앞에 선 그들을 향하여 애굽의 군대들이 달려드는 상황과 비교될 수 있었을 것이다. 이때에는 이제 하나님에게 부르짖을 수밖에 없다. 마치 모세가 "여호와께서 오늘날 너희를 위하여 행하시는 구원을 보라"고 담대하게 외친 것처럼(출 14:13) 말이다. 그런데도 그들은 하나님께 도움을 요청하지 않았다.

이는 참으로 어리석으며, 안타까운 일이다. 그냥 앉아서 앗수르에게 멸망을 당하느니, 하나님께 부르짖어보기나 할 것이 아닌가? 결국은 "앗수르 사람이 그 임금이 될 것이라"(5하절). 앗수르를 섬기는 것보다 하나님을 섬기는 것이 낫지 않은가? 앗수르보다 하나님이 그들을 더 학대하고 고역을 줄 것이란 말인가? 호세아 선지자는 참으로 안타까운 마음으로 부르짖으나 결국 헛된 일이었다. 하나님께서는 그토록 그들을 사랑하셨건만, 그들은 하나님의 사랑과 은혜를 버리고 결국 포로로 끌려가서 앗수르의 임금을 섬기는 백성의 길을 선택하고 만 것이다.

"칼이 저희의 성읍들을 치며…"(11:6상).

앗수르의 침입은 잔인하다. 전쟁에서 한 나라가 다른 나라에게 지는 것처럼 비참한 일이 어디 있으랴. 특히 앗수르의 군대는 잔인하기로 말하면 역사상 유래를 찾아 볼 수 없을 정도이다. 이러한 비참한 멸망은 그들의 '계책'(計策)을 인함이다. '계책'은 인간의 계획(plan)이나 도모(counsel)를 의미한다. 이것은 하나님을 의지하지 않고 자기의 수단과 방법으로 나라를 지키려고 하는 계획과 수단을 꾸짖는 것이다.

"내 백성이 결심하고 내게서 물러가나니…"(11:7).

하나님께서 그토록 사랑하는 아들을 어찌 잔인한 적군에게 내어놓으실 수 있겠는가! 그분이 어릴 적부터 자기 아들을 구출해 내셨으며, 손을 잡고 걸음마를 가르치셨고, 또한 사랑의 줄로 여태껏 이끌어오셨는데 그 아들을 포기할 수 있으랴. 그래서 그분은 선지자들을 다시 보내셔서 "저희를 불러 위에 계신 자에게로 돌아오라"고 부르짖으나(7하절), 그들은 결심을 하고 돌아보지 않는다. '결심하다'는 '매어달린다' '치우치다'라는 뜻으로, 백성들이 세상과 우상에게 전적으로 치우쳤으며, 혹은 그쪽에 매어달렸다는 말이다. 그들은 소망을 하늘에 두지 않고 땅에만 몰두해 있다. 새것을 바라보지 못하고 옛것에만 치우쳤으며, 하나님에게 접붙임을 당하지 못하고 우상에게 매어달렸다.

우리는 호세아 본문을 통하여 하나님의 사랑이 얼마나 진하고 숭고한지를 보았고, 반면에 이 사랑을 버린 이스라엘이 얼마나 완고하며 어리석은지 알았다. 하나님과 그분의 백성이라 불리는 사람의 각 단면들이다. 이것은 이스라엘에게만 국한된다고 하지 못할 것이다. 하나님의 사랑은 신약 시대의 새로운 자기 백성인 교회에도 마찬가지일 것이며, 또한 교회도 옛 이스라엘의 범주에서 크게 벗어나지 않을 것이다. 우리는 본문을 통하여 다시 하나님의 사랑을 확인해야 할 것이며, 또한 인간의 악함을 다시 인식해야 할 것이다.

회복의 약속(11:8~11)

본문은 북 이스라엘 백성들의 죄악을 지적하고 하나님의 책망과 심판을 선포한다. 그러나 그들이 비록 범죄하고, 공의로우신 하나님의 징계로 멸망당하지만 하나님의 무조건적인 사랑은 그들을 끝까지 멸망당하게 내버려두시지 않는다. 그들이 포로 된 곳, 또는 피난 갔던 곳에서부터 다시 고국으로 돌아오게 하며, 그들에게 영적인 회복을 주시며, 옛 사랑을 다시 회복하실 것임을 말한다. 여기에서 우리는 하나님의 무조건적이며 끝까지 변치 않는 사랑을 확인하게 되는 것이다.

1. 사랑하는 자를 멸할 수 없는 마음

"에브라임이여 내가 어찌 너를 놓겠느냐…"(11:8상).

본 절은 하나님의 사랑이 어떠한 사랑인지를 말해주려고 한다. 하나님의 사랑은 끝이 없으며, 결코 실패하지 않을 것이다. '어찌'는 의문사로 사용되고 주어가 일인칭일 때는 불가능을 전제로 한다. 즉 하나님이 자기의 장자 에브라임을 버린다는 것은 결코 가능하지 않을 것이라는 강한 의지를 나타내주는 것이다.

"내가 어찌 너를 아드마 같이 … 스보임 같이 …"(11:8중).

'아드마'와 '스보임'은 소돔과 고모라가 멸망당할 당시에 함께 멸망된 성읍이다(신 29:23). 아드마와 스보임이 여기에 언급된 것은 북쪽 이스라엘과 비교하기 위해서(즉 그들과 같이 죄악이 충만하여 멸망당하기에 합당하다는 뜻), 또한 서로를 대조하기 위함이다(그럼에도 불구하고 이스라엘은 그들처럼 멸망당하지 않을 것이라는 뜻). 아드마와 스보임이 자신의 죄악 때문에 멸망당한 것은 당연했다. 하나님의 공의는 붙는 불같아서 그들을 집어삼킨 것이다.

그들을 향해 붙었던 그 공의의 불꽃이 이제 이스라엘에게도 붙을 것인가? 물론 이스라엘에게도 하나님의 공의의 시행에는 차별이 없는 것이다. 그리하여 그들은 멸망을 당하며, 포로로 잡혀가고 흩어져서 수없는 세월을 눈물로 보내야 한다. 그러나 이스라엘을 대하는 하나님의 태도에는 아드마와 스보임과는 다른 점이 있다. 하나님은 그들을 지극히 사랑하신다는 것이다. 하나님 안에는 또 다른 불꽃이 일고 있다("내 마음이 내 속에서 돌아서", 8중절). 그것은 곧 사랑의 불길이다. 하나님은 이제 공의의 진노에서 사랑의 마음으로 돌이키시는 것이다.

"나의 긍휼이 온전히 불붙듯 하도다"(11:8하).

하나님의 마음이 진노에서 사랑으로 돌아서면서, 에브라임을 향한 긍휼이 불붙는 듯하다고 표현한다. 사랑에서부터 우러나오는 긍휼과 자비는 불꽃처럼 하나님의 마음에 일어나 진노의 불꽃을 몰아내는 것이다. 이러한 사랑의 불길을 누가 막을 수 있으랴! 이전에 하나님께서 진노하셨을 때 앗수르가 이스라엘을 손아귀에 넣었었다. 이제 하나님께서 사랑의 마음으로 돌이키실 때에 세상의 그 어느 나라도 이스라엘을 손대지 못할 것이다. 왜냐하면 그분의 긍휼은 "온전하기 때문이다."

"내가 사람이 아니요 하나님임이라"(11:9중).

이 말은 하나님의 인격성을 부인하기 위함이 아니다. 오히려 하나님께서 하시는 일은 사람의 일과 차별이 있다는 것을 말하기 위함이다. 인간은 사랑하다가도 미워할 수 있다. 인간의 일은 불완전하여 끝까지 이루어진다는 보장도 없다. 그러나 하나님은 인간과 다르다. 그분의 사랑은 결코 변할 수 없으며, 그분이 계획한 일은 도중에 실패로 끝날 수가 없다. "나는 너희 가운데 거하는 거룩한 자니"라는 말에서 하나님은 아직 이스라엘 백성 가운데 거하시는 분임을 확인시킨다. 그는 이스라엘의 조상들과 맺은 언약을 기억하사 끝까지 진노를 발하지 않으시고 거두시는 것이다. 그리고 그의 거룩을 이스라엘 중에 이루실 것이다. 이스라엘은 자기 중에 거하시는 거룩하신 분을 모시기 위해 거룩을 입을 것이다.

2. 사랑하는 자들을 불러 모음

"저희가 사자처럼 소리를 발하시는 여호와를 좇을 것이라"(11:10상).

하나님은 고난 중에 있는 자기 백성을 향해 마치 사자처럼 부르짖으실 것이다. 어미 사자가 적에게 빼앗긴 새끼 사자를 찾으러 나서면서 부르짖는 표호다. 옛적에 애굽에서 고통 중에 부르짖는 자기 백성을 찾으러나서는 하나님의 모습이다. '내 아들을 내어 놓으라'고 고함치는 소리다. 이 소리에 이스라엘은 귀가 번적 뜨일 것이다. 그 소리는 바로 아버지가 아들을 찾으며 부르는 소리임을 직감하는 것이다. 아들은 모든 것을 뿌리치고 그 소리 나는 곳을 향해 달려갈 것이다. 그 어떤 대적도 겁낼 필요가 없다. 어미사자가 있는 곳이면 안전하기 때문이다.

"서편에서부터 떨며 오되"(11:10하).

이스라엘의 남은 자들이 돌아올 것에 대한 예언이다. 이것은 바빌론으로부터의 포로 귀환에 대한 예언으로 볼 수 없다. 왜냐하면 바빌론에서의 귀환은 동방에서 오는 것이기 때문이다. 본 절의 귀환은 좀더 광범위한 지역을 포함하고 있다(참고 사 11:11~16).[3]

페인(J.B. Payne)은 이 장면을 주님의 재림 때에 공중에서 나팔 소리로 자기 백성들을 모으는 휴거를 예언한 것으로 말한다(참고 살전 4:16). 그러나 이것을 휴거 장면으로 보는 것은 너무 지나친 비약인 것 같다. 만약 이것이 휴거 장면이면 꼭 이스라엘뿐만 아니라 신약 시대의 모든 성도들이 함께 주님께 나아가는 것이 될 것이다. 페인은 이스라엘의 돌아옴에 대해 기피하기 위하여 그러한 해석을 하는 것으로 여겨진다. 페인과 같은 사람들은 구약의 선지서들에서 나타나는 이스라엘의 회복에 대한 예언들을 대체로 전체의 교회에 적용시키려고 하는 의도적인 해석을 시도한다.

그러나 본 절 앞 절들에서 이스라엘에 대한 하나님의 사랑과 (출애굽에서부터 시작하여) 그들이 하나님을 배반하고 멸망당하는 것을 말했으며, 이어서 그들이 돌아오는 것을 말하고 있다.

우리는 지금까지 앞 절들에서 이스라엘의 문제들을 다루다가 갑자기 여기에 와서 앞의 문맥에서 동떨어져 교회 전체에 적용시키는 것으로 전환할 이유가 없다고 본다. 따라서 본문은 신약 시대에 이스라엘이 다시 하나님의 신앙으로 돌아올 것에 대한 예언으로 보아야 할 것이다(참고 롬 11:25~26; 사 11:11~16도 같은 맥락에서 이해해야 한다).

"새 같이 … 비둘기 같이"(11절).

이 묘사는 그들이 돌아오는 데 있어서 민첩함과 지혜로움을 비유적으로 나타내는 것이다. 일단 하나님의 부르심이 시작되면 그들은 지체하지 않고 신속하고 민첩하게 나아올 것이다. 현재 신약 시대에 이스라엘을 보면 도저히 그들이 돌아올 수 있을 것 같지 않다. 그러나 그것은 인간의 생각이다. 우리의 생각에 불가능할 것이라는 전제로 하나님의 말씀을 제한할 필요가 없다. 그분이 하시고자 한다면 산이라도 옮기실 수 있지 않겠는가? 돌감람나무도 그 "본성을 거슬러 좋은 감람나무에 접붙임을 얻었거늘"(이방인들이 구원에 참여함) 어찌 하나님께서 "원가지인 이 사람들이야 얼마나 더 자기 감람나무에 접붙이심을 얻게" (이스라엘이 다시 구원에 회복)하실 수 없겠는가(롬 11:24). 비둘기는 귀소성이 강한 새다. 이스라엘이 돌아올 때에는 강렬하게 본래 그들의 안식처인 하나님을 사모하고 나아올 것이다.

"내가 저희로 각 집에 머물게 하리라"(11:11하).

이 구절은 그들이 원래의 집에 돌아오겠다는 말이다. 이것은 이방인들이 하나님께로 올 것에 대한 예언이 아니다. 이방인들의 저희 각 집이라면 그것은 하나님을 모르는 처소이기 때문이다. 본문은 이스라엘은 회복될 것이며, 그들의 옛 신앙을 되찾을 것을 예언하는 말이다. 그들은 자기 신앙의 고향으로 돌아올 것이다. 이것은 반드시 이루어질 것이다. 왜냐하면 이것은 '나 여호와의 말'이기 때문이다. '여호와'는 자신의 언약을 이루심을 기념하여 주신 이름이다(참고 출3:14~15; 6:3이하). 하나님 자신이 '여호와'라는 이름을 내걸고 약속하실 때에는 그 이름의 명예를 위해서라도 그분은 반드시 이루실 것이다.

회개를 촉구함(11:12~12:6)

선지서들에는 흔히 이스라엘의 죄악을 꾸짖음과 함께 멸망을 예언하고, 곧 이어서 회복을 예언하고, 또 다시 멸망과 회복을 반복한다. 본 단락에서도 앞의 회복에 대한 예언에서부터 완전히 상황이 바뀌어 북 이스라엘 백성들의 죄악들을 지적하면서 그들에 대한 심판을 경고하고, 또 한편으로는 회복을 선포한다.

1. 죄악들을 지적함

"에브라임은 거짓으로, 이스라엘 족속은 궤휼로…"(11:12상).

본 절은 계속되는 백성의 죄악된 삶에 대한 탄식의 말씀으로 이어진다. '거짓'은 계획적이고 마음에서부터 우러나오는 거짓된 행동을 말한다. '궤휼'도 거짓, 혹은 속임을 뜻한다. 그들은 거짓으로 하나님을 '에워쌌다'고 말한다. 하나님을 섬긴다고 하지만 그러한 그들의 주장은 명목적인 데 불과하며, 그들이 하는 일은 온통 불신앙적인 것임을 지적하는 말이다. 그들은 절기와 안식일에 하나님께 나아오며 날마다 제사를 드리지만 그것은 속이는 것에 불과하다. 제사장은 하나님을 섬긴다는 이름 아래 좋은 물건들을 도적질하며, 율사들은 율법을 빙자하여 가난한자를 약탈하고 힘없는 자를 압박한다. 총체적인 부정이요 부패다.

"유다는… 정함이 없도다"(11:12하).

형제인 유다도 북이스라엘보다 조금도 나을 것이 없다. 유다는 신실하신 하나님에 대하여 '정함'(רֻד라드)이 없다. '라드'는 '방황하다' 혹은 '서성거리다'의 의미다.[4]

"에브라임은 바람을 먹으며…"(12:1).

'바람'은 헛된 것을 좇는 것을 의미한다. "에브라임이 바람을 먹는다"는 말은 참된 하나님을 의지하지 않고 헛된 강대국을 의지함을 비유로 한 말이다. '동풍'은 아라비아 사막에서 불어오는 뜨거운 열기를 동반한 바람을 말한다. 이스라엘이 동방의 앗수르와 동맹을 맺을 뿐만 아니라, 거기에 더하여 그들의 행위까지 본받아 거짓과 포학을 일삼는다. 그리고 한편으로는 애굽까지 추파를 보내면서 도움을 기대한다. 인간의 지혜를 동원하여 인위적으로 문제들을 해결하려는 것이다. 그러나 이러한 노력은 헛된 수고에 불과할 것이다.

"여호와께서 유다와 쟁변하시고…"(12:2).

하나님은 이러한 이스라엘의 행동들을 예의 주시하신다. 그리고 그들이 행한 대로 하나하나 갚으실 것이다. 마치 법정에서 죄목들을 열거하며 따져서 판정을 하시는 모습같이. 그들의 죄가 드러나면 그 대가대로 그들은 보응을 받을 것이다(2하절).

2. 돌아올 것을 경고함

"야곱은 태에서 그 형의 발뒤꿈치를 잡았고…"(12:3).

본 절은 그들의 조상 야곱의 예를 제시하면서 이스라엘 백성들에게 하나님께 바로 설 것을 권고한다. 본문에서는 이전의 야곱과 이후의 야곱이 비교된다. 이전의 야곱은 '형의 발뒤꿈치를 잡았던' 자였다. 즉 장자의 축복을 받기 위해 인간적인 수단을 동원하면서 발버둥치는 자의 모습이다. 형에게 팥죽으로 장자의 명분을 산 것이라든지, 거짓으로 가장하여 아버지의 축복을 가로챈 것 등은 야곱('발뒤꿈치를 잡다'라는 뜻)이라는 이름에 합당했다. 사람과 겨루었던 그였고, 그때에 그는 뜻을 성취하기 위해 인간적인 수단과 방법을 총동원했던 것이다.

그런데 그가 장년이 되어서는 얍복 강가에서 하나님과 겨루는 사람이 되었다. "또 장년에 하나님과 힘을 겨루되…"(2하~3상절). 하나님을 붙들고 씨름하면서, 축복하기 전에는 절대로 갈 수 없다고 졸랐던 것이다. 사람과 겨루던 그가 하나님과 겨루는 사람이 된 것이다. 이제 그에게 '야곱'이라는 이름 대신 '이스라엘'(하나님과 겨루어 이김)이라는 이름이 주어졌다.

"하나님은 벧엘에서 저를 만나셨고…"(12:4하).

야곱이 사람과의 씨름에서 하나님과의 씨름으로 바뀐 것은 그가 외삼촌 집으로 도망갈 때부터였다. 그가 "한곳에 이르러는 해가 진지라 거기서 유숙하려고 그곳의 한 돌을 취하여 베개하고…"(창 28:11). 이 사건 이후에 그곳의 이름은 '벧엘'이라고 불리게 되었으며, 본래 그곳에는 '루스'라는 성이 있었다(창 28:19). 사사기 1:23과 1:26에 보면 루스는 벧엘과 바로 근접한 마을로 나타난다.

상황을 파악해 볼 때 야곱은 루스라는 마을에 들어가서 유숙하지 않고 들판 한곳에서 밤을 지냈던 것이다. 한 '곳'에 해당하는 '마콤'(מָקוֹם)은 제단의 장소를 뜻할 때가 많다. 즉 야곱은 평안하게 마을에서 자지 않고 할아버지 아브라함이 제단을 쌓았던 그 '마콤'의 장소에서 옛 제단에 사용되었던 그 돌을 베고 잔 것으로 추측해볼 수 있다. 그의 마음이 하나님께로 향하고 있음을 이 상황은 증명하고 있다. 멀리 타국으로 가는 방랑길에서 오직 하나님께 의지하고 싶은 마음이 그를 이 장소로 인도했던 것이다. 거기에서 하나님은 꿈에 야곱에게 나타나셔서 약속을 주신다. 그 약속은 그가 누웠던 땅을 그와 그 자손에게 주겠으며, 그의 자손이 땅의 티끌같이 번성한다는 것, 그와 그 자손을 인하여 모든 족속이 복을 받을 것이라는 내용이다. 하나님은 이 모든 약속을 "다 이루기까지 너를 떠나지 아니하리라"는 약속까지 하셨다.

호세아는 벧엘에서 '우리에게' 말씀하신 것이라고 말한다(호 12:4하). 실제 하나님이 야곱에게 주신 약속에는 '너와 네 자손에게'라고 명시되어 있는 것이다. 따라서 이스라엘 후손들은 자신들이 그 약속을 가지고 있다고 주장할 수 있다. 이것에 근거하여 호세아는 벧엘에서의 약속을 직접 오늘 이 백성들과 연관시키려고 노력하는 것이다. 야곱에게 주신 약속은 현재 '우리'에게도 유효하다. 그렇다면 "이것을 다 이루기까지 너를 떠나지 아니하리라"는 말씀까지도 유효한 것이다.

이 약속은 반드시 이루어질 것이다. 왜냐하면 그는 만군의 하나님 '여호와'이시기 때문이다(12:5). '여호와'라는 이름은 약속의 하나님이심을 나타낸다. 지금도 하나님의 이름은 '여호와'시다. 아직 그 약속은 유효하며, 따라서 하나님은 '여호와'라는 자신의 이름의 명예를 걸고 그 약속을 이루실 것이 분명하다.

"그런즉 너의 하나님께로 돌아와서…"(12:6).

호세아는 야곱의 두면을 대조해 예로 제시했다. 야곱으로서의 그는 인간의 방법에 의지하여 목적을 성취하려고 했던 사람이였고, 이스라엘로서의 그는 하나님을 바라보았으며 축복의 약속을 가진 사람이다. 지금 이스라엘은 옛 야곱의 모습과도 같다. 인간적인 방법으로 앗수르와 동맹하고, 또 애굽으로 향하기가 바쁘다. 그것은 바람과 같이 허공을 치는 일임에도 불구하고 말이다. 호세아는 그들에게 이제 하나님께로 돌아올 것을 부르짖는다. 그러면 그들은 '이스라엘'의 약속을 가질 것이다. 하나님께 돌아온다는 것은 그의 율법을 시행하며, 백성들에게 사랑과 공의를 실천함으로써 확증될 수 있다(6중절). 그리고 항상 하나님을 '바라보라'고 호세아는 권면한다. '바라보다'는 말은 계속 대망하는 것을 의미한다. 이것이 모든 문제를 해결할 수 있는 유일한 길이다.

죄에 대한 경고와 심판의 예고(12:7~14)

본문은 북 이스라엘의 전반적인 죄악상을 지적하고 심판과 회복을 선포하는 11:1부터 시작된 설교의 마지막 종점 부분이다. 회개를 촉구하는 권면에도 불구하고 이에 귀를 기울이지 않는 그들에게 하나님의 심판이 임하게 될 것임을 선포하고 있다.

1. 탐심의 죄악들

"저는 상고여늘 …"(12:7).

이것을 직역하면 "그는 가나안이라"이다. 흔히 가나안 사람은 상인과 동의어로 사용된다(사 23:8). 가나안 상인들은 무역에 종사하면서 남을 속이는 술수에 능란했다. 호세아는 북 이스라엘 사람들을 이 가나안 상인들에 비교하고 있다. 하나님의 선민인 거룩한 백성이 이방, 특히 속임수를 잘 쓰는 것으로 유명한 가나안인들과 비교되고 있는 것은 큰 수치가 아닐 수 없다. 그들은 공의를 베풀며, 사랑을 실천해야 하는 백성인데도 말이다(12:6).

"나는 실로 부자라…"(12:8).

에브라임은 재물을 사취(詐取)하여 치부(致富)하고서 자신이 쌓은 부(富)를 자랑한다. 그들은 자기들이 행한 불의한 일을 발견할 자가 없을 것이라고 안심한다. 그리고 오히려 자기들이 누리는 부는 자기들의 노력의 대가로 얻어진 것처럼 생색낸다. 그들의 양심은 마치 화인 맞은 것과 같이 무디어졌다.

호세아 당시(여로보암 2세 시대)는 내적으로 이스라엘이 번영과 영향력을 누렸지만, 한편으로 부와 사치로 말미암아 죄악이 더 깊어졌던 시대였다. 땅의 소산이 풍성하였고(대하 26:10), 많은 사람들이 부를 즐기고, 건축시법을 널리 확장시켰다(호 8:14). 사회는 타락하고, 부와 빈곤의 격차가 증가했다. 부정직한 소득과 거짓된 저울로 강한 자가 약한 자를 약탈했다(사 5:8; 암 8:5~6). 고아와 과부를 압제했고, 가난한 자들을 시장에서 사고팔기까지 하였다(암 8:4, 8). 공의가 무너졌으나 재판장은 이러한 상황을 고치기 위해 아무런 노력도 하지 않았다. 그리고 부자들의 마음은 교만하기 그지없었다(사 9:10; 암 3:15; 5:11). 이것이 당시의 상황이었다.

"네가 애굽 땅에서 나옴으로부터…"(12:9상).

그들은 마치 하나님이 없는 것처럼 행동하고 있다. 그러나 하나님은 출애굽 때부터 그들의 하나님이시다. 그들의 한걸음, 말 한마디도 결단코 지나치시지 않을 것이다. 왜냐하면 그분은 '네 하나님 여호와'시기 때문이다.

"너로 다시 장막에 거하게 하기를 명절일에 하던 것 같게 하리라"(12:9하).

여기에 '명절일'은 초막절을 두고 하신 말씀이다. 가을에 이스라엘은 수확한 것을 가지고 하나님 성전에 바치면서 일주일간 초막절 축제를 행한다. 특히 초막절은 다른 절기들과 달리 백성들이 예루살렘 성안에서 거주하지 않고 성 밖으로 나와서 초막을 짓고 생활한다. 이것은 그들의 옛 조상들이 광야에서 생활했던 것을 기억하기 위해서다.

저울을 속이고 탈취를 일삼는 이스라엘 백성들에게 하나님께서는 옛 광야 시대로 그들을 돌이키겠다고 하신다. 초막절 때에 한 주간 동안 성 밖에서 천막을 치고 지내는 생활은 불편한 일이지만, 이러한 고생은 명절의 축제로써 그들은 기쁘게 견딜 수가 있었을 것이다. 하나님은 그들에게 이와 같은 고생스런 장막 생활로 돌이키겠다고 선언하신다. 자기들의 집에서 쫓겨나 사막으로 방황하면서 집을 잃은 자의 생활을 할 것에 대한 예언이다.

2. 선지자들의 경고를 무시

"내가 여러 선지자에게 말하였고…"(12:10).

하나님은 자기의 백성들을 올바로 인도하기 위해 선지자들을 통해 계속 가르치셨다(11:2). 선지자들에게 하나님께서 말씀하시는 방법은 다양하다. 때로는 선지자에게 직접 말씀하시는 것으로(참고 렘 1:4이하), 때로는 이상을 통하여(참고 렘 1:11이하), 그리고 때로는 비유를 베푸심으로 자기의 뜻을 백성들에게 전달하게 하셨다.

특히 세 번째 방법인 비유를 베푸심은 에스겔에서 많이 나타난다. 에스겔은 가장 어려운 시대에 가장 완악한 백성들에게 예언했다. 따라서 말로써 그들을 감동시키는 것은 불가능했다. 하나님은 여러 비유적인 실물계시를 베푸심으로 예언케 하셨다.

때로는 예루살렘 성을, 그리고 그 성을 그려놓고 철로써 그 성을 에워싸게 함으로써 예루살렘이 에워싸일 것을 예언케 하셨고(겔 4:1이하), 또 쇠똥으로 떡을 구워 먹음으로써 예루살렘 거민들이 연료가 없어서 인분으로 연료를 삼을 지경에 이를 것을 예언케 하셨다(겔 4:12). 하나님은 이와 같이 온갖 방법을 동원하여 이스라엘 백성들에게 자기의 뜻을 전하려고 하셨다. 그럼에도 불구하고 백성들은 하나님의 말씀에 귀를 기울이지 않음으로써 멸망의 길로 자처하고 있는 것이다.

"길르앗은 불의한 것이냐"(12:11상).

'임'(אם)으로 시작하는 문장이나, 이때에 '임'은 가정법의 용법이 아니라 의문문의 용법이다. 이것은 부정적인 답변을 전제로 한 물음이다. 즉 길르앗의 불의를 강조하기 위한 것이다. 물론 이 물음에 그들은 '아니다'라고 대답할 것이다. 그러나 요단 동편의 땅인 길르앗은 피의 발자국으로 얼룩진 행악자의 고을이 아닌가(호 6:8). 그들은 오히려 그 대답에서 그들이 거짓된 것을 스스로 증명하는 꼴이 되는 것이다. 이처럼 가식된 것은 길르앗에까지 갈 필요가 없다. 가까이 길갈에서도 마찬가지다.

"길갈에서는 무리가 수송아지로…"(12:11중).

불의의 논쟁에서 자신의 불의를 인정하지 않으려고 하는 경우의 대표적인 것이 길르앗일 것이다. 그러나 그러한 예는 길갈에서도 얼마든지 찾을 수 있다. 길갈에서 백성들이 제단을 여러 개로 확장시켜가며 소를 제물로 바쳤다. 마치 농부가 밭을 갈다가 나온 돌들을 밭이랑 한편에 모아 놓은 쓸모없는 돌무더기처럼, 그들은 여기저기 제단들을 무수히 쌓아놓고 자랑한다. 겉으로는 그들이 하나님께 지극히 충성하는 것으로 보인다. 그러나 하나님의 말씀과 율법을 무시하는 그들의 제사는 가식(假飾)에 불과하다. 하나님은 그들의 제사를 기뻐하실 수가 없으며, 오히려 그 거짓됨을 심판하실 것이다. 밭이랑 가에 버려져 쌓인 돌무더기처럼 그들이 쌓아놓은 제단들도 쓸모없이 버림을 받게 될 것이다.

3. 하나님의 사랑을 무시한 자가 받을 심판

"옛적에 야곱이 아람 들로…"(12:12).

12절과 13절은 하나님께서 어떻게 이스라엘을 세밀히 인도하셨는지를 구체적인 예들로써 설명한다. 야곱이 아람 들로 도망가던 길은 야곱의 편에서 볼 때에는 황량하고 불안하기 그지없는 짓이었다. 그러나 하나님은 그의 그 길을 세밀하게 인도하시고 보호하셨다. 외삼촌의 집에서도 외삼촌에게 속임을 당하고 양치는 수고를 했지만, 그것을 통하여 하나님께서 자손을 번성케 하심과 동시에 야곱의 재산을 증식케 하시는 세밀하신 축복의 손길을 베푸셨다. 또 출애굽 시대에는 모세와 같은 큰 선지자들을 통하여 이스라엘을 애굽에서 인도하셨으며, 광야에서 그들을 보호하셨다.

"에브라임이 격노케 함이 극심하였으니…"(12:14).

조상 야곱에서부터 전 역사를 통하여 하나님의 보호하시고 인도하심이 너무나 명백했음에도 불구하고 에브라임은 하나님의 은혜에 보답하기는커녕 오히려 배신했다. 율법을 떠나고 우상을 숭배하고, 백성들에게 사기(詐欺)할 뿐 아니라 하나님도 속이는 배은망덕한 자들이 되었다.

지극한 사랑을 베푼 자에게 배신을 당할 때 그 분노는 더욱 극심할 것이다. 그들은 인내하고 계속적인 사랑을 베푼 자에게 끝까지 배반하고 또 반역함으로써 그분의 진노를 더 격심케 만든 것이다. 결국 그들은 피를 흘리는 데까지 이르게 되었다. 이 피는 자신들의 머리 위에 스스로 얹어놓는 결과다. 그리고 그들은 이제 수치를 당할 것이다.

이 예언은 주전 722년 앗수르 왕 살만에셀 5세에 의해 이루어졌다. 이스라엘은 전쟁에 패해서 많은 피를 흘리고 죽었으며, 남은 자들은 포로가 되어 먼 타국으로 끌려간 것이다. 그들은 유브라데 강의 제방을 쌓는 일에 투입되었으며, 지나가는 사람들이 혀를 차면서 사람이 저렇게 비참할 수 있을까 하고 비아냥거리는 수치를 당할 것이다.

결론

우리는 호세아의 이 한편의 설교를 통하여 다양한 메시지를 접하게 되었다. 하나님의 사랑이 얼마나 진했으며 그분이 얼마나 인내하셨는지, 반면에 인간이 얼마나 악하며 목이 곧은지도 보았다. 인간의 사악한 여러 모습의 지적들은 우리 자신의 성품을 낱낱이 드러내는 적나라한 것들이었다. 인간이 얼마나 악하며 가식적이며 거짓된가를 우리는 이 한편의 설교에서 볼 수 있었다. 그리고 자기에게 사랑을 베푼 자를 그렇게도 배반할 수 있는 것이 인간의 모습이었다. 하나님의 진노의 불꽃을 활활 타오르게 부추기는 것도 인간이었다. 본문을 통하여 우리는 그들이 당하는 고난은 바로 자신이 원인 제공자였음을 발견하게 되었다. 자기의 죄는 피를 자기 머리에 얹는 결과를 낳은 것이다.

그러나 하나님의 사랑은 인간의 악함보다 우세하다. 하나님의 내면에 불붙는 진노를 잠재울 수 있는 것이 그분의 사랑이다. 그분은 자기 백성을 "이처럼 사랑하사 독생자를 주시기까지"하는 사랑을 가지신 것이다.

호세아서는 사랑의 노래를 싣고 있다. 호세아서는 죄를 꾸짖고 심판을 경고할 목적으로 쓰여진 책이 아니다. 호세아서는 모든 것보다 하나님의 사랑은 우세하다는 것을 증명하기 위해 쓰여진 책이다.

야훼의 심판과 구원

호세아 13~14장

호세아 13:1~16

1. 배경

호세아 13장은 호세아서의 어느 장에서보다 이스라엘의 죄에 대한 야훼의 심판을 강하게 선언하고 있다. 즉 호세아는 13장에서 이스라엘의 죄에 대한 거듭된 고발(1~2, 6, 12~13절)과 그 죄에 대한 야훼의 심판 선언[3, 7~11, 14~16절(14:1)][1]으로 이스라엘의 멸망이 임박했음을 분명히 전하고 있다. 따라서 호세아는 13장에서 앗수르의 살만에셀 5세(주전 726~722년)의 이스라엘에 대한 침입이 시작되었으며(3, 7~9, 15~16절), 이스라엘의 마지막 왕 호세아(주전 732~724년)가 이미 앗수르 군대에 의해서 포로로 붙잡힌(10~11절) 북이스라엘의 역사가 끝날 무렵[2] 이스라엘에 대한 야훼의 심판의 말씀으로 볼 수 있다.

2. 구조

호세아 13장은 주제에 따라서 다음과 같이 작은 단락들로 나눌 수 있다.

A 이스라엘의 죄의 고발과 야훼의 심판 선언(1~3절)

B 야훼의 구원과 이스라엘의 죄의 고발, 그리고 야훼의 심판 선언(4~8절)

C 이스라엘의 왕에 대한 조롱(9~11절)

D 이스라엘의 죄의 고발(12~13절)

E 야훼의 혼잣말(14절)

F 야훼의 심판 선언(15~16절)

3. 본문 해설과 적용

1) 죄의 고발과 심판 선언(1~3절)

북 이스라엘의 멸망이 다가올 때 전해진 이 본문은 이스라엘의 죄에 대한 고발(1~2절)과 그 죄에 대한 야훼의 심판 선언(3절)으로 이루어져 있다. 호세아는 이스라엘의 죄의 고발을 에브라임에 대한 역사적 회고로 시작하고 있다(1상절). 호세아서에서 '에브라임'은 흔히 북 이스라엘과 동의어로 쓰였다. 그러나 본문에서는 전통적으로 이스라엘 지파들 중에서 우월한 지위를 주장해온 '에브라임' 지파를 가리킨다(참고 창 48:14~20; 삿 8:1~2 등). 그러나 에브라임이 뛰어남에도 불구하고 에브라임의 바알 우상숭배로 말미암아 죽게 되었다(1후절)[3]. 여기서 호세아는 처음으로 에브라임의 바알 숭배를 직접 '죽음'이란 형벌과 연관시키고 있다.

야훼는 모든 민족 중에서 이스라엘만 알고 오직 이스라엘과 관계를 맺으셨다. 그러므로 야훼께서는 이스라엘로 하여금 야훼만 알고 야훼만 섬기고 순종으로 응답할 것을 요구하셨다. 그러나 이스라엘이 가나안 땅에 들어온 이후 계속해서 가나안의 풍요 종교의 신인 바알을 섬긴 우상숭배는 야훼의 제의를 더럽혔으므로 이스라엘의 죽음이라는 심판을 당하게 되었다. 호세아는 바알 예배가 이스라엘의 범죄와 죽음의 근원임을 분명히 말했다. 이스라엘은 생산과 풍요를 바라고 바알의 풍요 종교를 따랐으나 오히려 피할 수 없는 '죽음'이라는 치명적인 불모의 결과를 가져 왔다(14절).

'이제도'로 시작되는 2절은 호세아 시대의 이스라엘이 1절의 이스라엘 조상들의 우상 숭배처럼 야훼 이외에 다른 신을 섬기지 말라는 제 1계명(출

20:3)을 어김으로 우상을 만들지 말라는 제 2계명(출 20:4~6)도 어기는 범죄를 고발하고 있다. 이스라엘은 심지어 그들이 은으로 만든 우상에게 입 맞추기까지 하는 음행의 범죄를 저질렀다(참고 왕상 19:18).

'그러므로'(호 2:6, 9, 14, 참고 2:8, 11, 16) 3절은 이스라엘의 우상 숭배에 대한 야훼의 심판 선언이다. 3절에서 네 번 반복해서 쓰인 직유(直喩 '처럼') 즉 아침 구름'처럼', 쉽게 사라지는 이슬'처럼', 타작마당에서 광풍에 날려 가는 쭉정이'처럼', 그리고 굴뚝에서 나오는 연기'처럼'은 이스라엘이 곧 사라질 운명에 놓여있음을 강조한다. 야훼의 이스라엘에 대한 심판은 야훼께서 이스라엘에게 요구하신 '변함없는 계약적인 사랑'과는 달리 그들의 변덕스런 사랑으로 말미암아 그들의 사랑에 일치하는 형벌을 내리는 것이다.

에브라임은 하나님의 특별한 은혜를 누려 왔다(호 13:1, 15상). 에브라임은 그 은혜에 응답하여 야훼만 사랑하고 섬겨야하는 특별한 책임을 지고 있다. 그러나 에브라임은 바알 우상 숭배의 범죄로 '죽음'이라는 형벌을 받게 되었다. 야훼 하나님의 특별한 은혜를 받은 교회는 그 은혜에 온전히 응답하여 야훼만 섬기고 사랑해야 한다. 오늘 우리 교회는 야훼보다 더 사랑하는 우상들, 즉 황금만능주의, 이기주의, 향락주의 등을 멀리해야 한다. 이런 우상 숭배에는 죽음이라는 파멸만 기다리고 있을 뿐이다.

2) 은혜를 저버린 이스라엘(4~8절)

본문은 앞 본문의 3인칭 주어['그'(1절), '그들'(2~3절)]와는 달리 야훼께서 1인칭으로 쓰여서 이스라엘을 구원하신 야훼께서(4~5절), 야훼를 잊어버린 이스라엘에 대한(6절), 야훼의 심판 선언(7~8절)으로 이루어져 있다.

4~5절은 야훼께서 이스라엘의 출애굽의 구원의 하나님이며[4절; 호 12:9(8), 참고 출 20:2], 광야의 삶을 인도해 주신 하나님임을 이스라엘에게 회상시킴으로(5절), 이스라엘은 야훼만 알고, 야훼와만 관계할 것을 요구하심과 동시에 이스라엘이 야훼대신 바알과 관계한 우상 숭배의 어리석음을 드러내고 있다(1~2절). 그러나 이스라엘은 야훼만 그들의 유일한 구원자임을 알

고 섬겨야함에도 불구하고 그들이 배부름에 따라서(참고 호 10:1) 자신의 탐욕과 교만에 빠져 그들을 구원하시고 보살펴 주신 야훼를 잊어버린 배은망덕한 죄를 범했다(6절, 참고 신 8:11~20).

따라서 이스라엘은 야훼를 잊어버림으로 목자처럼 그들을 보살펴주신 야훼의 모습을 먹이를 먹어치우는 난폭한 맹수처럼 바뀌게 했다. 호세아는 네 번 반복된 직유[사자'처럼', 표범'처럼'(7절), 새끼 잃은 곰'처럼', 암사자'처럼'(8절)]를 통하여 야훼의 이스라엘에 대한 형벌이 가장 가혹한 형태인 죽음이 될 것임을 강조한다. 호세아는 여기서 이스라엘의 미래가 잔인하게 끝날 것임을 미리 내다보고 있다.

이스라엘은 그들의 배가 부름에 따라서 그들을 구원하시고 돌보아주신 그들의 야훼 하나님의 은혜를 잊어버린 결과 야훼께서 행하시는 가장 두려운 심판을 받게 되었다. 오늘 우리나라는 경제 발전과 국민 소득이 향상됨에 따라서 풍요로운 생활 속에서 교만하며 자기 만족과 방탕에 빠져드는 경향이 있다. 교회는 야훼 하나님의 풍요의 은혜에 응답하여 이 풍요를 주신 분이 바로 야훼 하나님임을 알고 이를 증거하여 우리 사회가 그 은혜를 올바로 누리는 삶이 되도록 그들을 인도해야 한다.

3) 이스라엘의 어리석음(9~11절)

야훼의 심판의 말씀은 위의 이스라엘의 우상 숭배(1~3, 4~8절)에서 이스라엘의 왕정 제도로 옮겨간다.

이스라엘이 야훼로부터 단도직입(單刀直入)적으로 심판 선언을 듣게 된 것은(9상절) 그들이 유일한 구원자인 야훼를 버렸기 때문이다(9하절). 따라서 이스라엘은 어느 누구로부터도 도움과 보호를 받을 수 없게 되었다. 10상절에서 이스라엘이 왕과 지도자들을 요구한 것은 사무엘상 8장에서 백성들이 왕을 요구한 일을 암시한 것으로 보인다. 그러나 그들의 요구는 야훼의 다스림을 거역하는, 야훼에 대한 반역 행위였다. 호세아는 이스라엘의 왕정 제도가 야훼의 뜻에 어긋난 일이라는 사상을 전한 첫 번째 이스라엘 사람이었다. “너를 구원할 자 네 왕이 어디 있느냐?”는 수사 의문문으로 조롱하는 질문 속에는 앗수르의 살만에셀 5세가 사마리아로 진격했을 때 이스라엘의 마지막 왕 호세아는 포로로 붙잡힌 신세였음을 가리킨 것으로 보인다(참고 왕하 17:4). 10절에서 ‘왕’이란 낱말이 반복됨으로써 이스라엘이 야훼 대신에 왕을 의지했으나 국가적인 위기 때 그들의 왕은 그들을 구원하기 위해서 어떤 힘도 발휘하지 못하는 무기력한 존재일 뿐임을 강조하고 있다. 이스라엘의 구원자는 이스라엘의 하나님 야훼뿐이다[참고 호 12:9(10); 13:4; 14:3(4)]. 이스라엘은 그들의 왕이 그들의 구원자가 될 수 있다는 환상에서 벗어나야 한다(참고 호 10:3).

따라서 11절은 야훼의 뜻을 거스르기까지 왕위에 오른 이스라엘 왕의 불의함에 대한 야훼의 분노가 평행되는 두 낱말 ‘분노’와 ‘진노’로 강조된다(참고 합 3:8). 예언자 호세아 시대(주전 약 750~721년)의 이스라엘의 정치적 상황은 유혈 참극이 끊이지 않는 무질서와 혼돈의 연속이었다. 북 이스라엘을 40년 동안 다스리며 나라를 번성케 했던 여로보암 2세(주전 786~746년)가 죽은 후 그의 아들 스가랴(왕하 15:8~12)는 살룸(왕하 15:13~15)에게 살해를 당했고, 살룸은 한 달 동안 왕위에 있다가 므나헴(왕하 15:16~22)에게 죽임을 당했다. 므나헴의 아들 브가히야(왕하 15:23~26)는 베가(왕하 15:27~31)에게, 베가는 마지막 왕 호세아(왕하 17:1~4)에게 살해를 당했다. 호세아 왕은 앗수르의 군사들에 의해서 포로로 붙잡혔다. 이스라엘은 첫 번째 왕 사울부터 마지막 왕 호세아 때까지 다윗 왕을 제외하고는 모두 불의한 왕들이었다.

이스라엘은 그들의 유일한 구원자인 야훼 하나님의 다스림을 거부하고 세상 왕의 통치와 구원을 기대하는 어리석은 일을 저질렀다. 야훼께서는 이스라엘이 왕을 요구하고 그들의 왕이 그들을 다스리며 구원하고 보호해주길 원하였을 때 야훼의 정의의 다스리심은 심지어 세상의 어느 훌륭한 왕의 것과도 비교될 수 없음을 깨닫길 원하신다. 오늘 교회는 나라의 지도자들이 정의와 사랑으로 나라를 다스릴 수 있도록 기도해야 한다. 특히 교회는 이 나라 지도자들의 지도력만으로 이 나라가 위기 중에서도 구원을 받을 수 있다는 헛된 기대를 버리고 이 나라를 구원하실 분은 역사를 홀로 주관하시는 야훼 하나님이심을 알고 세상에 이를 증거 해야 한다.

4) 죄의 값은 사망(12~13절)

본문은 에브라임의 범죄에 대한 고발(12절)과 야훼의 심판 선언(13절)으로 이루어져 있다.

12절에서 호세아는 에브라임의 죄가 두루마리에 쓰여서 마치 보물처럼 보관되는 것과 같은 모습을 동사 '봉함되다'와 '저장되다'(참고 신 32:34; 사 8:16), 그리고 '불의'와 '죄'가 각각 평행을 이루어, 에브라임의 우상 숭배(2절)와 야훼를 잊음(6절), 그리고 왕정 제도(10~11절)가 없앨 수 없는 그들의 분명한 죄의 증거이므로 야훼의 형벌은 피할 수 없는 것임을 강조하고 있다.

야훼께서 심판을 선언하시는 이유(13절)는 에브라임에게 새 생명을 잉태할 수 있도록 은혜를 베풀어 주셨으나, 에브라임은 마치 태어날 때가 되었음에도 불구하고 그 적절한 시기를 알지 못하여 새 생명을 얻을 기회를 잃고 죽은 어리석은 아이처럼 미련했기 때문이다. 따라서 13절은 에브라임에게 소망이 없음을 암시하고 있다. 에브라임은 그들의 죄가 죽음에 이르는 엄청난 것임을 깨닫지 못하고 있었기 때문이다.

본문은 1~3절에서처럼 에브라임의 죄(12절)의 값은 사망(13절)임을 다시 증거하고 있다. 범죄 한 에브라임은 마치 자궁 속에 있는 아이가 미련하여 적절한 때에 잉태하지 못하고 죽음으로써 하나님께서 새 생명을 주시는 은혜를 깨닫고 누릴 기회를 결코 가지지 못한 것과 같았다. 교회는 하나님의 구원과 생명의 역사가 계속되기 위해서 교회에 베푸시는 은혜를 깨닫고 그 은혜에 응답해야 한다. 하나님의 은혜를 알지 못하고 그 은혜를 저버릴 때 죽음의 심판이 기다리고 있다.

5) 야훼의 혼잣말(14절)

14상절을 한글 성경(개역한글, 공동번역, 표준새번역)은 모두 야훼께서 에브라임을 죽음의 세력에서 구원하시리라는 약속으로 옮기고 있다. 본문을 언뜻 보면 야훼께서 이스라엘을 애굽에서 구원하신 것처럼 이스라엘을 다시 구원해주실 것으로 보인다. 그러나 본문은 야훼께서 이스라엘을 심판하시겠다는 야훼의 뜻을 말씀하신다. 왜냐하면 14후절은 야훼 자신이 스올과 죽음의 세력들('재앙'과 '멸망')이 반역한 에브라임에게 고통을 가하도록 요청하고 있으며, 에브라임에게 긍휼을 베풀 수 없다고 말씀하시기 때문이다. 따라서 본문은 문맥에 비추어볼 때 수사 의문문으로 번역하여 야훼께서 에브라임을 구원하지 아니하시리라는 부정적인 대답을 기대하는 말씀으로 이해해야 한다.[4]

본문은 야훼께서 일인칭으로 혼자 말씀하신 질문이다. 야훼께서 범죄 한 에브라임을 심판하셔야 할지, 구원하셔야 할지 고민 속에서 탄식하시며 하시는 질문이다. 야훼의 이런 형태의 고민은 이훼의 정의와 사랑 사이의 갈등에서 생겨난 것임을 이미 호세아 6:4와 11:8에서 볼 수 있었다. 본문에서는 야훼께서 구원대신 죽음이란 심판을 결정하신다. 14상절과 14후절 앞부분에서 쓰인 '스올'과 '죽음'이 교차대귀법적(chiastic)으로 이루어져서 에브라임의 범죄의 결과가 '죽음'이며 죽음의 가혹함이 '스올'안에 있음을 보여주고 있다. 에브라임은 그들의 범죄의 결과, 죽음의 형벌을 피할 수 없는 운명이 되었다.

사도 바울은 본문의 의도와는 달리 고린도전서 15:55에서 본문을 인용하여 죽음이 정복되고 다시 사는 소망을 전하고 있다. 즉 예수 그리스도를 믿는 자는 그의 고난과 부활을 통해서 마지막 날에 육체의 부활로 말미암아 생명이 궁극적으로 사망의 세력을 이기리라고 말하고 있다.

에브라임은 그 죄 값에 상응하는 '죽음'이라는 파멸의 형벌을 받게 된다(롬 6:23상). 그러나 예수 그리스도는 십자가에 못 박혀 죽음으로 인간의 불순종의 죄 값을 지불하고 부활하심으로 옛 계약의 저주로 에브라임에게 적용된 죽음과 파멸을 이기고 믿는 자마다 하나님과 함께 영원히 사는 부활의 영광을 누리게 하셨다. 교회는 죽음을 가져오는 죄의 문제를 해결하기 위해서 죽음과 부활을 통해 죄와 사망의 권세를 이기시고 부활의 첫 열매가 되신 예수 그리스도의 복음의 증거자가 되어야 한다.

6) 야훼의 심판 선언(15~16절)

본문은 14절에서 에브라임에게 죽음의 형벌을 결심한 야훼께서 앗수르 군대를 심판의 도구로 사용하셔서 그들의 손에 에브라임이 곧 죽임을 당하는 모습을 생생하게 묘사하고 있다.

15절은 에브라임이 번성을 누린 기간이 있었으나 곧 끝날 것을 예고하고 있다. 야훼께서 보내신 광야에서 불어오는 뜨거운 동풍이 모든 샘과 우물을 말라버리게 하고 앗수르 군대가 에브라임의 보물을 약탈해갈 것이기 때문이다. '동풍'은 호세아서에서 본문과 12:1(2)상절에서만 쓰였다. 12장에서는 에브라임이 헛되게 앗수르를 의존하고 있는 모습을 날마다 '동풍'을 따라 다닌다고 했다. 그러나 에브라임은 도움을 구한 바로 그 앗수르 군대에 의해서 멸망당하고 만다.

16(14:1)절은 15절에서 밝힌 야훼의 심판의 도구로 쓰인 앗수르 군대가 사마리아를 침입하여 잔인한 침략 행위를 한 모습을 세 가지로 생생하게 드러내고 있다. 사람들이[5] 칼에 쓰러지고, 가장 연약한 사람을 대표하는 두 존재인 어린이들이 땅에 박살이 나며[6], 아이 밴 여인들도 배가 갈라져서 결코 태의 아기를 낳아서 기를 수 없게 된다.[7] 수도 사마리아가 특히 야훼의 심판의 주요 대상이 된 까닭은 사마리아가 야훼를 반역한 주역이었기 때문일 것이다. 에브라임이 하나님을 배반하고 우상을 숭배하고(1~3절) 세상의 왕을 의지하므로 야훼를 반역한 죗값(9~11절)을 치러야 한다('죗값으로 벌을 받다', 참고 호 5:5; 10:2). 이런 범죄의 원인은 그들이 야훼를 아는 지식을 거부하고 야훼를 잊어 버렸기 때문이다(4~6절). 에브라임이 어리석게도 야훼의 구원과 생명의 역사를 거부함으로(13절) 그 죗값으로 죽음이란 형벌을 받게 되었다[13:1, 16(14:1)]. 에브라임이 야훼대신 섬긴 풍요의 신 바알은 야훼의 잔인한 심판 행위에 저항할 아무런 힘도 없을 뿐만 아니라 생명과 풍요대신 죽음과

파멸만 가져온다.

이스라엘이 죽음에 이르는 형벌을 받게 된 주요 원인은 하나님을 아는 지식이 없었기 때문이다(호 4:1~3). 야훼는 무엇보다도 하나님을 아는 지식을 원하신다(호 6:6). 교회와 그 지도자들은 하나님의 말씀을 귀중히 여기고 순종하며 가르치고 전하는 일에 힘써야 한다. 하나님의 말씀을 가볍게 여기고 잊어버림은 결국 하나님을 가볍게 여기고 잊어버림을 의미한다. 따라서 하나님은 이에 상응하는 형벌을 내리신다(호 4:6; 13:6~7). 생명과 사망, 그리고 축복(번영)과 저주(파멸)는 오직 하나님의 말씀의 순종 여부에 달려 있다(신 30:15~20). 하나님의 말씀은 세상 권세를 이기는 강한 무기다(엡 6:17).

호세아 14:1~9

1. 배경

호세아 14:1~9(2~10)은 내용과 문체에 따라서 1~8(2~9)절과 9(10)절로 구분된다.

1~8절의 상황은 이 본문의 바로 앞에 나온 본문(호 13:1~16)의 배경에 비추어볼 때 이스라엘의 멸망이 임박했음을 전제하고 있는 것으로 이해할 수 있다. 이스라엘은 그 죄로 말미암아 거의 멸망한 상태나 마찬가지였다[14:1(2)후의 완료형: "너가 엎드러졌느니라"]. 이스라엘이 의지해 온 앗수르의 정치적, 군사적 힘이나 가나안의 풍요 종교 예배는 이미 그들을 도울 수 없으므로 아무짝에도 쓸모없고 허울만 좋은 것이 되고 말았다(3절). 따라서 본문은 이스라엘이 앗수르의 살만에셀 5세의 침입을 받아 멸망하기 직전 어느 때에 호세아가 이스라엘에게 마지막으로 전한 구원의 말씀으로 볼 수 있다.

9절은 호세아 자신의 것인지 호세아 이후에 추가된 것인지에 대한 분명한 증거가 없다. 그러나 어느 경우이건 9절은 호세아의 사상을 반영하고 있다. 이 점에 대해서는 아래의 '본문 해설과 적용'에서 살펴보겠다.

2. 구조

호세아 14:1~9는 주제와 문체에 따라서 다음과 같이 작은 단락들로 나누어질 수 있다.

A 이스라엘의 기도와 야훼의 응답(1~8절)

a 이스라엘의 기도(1~3절)

1) 회개의 초청(1~2상절)

2) 회개의 기도(2하~3절)

b 야훼의 응답(4~8절)

1) 야훼의 치료의 사랑(4절)

2) 야훼의 사랑의 효력(5~8절)

B 야훼의 길(9절)

3. 본문 해설과 적용

1) 이스라엘의 기도(1~3절)

이 본문의 구조는 1~2상절에서 범죄 한 이스라엘이 야훼께 회개하고 돌아오도록 요청하며, 이어서 2하~3절에서는 참된 회개의 기도를 제시하고 있다.

호세아가 마지막으로 이스라엘에게 부디 야훼께 돌아오라고 강하게, 그리고 간절하게 외치고 있는 모습을 히브리어 어근 동사 '돌아오다'의 명령형이 1상절 시작과 2상절에서 반복해서 쓰임을 보아서 알 수 있다. 이스라엘이 돌아와야 할 대상은 바로 '야훼 너의 하나님'이다. 이 구절은 호세아서에서 12:9(10), 13:4, 14:1(2)에만 쓰였다. 즉 이스라엘은 출애굽과 시내산 계약의 야훼 하나님께 돌아와야 한다는 뜻이다. 야훼께서는 이스라엘이 야훼께 돌아와 회개할 때 야훼와 이스라엘 사이에 맺었던 처음 관계가 회복되고, 이스라엘이 그 때 관계했던 야훼만 알고, 야훼만 사랑하고, 야훼께 충성하길 원하신다. 이스라엘은 야훼께 돌아올 수도 없고, 돌아오려고 하지도 않지만 죄로 말미암아 넘어져왔던 그들에게는(1하절, 참고 5:5) 야훼께 돌아오는 것만이 구원의 마지막 소망이다. 이스라엘이 야훼의 초청에 응답해서 돌아올 때 해야 할 일은 '말씀을 가지고', 즉 야훼께 회개의 기도를 드리는 것이다(2상절). 야훼께서 원하시는 것은 불의한 제물보다 참된 회개와 사랑과 하나님을 아는 지식이기 때문이다(참고 호 5:6; 6:6; 8:13).

2하~3절은 참된 회개의 기도의 내용을 보여 주고 있다. 2하절에서는 그 기도의 긍정적인 요소 세 가지를, 그리고 이와 대조적으로 3절은 부정적인 것 세 가지를 각각 소개하고 있다. 진실된 회개의 기도에서 첫 번째 요소는 무엇보다도 먼저 '모든 불의를 제하시고' 즉 모든 죄를 고백하고 그 죄의 용서를 구하는 회개의 기도가 되어야 한다. 왜냐하면 이스라엘은 죄 때문에 걸려 넘어져 왔고(1하절, 참고 호 5:5; 13:12), 그 죄가 그들의 멸망의 근원이 되었기 때문이다. 두 번째는 '선한 바를 받으소서'라는 기도에서 '선한 바'를 '말씀'과 동의어로 여길 경우[8] 이스라엘이 야훼께 드린 회개의 말을 가리킨다고 볼 수 있다. 마지막으로 '우리 입술의 열매를 드리리이다'[9]는 말은 이스라엘의 진실한 회개의 기도에 야훼께서 응답하심에 대해서 야훼께 감사와 찬양을 드리겠다는 의미다. 3상절은 세 번 부정어 '아니다'를 사용하여 이스라엘이 앗수르의 도움을 요청한 것[참고 호 5:13; 12:1(2)]과 군사력을 의지한 것(참고 호 10:13), 그리고 우상 숭배(참고 호 8:4~6, 13:2 등)를 포기하고 야훼께 온전히 순종하겠다는 강한 서원의 기도다. 이처럼 야훼께 돌아와서 죄의 용서를 구하고 야훼만 의지하고, 구원 얻는 길은 야훼뿐임을 알고 야훼와 올바른 관계를 위한 길을 찾으려는 자들은 위의 세 가지 긍정적이며 부정적인 요소들을 통해서 볼 수 있듯이 이미 한 말을 자꾸 되풀이하는 기도대신에 간결하지만 구체적인 내용의 기도를 드려야 한다(참고 마 6:7).

이처럼 이스라엘이 야훼의 구원을 간구하는 회개의 기도를 드릴 때 그들이 부모의 도움도 받을 수 없고 어디에도 의지할 곳 없는 고아와 같은 존재임을 인정하고, 그들의 도움이 진실로 그들에게 어버이 같은 야훼의 사랑과 긍휼로부터 올 수밖에 없음을 고백하게 된다(3하절, 참고 호 11:1~4; 출 22:22~23).

범죄 한 이스라엘이 멸망으로부터 구원 얻는 유일한 길은 야훼 하나님께 돌아와서 회개하는 것뿐이다. 야훼께서는 호세아 시대나 지금이나 변함없이 야훼를 알지 못하고 어두움 속에 있는 사람들에게 야훼께 돌아와 그들의 모든 죄를 진심으로 그리고 구체적으로 회개하고 구원받는 것을 기뻐하신다. 교회는 심지어 야훼께 돌아올 수 없는 것처럼 보이는 사람들에게도 야훼의 이런 뜻과 열정을 가지고 이 복음을 담대하고 간절하게 전해야 한다.

2) 야훼의 응답(4~8절)

본문의 구조는 야훼께서 이스라엘의 반역을 치료하시는 사랑(4절)과 그 사랑의 효력(5~8절)으로 이루어져 있다. 위의 이스라엘의 회개의 기도(2~4절)가 히브리어 동사 어근 '돌아오다'의 반복으로 시작된 것과 같이, 그 기도에 대한 야훼의 응답(4~8절)도 이 동사 어근의 반복['저희의 패역', '(나의 진노가) 떠났음이니라']으로 시작하고 있다(4절). 야훼께서 불의한 이스라엘에 대해서 형벌을 내리시기 위해서 쓰인 야훼의 진노하심(참고 호 8:5; 11:9; 13:11)을 거두시고, 그들의 패역(참고 호 11:7)을 고치심(참고 호 11:3)은 야훼께서 이스라엘을 즐거이 사랑하심에 있다[참고 시 68:9(10)]. 야훼의 풍성한 사랑은 이스라엘이 야훼께 돌아와 회개하고 '야훼 안에서 고아도 긍휼을 얻는다'(3하절)는 기도에 대한 야훼의 응답이다. 야훼께서는 그의 긍휼을 간구하는 자들에게 '내가 그들을 즐거이 사랑하리라'는 음성으로 응답하시는 하나님이시다.

5~8절은 야훼께서 이스라엘을 풍성히 사랑하심으로 이스라엘에 대한 분노를 거두시고, 패역을 치료하시는 효력이 이스라엘의 미래에 얼마나 풍요로운 새 삶으로 나타날 것인지를 보여주고 있다. 이스라엘이 누릴 풍요로움은 자연 세계에서 이끌어낸 풍성한 식물의 삶에 비유하여 여덟 가지 직유('처럼')를 사용하여 – '이슬처럼', '백합화처럼', '레바논의 백향목처럼'(5절), '감람나무처럼', '레바논의 백향목처럼'(6절), '포도나무처럼', '레바논의 포도주

처럼'(7절), '푸른 잣나무처럼'(8절) – 생생하게 묘사되어 있다. 위의 직유들은 야훼께서 불의한 이스라엘의 회개의 기도에 대해서 풍성하신 사랑으로 응답하심으로 말미암아 야훼와 이스라엘 사이의 관계가 갱신되고 이스라엘을 위해 회복된 야훼의 사랑의 힘이 그들의 미래의 삶을 얼마나 풍요롭게 하는지를 강조한다. 동시에 이 직유의 반복은 이스라엘이 풍성한 삶을 위해 가나안의 풍요의 종교인 바알 신을 섬겼으나 그들의 우상 숭배는 그들에게 풍요 대신 빈곤과 죽음만 가져오는 어리석은 일일 뿐이며(참고 호 13:1, 13~16), 이스라엘의 풍요와 생명의 열매는 오직 야훼로부터 얻을 수 있음을 깨닫게 해 주는 데 있다.

이스라엘은 그들이 누리는 번영을 야훼 아닌 바알 덕택으로 여겼을 때 언제나 시험을 받게 되었다[참고 호 2:5~8, 12(7~10, 14), 13:4~6 등]. 그러나 본문은 이스라엘의 삶을 풍성하게 하시는 분이 야훼임을 밝혀준다. 불의한 이스라엘이 죄로 걸려 넘어지길 반복하므로 상처투성이가 되어 파멸만 기다리게 되었으나 야훼께 돌아옴으로 그 상처가 치료받고 구원 얻으며 야훼의 보살핌을 받으면서 번영을 누리게 된다. 호세아가 전한 이스라엘의 야훼 하나님의 치료의 사랑의 절정이 하나님께서 그 독생자를 십자가에 내어주심에 나타났다고 할 수 있다(요 3:14~16). 오늘 우리는 우리가 누리는 풍요로움을 우리 자신이나 이 세상에 속한 어느 세력에서부터 얻을 수 있다고 여기는 미혹에 빠지기 쉬운 때에 우리의 풍요의 주가 바로 야훼임을 잊지 말고 기억해야 한다[참고 호 2:13(15); 13:6; 14:8 등]. 교회는 병든 자와 죄인에게 베푸시는 하나님의 치료의 사랑과 긍휼의 복음을 전하여 풍성한 생명을 얻을 수 있게 해야 한다(참고 마 9:12~13).

3) 야훼의 길(9절)

본문은 호세아서의 결론에 해당하며 야훼의 길을 걷도록 권고하는 말씀이다. 이 말씀은 이전의 호세아의 예언 신탁과는 달리 주로 지혜 문학의 언어를 사용하고 있다.

9상절은 동의 평행법(synonymous parallelism)과 의문형을 사용하여 지혜와 총명이 있는 자라도 '이것들' 즉 호세아의 신탁들을 이해하기가 어려우므로 겸손한 자세로 조심스럽게 해석할 것을 권고하고 있다. 이런 형태의 말씀을 시편 107:43, 전도서 8:1, 예레미야 9: 12(11)상에서도 볼 수 있다. 9하절은 먼저 한 구절('야훼의 도는 정직하니')로 시작한 후 반의 평행법(antithetic parallelism)을 사용하여 의인과 죄인의 삶을 대조시키고 있다. 이와 비슷한 본문을 시편 1편과 잠언 10:24~25, 27~32; 11:3; 12:2, 5, 7; 24:16 등에서도 볼 수 있다.

앞에서도 언급한 대로, 이 본문의 연대가 불확실하나 이 본문에는 호세아의 사상이 반영되어 있다. 본문에 쓰인 '넘어지다'와 '범죄하다'는 전형적인 호세아의 어휘들이며, '알다'는 호세아의 핵심어 중 하나다(참고 호 4:1, 6; 6:3, 6; 13:4 등).

본문은 호세아와 호세아 이후 모든 세대들에게 올바른 삶을 위해서 야훼의 길을 알아야함을 권면하고 있다. 이 세상에는 많은 거짓된 길과 지식이 있다. 그 길과 지식에 미혹되어 따르면 패망하게 되어 있다. 그러나 야훼 하나님의 길을 알고 그 길을 따라가면 언제나 영원한 생명을 얻게 된다(참고 요 17:3).

II. 본문연구

1. 호세아 1~3장: 사람을 변화시키는 끝없는 사랑 | 이학재
2. 호세아 4~6장: 힘써 여호와를 알자 | 김창훈
3. 호세아 7~9장: 열국 가운데 유리하는 자가 되리라 | 배정훈
4. 호세아 10~12장: 마음의 주상을 허시는 하나님의 사랑 | 오현철
5. 호세아 13~14장: 하나님께서 즐거운 마음으로 그들을 사랑하리니 | 강성열

01

사람을 변화시키는 끝없는 사랑

호세아 1~3장 주해와 적용

호세아의 결혼과 자녀 탄생(1:1~2:1)

1. 본문 주해

1) 호세아의 사역 시대(1:1)

호세아가 사역하고 있을 때 남 유다에는 웃시야(주전 790~740년), 요담(주전 750~731년), 아하스(주전 735~715년), 히스기야(주전 729~686년) 왕이 통치했다. 그 왕들의 통치는 대부분이 수년간 서로 겹치는 섭정 기간을 갖고 있었다.

또한 북 이스라엘은 여로보암 2세(주전 793~753년, 왕하 14:23~29)의 통치 후에 정치적으로 급속하게 쇠퇴하고 있었다. 그의 아들 스가랴(주전 753년, 왕하 15:8~12)는 6개월의 통치 후에 살룸(주전 752년)에게 살해되었다. 1개월을 통치한 살룸도 므나헴(주전 752~742년, 왕하 15:17~22)에게 살해되었다. 그의 아들인 브가히야(왕하 5:23~26)도 군사 지도자들 중에 하나인 베가(주전 752~732년)에게 살해되었다. 베가는 주전 733년에 앗수르의 디글랏 빌레셀(왕하 15:29)의 침략의 받았다. 마지막 왕인 호세아(주전 732~722)도 앗수르의 살만에셀 왕에게 침공을 받아(주전 724년), 주전 722년에 마침내 북 이스라엘은 멸망하고 말았다.[1]

따라서 호세아의 사역 연대는 대략 40년(주전 753~715년)이라고 할 수 있다. 그 이유는 호세아의 사역은 여로보암의 말기에 시작해 남 왕국 유다의 웃시야, 요담, 아하스, 히스기야 시대까지 해당하기 때문이다.[2] 그러나 호세아가 북 이스라엘에 대한 말씀을 전했지만 북 이스라엘의 나머지 왕들인 스가랴, 살룸, 므나헴, 브가히야, 베가, 호세아 등을 언급하고 있지 않는 것은 하나님께서 약속하신 합법적인 계보는 북 이스라엘이 아닌 남 유다라고 생각했기 때문인 것으로 받아들여지고 있다.[3]

2) 호세아의 결혼과 자녀들(1:2~9)

(1) 하나님의 명령(2절)

"…너는 가서 음란한 아내를 취하여 음란한 자식들을 낳으라 이 나라가 여호와를 떠나 크게 행음함이니라." 하나님의 명령은 호세아에게 음란한 아내(אֵשֶׁת זְנוּנִים에쉐트 제누님)를 취하라는 것이다. '취하다'(לָקַח라카흐)라는 단어는 구약에서 결혼 용어로 사용되었다.[4] 또 '음란하다'(זָנָה자나)라는 단어도 많은 논란을 불러일으켰다. 그래서 이 명령은 영적 배신을 의미하는 것이기 때문에 실제적인 결혼이 아닌 상징적인 표현이라고 주장하는 사람들도 있다.[5] 우리는 이 명령에 대해 실제적인 결혼을 의미하는 것으로 봐야 한다.

그러나 실제적인 결혼으로 받아들이는 사람들 중에서도, 처음에 고멜이 정숙한 여인이었는데 결혼한 후에 창녀가 되었다는 주장과 처음부터 창녀였다는 주장으로 나뉜다. 전자의 경우에 '음란'이라는 단어는 반드시 성적 행음을 의미하지 않고 다만 '결혼한 사람'을 의미하므로 고멜은 결혼한 경력이 있는 여인이라는 것이다. 이를 근거로 2:15에 '거기서 응대하기를 어렸을 때'라는 말씀으로 제시한다.[6]

그러나 전통적으로 고멜에 대해 처음부터 창녀이고, 호세아는 선지자로서 제사장에게 금지된 창녀와의 결혼(레 21:7) 조항은 크게 문제 삼지 않고 있다. 이 명령에 대한 실천으로 오히려 하나님의 사랑을 백성들에게 보여주기 위한 상징적인 행동으로 이해한다.[7]

다음으로 발생하는 문제는 '음란한 자식'(יַלְדֵי זְנוּנִים얄데이 제누님)에 관한 것이다. 장차 태어날 '이스르엘'(יִזְרְעֶאל), '로암미'(לֹא עַמִּי), '로루하마'(לֹא רֻחָמָה)가 하나님의 선지자인 호세아의 아들이라면 창녀에게서 태어났다고 무조건 음란하다고 할 수 있겠는가? 이런 오해는 개역한글 성경에 "음란한 자식들을 낳으라"라고 하면서 원문에 없는 동사 '낳으라'를 의미상 넣음으로써 생긴 일이다. 많은 학자들은 원문의 동사 '취하라'는 말은 문법적으로 '음란한 아내'와 '음란한 자식들'이라는 두 구문에 모두 연결돼야 하는 것으로 본다.

따라서 이렇게 해석한다면 '음란한 아내'와 '음란한 자식들'을 '취하라'고 해석할 수 있다. 즉 첫 번째는 고멜과 결혼을 의미하는 말로, 두 번째는 그 여자의 아이들을 입양하는 의미로 '취하라'는 동사로 연결할 수 있다. 이렇게 해석하면 하나님께서 호세아에게 창녀 고멜과의 결혼뿐 아니라 그 여인이 낳은 '음란한 자식들'까지 '취하여'(입양) 살라는 것이다.

'취하다'라는 말이 입양의 의미로 사용된 유사한 경우로 에스더 2:7과 2:15에서 에스더를 입양한 모르드개를 설명하는 것을 예로 들 수 있다.[8] 이 해석은 본문 자체에서도 증명된다. 고멜과 호세아 사이에 태어난 자식은 이스르엘(4절)과 로암미(9절)이며, 딸은 로루하마(6절)로 모두 2남 1녀다. 그런데 2:1에서 '너희 형제들'(אֲחֵיכֶם아헤헴 복수), '너희 자매들'(אַחְיוֹתֵיכֶם아호테헴 복수)을 언급하며 '암미'(עַמִּי), '루하마'(רֻחָמָה)라고 이름을 짓도록 한다. 그렇다면 이 이름은 누구에게 요구하는 것인가? 학자들은 이런 이유로 인해 호세아는 고멜과 결혼하고 그 여인의 자녀들까지 입양해 살라는 하나님의 요구를 받은 것으로 본다.[9] 그렇다면 이런 관점이 종전의 해석과 다른 것은 무엇인가? 이는 나아가 하나님께서 도무지 데리고 살 수 없는 음란한 고멜과의 결혼을 요구하신 것뿐 아니라, 그 여인이 낳은 자녀들까지 입양하는 크신 사랑을 실천하라고 명령하신 것을 의미한다.

(2) 고멜과 그녀가 낳은 세 자녀를 통한 메시지(3~9절)

고멜과 그녀가 낳은 세 자녀의 이름은 각각의 메시지를 갖고 있다. 이것은 마치 이사야가 자신의 아들들을 통해 회복(스알야숩, 사 7:3), 심판(마할살랄하스바스, 사 8:3)을 의미했던 것과 유사하다.

① '이스르엘'을 통한 메시지(4~5절)

호세아와 고멜 사이에 태어난 첫째 아들 '이스르엘'은 '하나님이 심으시다'라는 뜻이다. 이 이름은 역사적으로 볼 때, 예후가 아합의 집을 심판한 도시 이름이기도 하다(참고 왕하 9:7~10:28). 이 이름을 통해 하나님께서 북 이스라엘을 폐하실 것(4절)과 이스라엘의 활(5절)을 꺾으실 것을 예언으로 보여준다. 여기서 '활을 꺾다'라는 것은 군사력을 무력화시킨다는 저주 용어다.[10] 이 아들을 통해 북 이스라엘의 군사력도 무기력해지고, 하나님의 심판을 보여준다.

② '로루하마'를 통한 메시지(6~7절)

두 번째로 낳은 딸의 이름은 '로루하마'(불쌍히 여기지 않다)라는 뜻이다. 하나님께서 더 이상 북 이스라엘에 대한 긍휼을 베풀지 않는다는 의미다. 7절에서 남 유다에 대한 말씀은 하나님의 긍휼히 여기심과 백성에 대한 구원이 6절과 병행을 이룬다.[11]

③ '로암미'를 통한 메시지(8~9절)

세 번째로 태어난 둘째 아들의 이름은 '로암미'(나의 백성이 아니다)는 이스라엘과 이스라엘의 남편이신 하나님과의 사랑의 관계를 부정하는 것을 보여주며, 1:10과 2:23과 상반되는 개념이다.[12] 이 이름을 통해 하나님께서 백성들의 죄악에 대해 심판하신다는 사실을 보여준다.

3) 이스라엘의 회복과 새 이름(1:10~2:1)

비록 호세아가 살던 시대에 이스라엘은 심판을 받지만, 미래에 하나님께서 이스라엘 백성을 바닷가의 모래알처럼 셀 수 없을 정도로 많게 하신다.

이것은 아브라함을 통해 약속하신 것을 상기시켜 준다. 지금은 백성이 아니지만, 미래에 이스라엘은 '사신 하나님의 자녀'라고 부르게 된다.

미래에 이스라엘은 북 이스라엘뿐 아니라 유다 자손까지 함께 모이는 연합이 있을 것이고, 땅에서 올라오는 회복이 있을 것이며, '한 지도자'(רֹאשׁ אֶחָד, 로쉬 에하드 개역한글 성경에서 두목)를 세우는 큰 날이 있을 것이다.

여기서 '한 지도자'는 예수 그리스도의 오심과 연관시켜 해석해야 한다.[13] 육적인 이스라엘과 유다의 통일된 미래 회복은 바로 그리스도를 통한 영적 이스라엘이라고 할 수 있다. 이런 회복의 징조로 하나님께서 형제들(개역한글 성경에서는 단수)과 자매들(개역한글 성경에서는 단수)에게 새로운 회복의 이름인 '암미'(나의 백성), '루하마'(긍휼히 여기시다)라는 이름을 부르도록 하면서 회복을 확증해 준다. 그 이름을 부름으로써 하나님의 회복이 반드시 있을 것임을 믿게 하신다.

2. 적용과 설교 포인트(1:1~2:1)

1) 우리의 삶이 하나님의 메시지가 돼야 한다(1~9절)

설교자는 말씀을 전하는 행위로만 메시지를 전하는 게 아니다. 오늘날 많은 설교자들이 설교 시간 자체만을 설교라고 생각하고 설교에 대한 많은 연구와 시간을 투자하는 게 일반이다.

그러나 본문에서 설교 외적인 메시지는 바로 선지자 호세아의 삶이다. 하나님께서 호세아에게 주신 명령은 하나님의 사랑을 그 시대에 보여주라는 것이었다. 요나도 이방인에게 자비의 하나님을 보여주기를 요구받았지만, 설교만 하고 사명에 대해 마음으로 불평했으며 앗수르의 영혼들을 진정으로 사랑하지 않았다(욘 4장).

이에 반해 호세아는 창녀였던 아내와 그녀가 낳은 자녀들까지 맡아서 담당하며, 또 아이들을 낳아가면서 북왕국은 더 이상 소망이 없고 심판밖에 없으며 나아가 하나님과의 관계까지 단절되었다는 메시지를 그의 가정을 통해 보여준다.

이것은 설교자가 보다 폭넓은 목회 전반의 삶을 통해 성도들에게 하나님의 메시지를 보여줘야 한다는 근거를 의미한다. 또 이제 성도들도 전도하는 신앙 행위를 통해서만이 아니라, 세상 속에서 자신의 삶을 통해서도 하나님의 사랑을 나타내고 하나님의 살아있는 메시지가 되어 많은 사람들을 그리스도께 인도해야 한다는 뜻이다.

2) 남 유다(예수 그리스도 계보)만이 긍휼히 여기심과 구원을 받는다(1, 7절)

호세아도 북 이스라엘에 대해 멸망과 심판만을 강조하며, 여로보암 외에 더 이상 왕을 언급하지 않는다(1절). 이것은 참으로 남 유다가 합당한 하나님의 계보임을 인정하는 것이고, 하나님께서는 로루하마를 통해 유다 족속만을 구원하신다고 약속한다.

즉 오늘날 하나님의 심판은 모든 죄인들에게 임할 수밖에 없다. 심판도 복음의 주요 요소인 것이다. 죄인인 인간들은 스스로 구원할 수 없으며, 오직 심판만이 남아 있다. 그러나 예수 그리스도의 계보를 통해 하나님의 구원이 우리에게 임하신다. '한 지도자'이신 예수 그리스도와 관련해서 그분의 이름을 고백하는 자만이 하나님의 구원을 약속받는 것이다.

3) 하나님의 미래 회복은 현재의 구체적인 약속을 통해 나타난다(2:1)

하나님의 종국적인 회복은 미래적이다. 하지만 막연하게 미래에만 있는 게 아니다. 구속사는 예수 그리스도를 통해 이뤄졌다. 그리고 궁극적인 회복 역시 예수 그리스도의 재림과 함께 일어난다. 그러나 시간적으로 미래에 있지만, 하나님의 약속은 현재 속에 주어져 있다. 이것이 바로 성경을 통해 약속하신 말씀들이다. 호세아 시대에 주신 메시지도 바로 '암미', '루하마'다. 비록 우리의 모습은 '로암미', '로루하마'지만, 하나님께서 말씀을 통해 이미 '암미'와 '루하마'로 불러주신 것이다. 현재에 이뤄주신 약속을 믿고 나아갈 때 우리는 더 풍성한 삶을 살 수 있다.

여호와와 이스라엘(2:2~23)

1. 본문 주해

1) 여호와의 법적 소송(2:2~15)

앞 단락(1:1~2:1)에서 호세아와 고멜의 결혼이 주제였다. 그러나 이 상징적 행동을 통해 실제적으로 하나님과 이스라엘의 관계를 설명하는 것이 이 단락(2:2~23)의 내용이다. 여호와와 이스라엘의 관계도 호세아와 고멜의 관계와 유사하다는 것이다. 비록 이스라엘은 고멜과 같이 음란한 아내이지만(2:2~13), 하나님께서 이스라엘을 사랑하시겠다(2:14~23)고 약속하신다.[14] 내용상 14절부터 회복에 대한 말씀이 나타난다.

그러나 2장은 이스라엘에 대한 하나님의 법적 소송 형태의 구조를 나타내고 있다. 그 첫 번째 단락이 14~15절의 회복을 포함하는 구조로 본다면 더욱 흥미롭다.[15] 하나님께서 법적으로 이스라엘을 소송하는 죄목은 간음이다.

이 법적 고소는 선지서에서 주로 나타나는 '쟁론하고 쟁론하라'(רִיבוּ רִיבוּ리부 리부)라는 전문적인 단어로도 표현되며, 심판 선언에서 '그러므로'(לָכֵן라헨)라는 단어가 반복해 나타난다. 이런 구조로 첫 번째 단락(2:2~15)을 서술하면 아래와 같다.

A 여호와가 법적으로 소송하심(2상절)
B 이스라엘을 향한 하나님의 바라심(2하절)
C 심판에 대한 첫 번째 언급(3절)
D 이스라엘에 대한 증거 (4~5절)
E 여호와의 첫 번째 심판 선언 (6~7절)
F 이스라엘에 대한 증거(8절)
G 여호와의 두 번째 심판 선언(9~13상절)
H 이스라엘에 대한 증거(13하절)

| 여호와의 놀라운 세 번째 심판 선언(14~15절)[16]

이 구조가 앞 단락(1:1~2:1)과 잘 들어맞는 것은 마지막에 나타나는 파격 부분이 동일하게 두 단락(1:1~2:1; 2:2~23)에서 나타난다는 점이다. 1:10~2:1이 고멜과 호세아의 관계를 통한 파격이라면, 2:14~15는 하나님께서 이스라엘을 회복케 하신다는 점에서 역시 파격이라고 할 수 있다. 비록 백성들의 죄의 모습과 심판으로 시작했지만, 마지막에 하나님께서 주도적인 사랑의 헌신으로 나타나는 것이다.

하나님께서 이스라엘을 소송하신 이유는 어미(2, 5절)인 여자의 음란(זְנוּנִים 제누님)과 음행(נַאֲפוּף 나아푸프) 때문이다(2절). 그 대가로 남편이신 하나님께서 옷과 음식에 대한 남편으로서 법적 책임을 지지 않으시며(3절, 참고 출 21:10), 심지어 음란한 자식들까지 돌아보지 않으실 것이다(4절).

이는 이스라엘이 연애하는 자인 바알 신을 따라 떡과 물, 양털과 삼, 기름과 술 등을 삯으로 받기 때문이다(5절). 이에 대한 첫 번째 심판은 우둔하여 길 잃은 짐승과 같게 하여(6절) 바알을 만나지도 못하게 하는 것이다(7상절).[17] 그러나 마지막에 참 남편인 하나님께 돌아가 회복한다(7하절).

부정한 아내와 같은 이스라엘은 어리석고 생각이 없으며 잘 잊는다. 심지어 하나님께서 주신 것조차 바알의 것으로 여긴다(8절). 따라서 두 번째 심판은 바알을 섬긴 날만큼 심판하시는데(13상절), 하나님의 것을 빼앗으시고(9절) 수치를 드러낼 것이다(10절). 고대 근동의 결혼법에서 신실하지 못한 아내는 남편에게서 쫓겨나며, 생계에 대한 보장도 없다(참고 함무라비 141).[18] 이스라엘도 모든 것들을 빼앗기고 풍요로움을 누리지 못하게 된다(11~12절).

흥미로운 것은 '수치를 드러내다'(נַבְלֻה 갈라)라는 단어는 '포로로 잡혀가다'(גּוֹלָה 골라)라는 단어와 어근이 같다는 점이다. 따라서 남편의 보호를 받지 못하는 이스라엘은 마침내 강대국 앗수르에게 멸망당할 것임을 보여주는 이중적인 표현으로 볼 수 있다. 그 이유는 이스라엘이 남편인 하나님께 신실하지 못했기 때문이다(9~13상절).

하나님을 잊어버린 백성들(13하절)에게 주어진 마지막 심판은 놀랍게도 회복이다(14~15절). 개역 성경은 14절에서 '개유하다'(פָּתָה파타)라고 하는데, 이는 하나님께서 설득하시거나 타이르시는 것을 뜻한다. 하나님의 마지막 심판은 물질적인 회복과 더불어 그 아내가 처음과 같이 남편을 대하도록 내적 변화를 주신다고 선포하는 것이다(15절). 참으로 사랑을 통한 변화가 아닐 수 없다.

2) 이스라엘의 회복(2:16~23)

회복된 이스라엘이 하나님을 부를 때는 예전의 나쁜 모습을 완전히 버리게 된다. 개역한글 성경은 16절에서 이 의미를 둘 다 살리고 있지 않지만, 여호와 이름을 '이쉬'(אִישִׁי)로 부르고 있지 '바알리'(בַּעְלִי)라고 부르지 않는다. 두 가지 모두 '나의 남편'이라는 뜻이다. 그러나 '바알리'는 우상이었던 바알과 이름이 같아서 남편으로 부를 수 없는 것이다(16~17절).[19] 그리고 남편이신 하나님께서 이스라엘 백성들을 모든 위험에서 보호해 주신다고 약속하신다(18절).

이제 아내인 이스라엘의 비신실함으로 말미암아 야기된 '아내를 법적으로 버림'(9~13절)에 대해 하나님께서 새롭게 법적으로 받아들일 것을 약속하신다(19~20절). 이 표현은 바로 '장가들다'(אָרַשׂ아라스)라는 단어로 표현하고 있는데, 원래 이 말은 '약혼하다'라는 뜻으로 19~20절에서 3번이나 반복하고 있다. 이것은 하나님께서 이스라엘을 새롭게 아내로 맞아들일 것을 법적으로 확증해 주신다는 뜻이다.

'그날에'(בַּיּוֹם הַהוּא바욤 하후)는 농사가 새롭게 회복되는 축복을 경험한다(21~22절). 더 이상 심판받은 이스르엘이 아니라(1:4), 하나님의 축복이 풍성하게 응답되는 이스르엘(하나님이 심으시다)을 경험하게 된다. 23절은 '로루하마', '로암미'를 긍휼히 여기심과 백성으로 인정받아 고멜을 통해 난 세 자녀 모두를 회복의 이름으로 암시하고 있다. 이 백성의 마지막 대답은 '주는 나의 하나님이시다'라고 할 것이다. 이것은 하나님께서 '나의 백성이다'라고 불러주신 것에 대한 백성들의 고백이다. 이는 고대 결혼에서 쌍방 선언인 결혼 공식을 여호와와 이스라엘 사이의 계약 공식으로 변용한 것이다.[20]

참다운 회복이란 마지막 날에 하나님의 백성들이 그분께서 어떤 분이신지를 바르게 고백하는 것이다. 하나님께서 자격이 없는 백성들을 '루하마', '암미'라고 불러주셨기 때문에, 백성들도 하나님께 대해 '주는 나의 하나님'이라고 고백하게 될 것이다. 이것은 마치 결혼의 쌍방 선언과 같이 신랑이 신부에 대해 아내로 맞아들이며, 아내가 신랑에 대해 남편으로 맞아들이는 고백과도 같은 것이다.

2. 적용과 설교 포인트(2:2~23)

1) 하나님께서 사랑의 매를 치신다(2:2~15)

우리가 신앙생활을 하면서 느끼는 것이지만, 하나님께서는 사랑하는 백성들에게 사랑의 매를 드신다. 본문은 바알을 만나지 못하게 길을 막으시는 하나님의 심판을 보여준다(7절). 또 하나님께서 주신 시간과 은사로 바알(세상의 신)을 위해 사용할 때 그 은사까지도 빼앗아 가시며 수치를 당하게 하신다(10절). 우리는 하나님께 빼앗기면서까지 심판을 받게 되기 전에 회개하고 돌이켜야 한다. 삼손이 두 눈을 모두 뽑히고 나서야 깨닫고 마지막 힘을 내어 하나님의 일을 하게 된 것은 안타깝다. 우리는 자신에게 주신 것을 빼앗기기 전에 하나님 앞에서 그분을 대해야 한다(14~15절).

2) 진정한 회복은 신부인 백성이 신랑인 하나님께 고백하는 것이다(2:16~23)

하나님과 그분의 백성은 신랑과 신부의 결혼 관계이다. 그것이 성립되려면 쌍방 선언이 있어야 한다. 하나님께서 '너는 나의 백성'(23절)이라고 말씀하신다. 그리고 우리는 그분께 '주는 나의 하나님이십니다'라고 응답해야 한다. 이런 면에서 신앙생활은 하나님께 대한 고백이라 할 수 있다. 우리가 섬기는 교회 안에서 봉사(찬양대, 주일학교 교사), 헌금 등 모든 것들이 의무감이나 의식적인 행동에서 나오는 게 아니라 하나님께 대한 고백이 돼야 한다. '주는 나의 하나님이십니다'라고 마음속에서 나오는 진한 사랑의 고백이 돼야 한다.

여호와와 호세아(3:1~5)

1. 본문 주해

3장은 명령, 행동, 해석이라는 세 가지 내용이 다섯 절로 반복해서 구성돼 있다. 음부된 여인을 사랑하라고 하시는데(명령), 그 이유는 이스라엘이 악해도 하나님께서 사랑하기 때문(해석)이다. 호세아는 가서 아내를 사야 하고(행동), 그 아내에게 부탁을 한다(명령, 2~3절). 따라서 이스라엘도 심판받는 것을 경험하고(행동), 그 심판을 통해 하나님께 순종한다(해석)는 내용의 구조이다(4~5절).[21] 이렇게 3장이 2장과 계속되는 내용이 아니기 때문에, 혹자는 1장에 나타난 여인과 3장의 여인이 서로 다른 사람이라고 주장한다. 하지만 우리는 두 여인 모두 고멜에 관한 말씀으로 봐야 한다.[22]

모세의 율법에서 이혼한 아내와 재결합하는 것은 역겨운 일이라고 했지만, 이 장은 하나님의 초월적인 사랑을 보여준다.[23] 즉 하나님께서 호세아에게 '너는 또 가서'라고 명령하심을 통해, 이스라엘이 건포도 떡을 즐기며 다른 신을 섬기는 음행을 하고 있는 과정에서도 이스라엘을 사랑하시는 하나님의 크신 사랑을 보여준다.[24] 결국 이스라엘 자손은 이런 사랑을 보여주신 하나님께 돌아와 그분을 찾고, 두려움으로 나아갈 것이다.

2. 적용과 설교 포인트(3:1~5)

1) 다시 가서 사랑하자(3:1~5)

하나님의 사랑은 모든 것들을 품으시고 새롭게 하실 수 있다. 우리는 과

거에도 악을 행하고 지금도 진행 중이지만, 하나님께서 우리를 사랑하신다. 우상을 섬기고 그 우상에게 떡을 바치는 그런 여인을 '너는 다시 사랑하라'고 요청하신다.

사랑만 있다면 베드로 같이 죄를 70번씩 7번까지 용서할 수 있다. 그리고 누가복음 15장에 나타난 탕자도 품어주는 아버지의 마음을 가질 수 있다.

2) 사랑은 사람을 변화시킨다(3:5)

호세아 1~3장에서 거듭되는 것은 이스라엘의 내면적 변화에 대한 강조다(2:15, 23; 3:5). 회복의 날에 이스라엘 백성은 남편이신 하나님께 대한 말이 달라지고(2:15) 고백이 달라지며(2:23) 태도가 달라진다(3:5).

이 모든 것들은 하나님의 사랑 때문이다. 우리에게는 사람을 변화시키는 끝없는 사랑이 요구된다.

02

힘써 여호와를 알자

호세아 4~6장 주해와 적용

일반적으로 호세아서가 크게 두 부분으로 나눠져 있다는 것에 동의한다(전반부 1~3장, 후반부 4~14장). 전반부에서는 선지자 호세아와 음란한 여인 고멜과의 결혼 생활을 통해 하나님의 백성인 이스라엘에 대한 하나님의 언약적(무조건적이고 변함없는) 사랑과 그런 하나님의 사랑을 배반하고 온갖 죄악을 범함으로써 하나님을 실망시킨 북 이스라엘 백성들의 패역을 대조시켜 상징적으로 묘사한다. 특히 3장에서 고멜을 용서하는 호세아의 삶을 통해 결국 하나님께서 배은망덕한 이스라엘 백성들의 죄를 용서하시고 그들을 회복시키실 것을 상징적으로 보여준다. 후반부(4~14장)에서는 호세아 선지자가 이스라엘의 여러 죄악들을 구체적이고 직접적으로 지적하고 책망하면서 그들에게 임할 어찌할 수 없는 하나님의 심판을 선포한다. 그러나 선지자는 거기서 메시지를 멈추지 않고 심판 후에 하나님께서 주체가 되는 이스라엘의 회복이 있음을 선포한다. 본문인 호세아 4~6장은 크게 네 부분으로 나눌 수 있다(4:1~10; 4:11~19; 5:1~15; 6:1~11).

패역의 일차적인 책임자로서 제사장들(4:1~10)

4:1~3은 4~14장의 서론에 해당하며 이스라엘의 죄(1~2절)와 심판(3절)

을 개괄적으로 선포한다. 하나님께서 먼저 심판자와 고소자로서 이스라엘과 '쟁변'(립)하신다(1절). 하나님께서 그분의 백성인 이스라엘과 쟁변하시는 것은 일종의 법적 절차로 하나님께서 백성들을 심판하시기에 앞서 고소나 변론하시는 경우에 종종 사용하시는 방법이다(참고 렘 25:31; 호 12:2; 미 6:1~2).

이 쟁변을 통해 하나님께서 3절 이하에 언급돼 있는 북 이스라엘에 대한 하나님의 심판과 징계의 정당성을 부여하신다. 그러면서 그들에게 심판의 원인이 되는 핵심적인 죄악에 대해 1하~2절에서 개괄적으로 다음과 같이 선포한다. "이 땅에는 진실도 없고 인애도 없고 하나님을 아는 지식도 없고 오직 저주와 사위와 살인과 투절과 간음뿐이요 강포하여 피가 피를 뒤대임이라."

이스라엘 백성들의 죄는 하나님과의 관계 및 다른 사람들과의 관계에서 모두 드러난다. 선지자는 그들의 죄를 크게 두 가지로 나눠 열거하는데 먼저 근본적이고 원리적인 면에서 그들의 문제가 무엇인지에 대해(1하절), 다음으로 삶 속에서 구체적이고 실제적으로 나타나는 죄악에 대해 지적한다(2절).

먼저 근본적이고 원리적인 측면에서 이스라엘의 죄는 '진실'과 '인애'와 '하나님을 아는 지식'이 없는 것이다. 이 세 가지는 이스라엘의 신앙과 삶 속에서 실제적으로 나타나는 죄들의 원인과 동기가 된다. 여기서 '진실'(אֱמֶת에메트)은 말과 행동에서 일관성이나 신실성을 말한다. '인애'(חֶסֶד헤세드)는 관계성에 대한 용어로서 하나님과 이웃과의 관계에서 그들이 지켜야 할 언약적 사랑을 뜻한다. '하나님을 아는 지식이 없음'은 단순히 하나님께 대한 이론적 지식이 없다는 게 아니라, 하나님께서 하신 말씀이나 토라의 진정한 의도를 바로 알지 못해 신앙과 실제 삶에서 하나님께서 기뻐하시는 모습을 보여주지 못한 것을 총괄적으로 의미한다.

그런 기본적인 죄악으로부터 좀 더 구체적인 죄악이 언급되고 있다. 그들은 하나님의 이름으로 다른 사람들을 저주하고(출 20:7), 사위하며(법정이나 사회생활에서 서로 거짓을 말하고, 출 20:16), 끔찍한 살인죄를 범하고(출 20:13), 투절

(도둑질, 출 20:15, 21:16)과 간음(출 20:14)을 범한 것이다. 이런 죄악들은 모두 십계명에서 금지한 것들이다.

4~10절에서 선지자는 이런 북 이스라엘의 범죄와 심판에 대한 일차적인 책임은 당시 백성들의 지도자들에게 있음을 선포한다. 즉 제사장들의 영적 무지로 인해 결국 백성들까지도 멸망의 길에 이르게 되었다(8절).

물론 이스라엘의 범죄에 대한 심판의 일차적인 책임은 지도자들에게 있지만, 백성들에게도 책임이 있음을 선지자는 분명히 선포한다(9절). 그래서 선지자는 백성들과 제사장들에게 서로 다투지도 말고 책망하지도 말라고 선포한다. 아마 당시 이스라엘 안에 범죄와 그로 인한 심판에 대해 백성들과 지도자들 사이에 서로 책임을 전가하는 모습이 있었던 것 같다(4절). 한 걸음 나아가 선지자는 하나님께서 그들을 번성케 하셨으나 그들은 배은망덕했음을 지적하면서(7절), 그들의 핵심 죄악이 지식을 버렸고 잊어버렸기 때문이라고 말씀한다(6절).

우상 숭배의 죄를 범한 이스라엘(4:11~19)

선지자는 4:11~14에서 이스라엘의 대표적 죄악 중에 하나인 우상 숭배의 문제를 지적한다. 앞의 문맥과 연결해 보면(호 4:4~10), 하나님께 대한 지식의 결여로 인해 제사장들이 타락하고, 백성들은 책임 의식을 망각함으로써 하나님과 함께 다른 신들을 섬기는 우상 숭배에 빠졌음을 알 수 있다(12절).

그뿐 아니라 영적 우상 숭배의 결과는 육적 음행으로도 나타난다(13하~14절). 선지자는 하나님만을 섬겨야 할 백성들이 하나님을 배반한 결과로 윤리적으로 완전 타락해 마치 동물과 같은 삶을 살았음을 책망한다.

15~19절은 일종의 삽입된 단락으로, 선지자는 남 유다에게 북 이스라엘의 가증된 행위를 본받지 말 것과 그들과 교제하지 말 것을 명하고 있다. 남

유다만큼은 북 이스라엘과 같은 죄를 범하지 않기를 원했던 것이다. 그것은 아마 남 유다에 성전이 있고 이스라엘의 정통성을 유지하는 다윗 왕조가 보존돼 있었기 때문인 것으로 판단된다.

그러면서 선지자는 길갈과 벧아웬으로 올라가지 말라고 명한다(15절). 길갈은 이스라엘 백성들이 요단강을 건넌 후에 가나안으로 들어가기 전에 처음 진을 친 곳이다. 그곳에서 이스라엘 백성들은 모두 할례를 받았고 유월절을 지키면서 새 출발을 서약했다(수 4:19~20; 5:9~10; 9:6; 10:6~9, 43). 길갈은 이스라엘 백성들에게 신앙적으로 매우 의미 있는 곳이다. 벧아웬은 하나님의 집을 의미하는 벧엘을 멸시하는 별칭으로서 '허무한 집', '우상의 집'이라는 뜻이다. 벧엘은 이스라엘 백성들의 신앙에 깊은 영향을 미친 곳이라 할 수 있다(창 28:10, 19; 35:1~9; 삿 20:26~27).

그러나 북 이스라엘의 창건자인 여로보암 1세가 벧엘에 금송아지를 세운(왕상 12:28~29) 이후 그곳도 길갈과 더불어 우상 숭배의 중심지가 되었다. 이처럼 북 이스라엘 백성들이 하나님의 살아계심을 기념하고 그들의 신앙에 깊은 영향을 미친 경배한 장소에서 오히려 우상을 숭배했다는 것은 그들의 타락이 얼마나 심각한지를 단적으로 보여준다. 따라서 유다에게 길갈과 벧아웬으로 올라가지 말라고 명령한 것은 배은망덕한 우상 숭배와 배교의 행위를 한 북 이스라엘을 본받지 말라는 경고의 실감나는 행동 지침이라 할 수 있다.

교만 죄를 범한 이스라엘(5:1~15)

5:1~4에서 선지자는 다시 한번 하나님을 알지 못함으로 인해 죄를 범한 이스라엘을 책망한다(1절에서 선포의 대상이 제사장, 이스라엘 족속, 왕족이라고 언급함으로써 이 심판과 책망의 메시지가 북 이스라엘의 모든 구성원들에게 해당됨을 다시 한번 보여준다).

5~15절에서 교만한 북 이스라엘과 그들의 죄를 답습한 남 유다가 하나님의 심판을 받아 멸망할 것을 선포하고 교만한 이스라엘이 받게 될 심판의 진행 과정 및 양상을 예언하고 있다(우리는 문맥을 통해 하나님께 대한 무지는 그들의 교만의 원인이고 근거임을 알 수 있다). "이스라엘의 교만이 그 얼굴에 증거가 되나니 그 죄악을 인하여 이스라엘과 에브라임이 넘어지고 유다도 저희와 한 가지로 넘어지리라"(5절).

이 말씀의 이해를 돕기 위해 우리는 당시의 시대적 상황을 살펴봐야 한다(5절의 에브라임은 북 이스라엘을 지칭하는 말이다). 본서의 주요 배경이 되는 여로보암 2세(주전 793~753년) 당시 북 이스라엘은 주전 930년에 분열 왕국이 된 이래 최대의 번영을 구가함으로써 팔레스타인 주변 국가들에 큰 영향력을 행사할 수 있었다(왕하 14:25). 그러나 북 이스라엘은 자신들의 번영이 하나님께서 자신들에게 베푸신 축복임에도 불구하고, 모두 자신들의 노력에 의해 이뤄진 것으로 착각하고 생명과 축복의 근원이신 하나님을 의지하지 않는 교만함을 보인 것이다. 선지자는 계속해 그들이 교만한 마음으로 아무리 풍성한 제물로 여호와께 제사를 드리더라도 하나님께서 이를 받지 않으실 것을 말씀한다(6절).

8절에서 선지자는 기브아와 라마와 벧아웬에서 남 유다를 향해 경고의 메시지를 선포할 것을 명한다. 기브아와 라마와 벧아웬은 모두 남북 접경 지대에 있는 베냐민 지파의 땅이고, 남 유다를 상징하는 수도인 예루살렘도 베냐민 지파의 관할 지역이다. 그렇기 때문에 8절의 경고는 단순히 베냐민에 대한 경고라기보다 남 유다 전체에 대한 경고로 보는 것이 타당하다.

그렇다면 왜 선지자는 이방의 침입 경보를 남북의 접경 지대에서 전파하라고 할까? 앞서 본 바와 같이, 남 유다에 소망을 두었던 선지자는 북 이스라엘의 멸망을 기정 사실로 받아들였지만(9절), 남 유다는 북 이스라엘의 멸망을 교훈 삼아 하나님께 범죄하지 않음으로써 심판을 받지 않도록 하기 위함이다. 또 14~15절에서 그들을 심판하는 주체가 하나님이심을 보여준다.

힘써 여호와를 알자(6:1~11)

일반적으로 호세아 6:1~6은 호세아서의 전체 주제를 드러내는 핵심 단락으로 인정받고 있다. 먼저 1~3절이 선지자의 설교인지 이스라엘 백성들의 회개와 각성의 고백인지에 대한 논란이 있다. 하지만 개역한글 성경으로 번역할 때 첨가된 5:15의 '이르기를'은 원문에 없기 때문에 문맥에 근거해 본문의 말씀을 선지자의 외침으로 보는 것이 적합하다. 선지자는 암울하고 힘든 상황에서 소망과 회복의 메시지를 힘차게 외친다(1~3절). 한 마디로 하나님께 돌아가 힘써 하나님에 대해 알자는 것이고 하나님께서 그들을 회복시키시겠다는 것이다. 그뿐 아니라, 하나님께서 그들에게 요구하시는 핵심 사항이 무엇인지 말씀한다.

"나는 인애를 원하고 제사를 원치 아니하며 번제보다 하나님을 아는 것을 원하노라"(호 6:6).

이 말씀은 당시 이스라엘의 죄를 개괄적으로 지적한 4:1~2와 연결돼 있다. 선지자는 하나님께서 이스라엘 백성들을 회복시키실 것인데 그들이 할 일은 자신들이 생각했던 것처럼 제사나 번제가 아니라 인애와 하나님에 대해 아는 것임을 선포한다. 즉 하나님께서 형식적인 섬김보다 하나님과 이웃을 향한 사랑과 바른 마음으로 하나님을 섬기는 것을 원한다는 것이다. 이 말씀을 통해 우리는 다시 한번 신앙에서 종교적인(하나님께 대한) 것과 사회적인(이웃에 대한) 것이 밀접하게 연관돼 있음을 알 수 있다. 하나님을 바로 섬기는 삶은 온전한 사회적, 도덕적 삶을 포함하는 것이다.

8~9절에서 선지자는 길르앗과 세겜 길에서 살인과 악이 행해지고 있음을 안타까워한다. 길르앗과 세겜은 도피성이 있던 곳으로(수 20:7~9) 주변에 레위인들과 제사장들이 모여 살았다. 그런데 그곳에서도 악한 자들의 모의처가 되고 살육이 행해졌음을 말하는 것은 당시 이스라엘 전체가 얼마나 깊

이 타락해 있었는지를 잘 보여준다.

교훈과 적용

본문은 오늘날 우리에게도 많은 교훈을 준다. 필자는 크게 세 부분에서 본문의 교훈과 적용을 찾고자 한다. 먼저 본문은 신학적인 면에서 선지서 메시지의 궁극적 목적이 무엇인지를 확인시켜 준다. 다음으로 본문은 오늘날 한국 교회 전체 및 개개인에게 이 시대의 신앙인들이 명심해야 할 것이 무엇인지를 도전한다.

1. 신학적 묵상-소망과 회복의 메시지

본문이 보여주는 것처럼, 호세아 선지자 당시의 이스라엘은 우상 숭배와 교만이 극에 달하고 도덕적, 윤리적으로도 심각한 위기를 겪고 있었다. 요즘에 흔히 하는 말로 총체적인 위기에 처해 있었다. 암흑 시대에 선지자들은 그들을 향한 하나님의 심판과 징계의 메시지를 단호하게 선포한다. 그뿐 아니라 양적으로 볼 때도 심판과 징계의 메시지는 선지서의 대부분을 차지한다. 그래서 오늘날 많은 사람들은 심판과 책망이 선지자의 핵심 메시지라고 한다. 또한 하나님을 향한 믿음이 식어지고 사회의 윤리와 도덕이 무너질 때 불의를 꾸짖고 심판을 선포하는 것이 선지자적 사명을 감당하는 일이라고 주장한다.

물론 그들의 주장이 전적으로 틀린 것은 아니다. 그러나 우리는 선지자들이 심판과 징계의 메시지를 선포하지만, 그것은 결코 선지자들의 마지막 메시지가 아니었음을 기억해야 한다. 비록 이스라엘 백성들이 잘못해서 어렵고 암울한 시대를 맞이했지만, 심판은 그들을 향한 하나님의 진정한 바람이 아니고 하나님의 궁극적 목적도 아니다. 심판은 진정한 회복을 위한 하나의 과정이다. 그래서 선지자들은 암울한 상황에서도 마지막에는 항상 구원과 회복의 메시지를 함께 선포한다.

이것은 본문을 통해서도 확연하게 드러난다. 북 이스라엘의 암흑기에 선지자는 분명히 심판과 징계의 메시지를 선포한다(호 4~5장). 하지만 그것은 선지자의 마지막 메시지가 아니고 하나님의 진정한 바람도 아니다. 선지자는 하나님께서 이스라엘을 회복시키시고 구원하신다는 소망의 메시지를 선포하고 있다(호 6:1~3). 또 호세아 선지자는 3장에서도 음란한 고멜을 다시 받아들임으로써 하나님께서 최종적으로 이스라엘을 회복시킬 것을 상징적으로 묘사하고 있다. 그리고 호세아서의 마지막은 소망과 회복의 메시지로 끝을 맺는다(호 14:1~9).

선지서의 궁극적인 메시지가 회복과 소망이라는 것은 여러 방면에서 다양하게 증거할 수 있지만, 대표적인 예언서로 인정받고 있는 이사야서를 통해서도 확인할 수 있다. 이사야서의 전체 구조를 보면, 40~66장은 소망과 회복의 메시지를 결론으로 선포하면서 끝을 맺는다. 또한 일반적으로 이사야서의 전체 요약이라고 하는 이사야 1장을 보면 이스라엘이 비록 지금은 어려움 중에 있지만 하나님께서 결국 이스라엘을 회복시키시고 구원하실 것이라는 소망의 메시지를 결론으로 선포한다. 그리고 많은 사람들이 이사야 1~12장을 심판의 메시지라고 하지만, 1~12장의 결론이라고 할 수 있는 12장을 보면 구원과 회복의 메시지가 선포돼 있다. 이런 이사야서의 전체 구조와 흐름을 볼 때 선지서의 궁극적인 메시지는 소망을 내용으로 하는 것임이 분명하다.

결론적으로 우리는 본문에서 선지자들이 암울한 시대에 심판과 징계를 선포하지만, 그것은 선지자들의 최종적 메시지가 아님을 확신할 수 있다. 선지자는 이스라엘을 치료하시고 회복시키시기를 원하시는 하나님, 결국에 주도적으로 역사하셔서 자신의 백성들을 구원하시는 하나님을 선포한다.

2. 한국 교회의 상황과 본문의 메시지 – 힘써 하나님을 바로 알아야 할 한국 교회

본문의 핵심 메시지는 '힘써 여호와를 알라'는 것이다. 본문에서 구체적으로 제시된 문제인 우상 숭배나 교만 및 사회적 타락 등의 근본 원인이 하나님께 대한 지식 부족임을 선지자는 거듭 지적한다.

필자는 오늘날 한국 교회가 여러 부분에서 선지자 시대의 이스라엘과 흡사하다고 생각한다. 우리가 잘 알고 있듯이, 지금 한국 교회는 위기를 맞이하고 있다. 최근 10여 년 간 한국 교회는 성장을 못하고 있다. 더 큰 문제는 단순히 숫자만 줄어드는데 있지 않다. 객관적으로 볼 때, 한국 교회는 성경에서 말씀하는 교회다운 모습을 제대로 보여주지 못하고 교회로서 제 역할과 기능을 온전히 감당하지 못한다고 평가된다. 더욱이 세상 사람들의 지탄과 비난의 대상이 되기도 한다. 이런 상황에서 한국 교회는 화려한 외관이나 그럴 듯한 규모만을 자랑하면서 만족하거나 도취되어선 안 된다. 지금은 하나님 앞에서 냉철하게 반성하고 점검해야 할 때다.

그러면 선지서의 메시지와 관련해 오늘날 한국 교회가 극복하고 회복해야 할 당면 과제는 무엇인가? 필자는 크게 두 가지라고 생각하는데, 그것은 세속화와 이교화다. 먼저 교회의 세속화 문제다. 교회의 세속화란 교회와 세상의 기관 사이에 구분이 사라져 가는 것을 의미한다. 하나님께서 이스라엘로 하여금 이방인들과 구별되고 다른 삶을 사는 거룩한 제사장의 나라가 되어 주변의 나라들에 이스라엘의 하나님의 거룩함(구별됨)을 보여 주기를 원하셨다. 그러나 이스라엘은 전혀 그런 삶을 보여주지 못하고 주변의 이방 나라들과 구별되지 않으며 그들과 똑같이 거짓과 불법을 행했다.

구체적인 양상은 다르지만 이런 세속화의 모습은 한국 교회에도 나타나고 있다. 지난 1988년에 한국을 방문해 급성장하는 한국 교회를 10개월 정도 면밀하게 분석한 레오 오스테롬은 "한국 교회가 가까운 미래에 직면할 최대의 이슈는 세속화의 문제가 될 것이다"고 결론을 내렸다. 그의 말이 어느 때보다 우리 모두에게 절실하고 확연하게 다가온다. 세상의 '성공지상주의'와 '물량주의'의 원리가 그대로 교회에도 유입되었다. 많은 기업들이 이윤을 높이기 위해 수단과 방법을 가리지 않는 것처럼, 많은 교회들이 양적 확장을 최대 목표로 정하고 그것을 달성하기 위해 수단과 방법을 가리지 않는다. 아파트 지역에선 교인들을 뺏기에 혈안이 된 모습을 쉽게 찾아 볼 수 있다. 보기에 민망할 정도다. 물론 교회는 양적으로도 성장해야 한다. 최선의 노력을 다해 전도함으로써 믿는 사람들이 계속 증가해야 한다. 그러나 교회가 서로 경쟁하고 교인을 뺏기에 혈안이 되어선 안 된다. 하나님께서 한국 교회가 서로 협력하지 못하고 싸우는 모습을 보시면서 참으로 안타까워하실 것이다. 그뿐 아니라, 교단 내의 정치 놀음과 감투싸움을 보면 안타깝기 그지없다. 교단을 통해 하나님의 뜻을 이루기보다 실권을 잡고 이권을 챙기기에 정신이 없다. 세상의 정치와 전혀 다를 바가 없다. 그것이 하나님께서 원하시는 교회의 모습이 아님은 너무도 분명하다. 교회는 세상의 기관들과 전혀 다른 모습을 보여줘야 한다.

한국 교회가 직면하고 있는 또 하나의 문제는 이교화다. 이교화는 기독교의 정체성과 독특성이 사라지고 기독교가 다른 종교와 구별이 없어지는 것을 의미한다. 하나님께서는 이스라엘에게 이방 민족들과 다른 유일신 신앙의 모습을 보여주길 원하셨다. 그러나 그들은 하나님과 함께 이방 신들을 섬기면서 하나님을 믿는 종교와 이방 종교의 차이를 보여주지 못한 것이다.

이런 이교화 현상은 한국 교회 안에도 나타난다. 한국 교회에서 이교화를 보여주는 대표적인 예는 기복주의 신앙과 신유 및 기적을 최우선하는 신앙이다. 물론 성경에서 '복'은 참 중요한 개념이고 성경은 복된 삶을 강조한다(요 10:10). 문제는 많은 성도들이 생각하는 복의 개념은 성경에서 말씀하는 복의 개념과 다르다는 데 있다. 시편 1편을 보면, 하나님의 말씀을 즐거워하고 묵상하며 순종하는 것이 복이라고 한다. 산상수훈에 보면, 심령이 가난하고 온유하며 주님을 위해 핍박받는 것이 복이라고 한다. 그러나 많은 교회들에서는 자녀가 성공하고 물질적으로 부유해지며 세상에서 명예를 얻고 출세하는 것 등이 최고의 복인 것으로 강조한다. 이런 세상적 복을 위해 헌금과 봉사를 강요한다. 그것은 기복주의다. 물론 우리의 몸과 물질을 하나님께 드릴 때 그 결과로서 하나님께서 주시는 물질적이고 육신적인 은혜와 복이 있음은 분명하다. 그러나 순서를 분명히 해야 한다.

그리고 예수님 안에서 얼마든지 기적적인 일들, 병 고침 등이 일어날 수 있다. 아니 당연히 일어나야 한다. 하지만 그것이 성경에서 말씀하는 신앙생활의 최고 본질은 아니다. 그런데 많은 성도들은 기적적인 일들과 병 고침 등 현실적인 것에 목숨을 건다. 이런 문제가 해결만 된다면 이단이라고 할지라도 상관하지 않고 찾아다니고, 이런 문제가 해결되지 않는다면 신앙을 버리기도 한다. 이것은 기독교 신앙이 아니라 일종의 샤머니즘이다. 신앙의 최고 본질은 주님과 인격적인 만남을 경험함으로써 세상이 줄 수 없는 즐거움을 경험하고 영광스러운 나라를 소망하며, 많은 어려움 중에서도 주님 때문에 기뻐할 수 있는 것이다(롬 5:1~11).

본문은 세속화와 이교화로 인해 당시의 이스라엘과 같은 침체의 모습을 보이고 있는 한국 교회의 최우선 과제가 무엇인지를 제시한다. 한국 교회는 전체적으로 하나님을 바로 앎으로써 하나님께서 진정 바라고 원하시는 교회와 신앙의 모습을 회복해야 한다. 그것만이 한국 교회가 다시 사는 길이다. 한국 교회여, 힘써 여호와를 알자!

3. 개인적 적용–바른 사회적 삶

선지서 전체를 통해 권면하는 것들 중에 하나는 하나님 백성들의 사회적, 도덕적 바른 삶이다. 본문에서도 선지자는 계속해 그들의 영적 배반과 함께 사회적, 도덕적 타락이 하나님께서 내리시는 심판의 원인임을 지적하고 있다. 당시의 이스라엘은 하나님의 백성으로서 자신들에게 요구되는 사회적, 도덕적 삶도 없고 하나님 앞에서 바르게 살려는 노력도 없으면서 예배하고 기도했다. 그들의 관심은 오직 종교적 의식에만 있었고 그것만으로 하나님의 백성으로서 자신들이 해야 할 일을 다 하고 있는 것으로 생각했다. 그러나 하나님께서 그런 신앙이 잘못된 것이고 그런 예배를 받지 않으신다고 말씀하신다(호 5:6; 6:6).

오늘날도 마찬가지다. 우리가 교회에서 드리는 예배에 한 번도 빠지지 않고 참석하고 매일 새벽 기도를 하며 십일조를 정확히 함으로써 하나님께 대한 우리의 의무를 다 한 것으로 생각한다면 잘못이다. 물론 하나님을 믿는 우리가 하나님께 예배하고 기도하면서 정성을 모아 예물을 드리는 것은 참으로 귀한 일이다. 하지만 그것만으로 우리가 온전한 신앙생활을 하고 있다고 착각해선 안 된다. 그래서 본문에서 호세아 선지자는 하나님께서 인애를 원하고 제사를 원치 않으시며 번제보다 하나님을 아는 것을 원하신다고 분명히 선포하고 있다.

그리고 본문은 하나님께서 우리의 예배와 기도와 헌금을 안 받으실 가능성이 있음을 분명히 말씀한다. 우리가 함께 모여 찬양하고 기도하며 예배하는데, 하나님께서 귀를 막으시고 보기 싫어서 눈을 가리실 수 있다는 것이다. 이것은 참으로 충격적인 말씀이 아닐 수 없다(참고 사 59:1~37). 이스라엘의 문제는 기도를 하지 않는 게 아니라 기도를 하지만 삶이 하나님께 합당치 않다는 것이다. 법을 어기고 남에게 피해를 주며 거짓말하고 독한 말들을 품어내면서 아무리 기도를 많이 하더라도 하나님께서 그 기도를 들어주시지 않는다는 것이다.

따라서 선지자들이 비판하고 요구한 사회적, 도덕적 삶은 일부 신학자들이 주장하는 것처럼 단순히 사회 정의 차원이나 박애주의자들이 말하는 것처럼 단순히 선행 차원으로 간주해선 안 된다. 또 온전한 도덕적, 윤리적 삶은 해도 되고 안 해도 되는 선택 사항도 아니다. 그것은 하나님의 백성으로 당연히 살아야 하는 사회적 삶이고 마땅히 행해야 하는 사회적 책임이다. 그래서 하나님께서 이스라엘을 그분의 백성으로 택하시기 시작할 때부터 이것을 명령하신 것이다(참고 신 10:17~19; 24:17~22).

하나님께서 지금 우리에게도 그런 삶을 원하신다. 날마다 개인적으로 깨끗하고 바른 생활을 통해 부패된 세상에서 소금의 역할을 잘 감당하길 원하신다. 어둡고 캄캄한 이 시대에 빛된 삶을 살기를 원하신다. 우리가 하나님께 나아올 때 세상에서 빛과 소금된 삶의 열매들을 가지고 와서 예배하고 기도 드리기를 하나님께서 원하신다. 따라서 우리는 새벽 기도회에 나올 때 전날 삶의 열매를 가지고 나와야 하고, 수요 예배를 드릴 때 3일 동안 삶의 열매를 가지고 나와야 하며, 주일 예배에 한 주일 삶의 열매를 가지고 나와야 한다. 그럴 때 하나님께서 우리의 예배를 받아주신다.

결론적으로 본문은 온전한 신앙과 사회적, 도덕적 바른 삶은 서로 떨어질 수 없는 불가분의 관계이며, 우리의 신앙을 측정할 수 있는 중요한 하나의 잣대임을 말씀하고 있다.

03

열국 가운데 유리하는 자가 되리라

호세아 7~9장 주해와 적용

호세아 7~9장은 이스라엘에 대한 심판과 구원을 선포하는 4~14장의 일부로서 심판의 원인과 선언에 관해 다음과 같이 서술하고 있다.

A 국내·외적 정치에서 드러난 이스라엘의 죄(7장)

B 잘못된 예배를 통해 드러난 이스라엘의 죄(8장)

C 죄에 대한 심판 선언(9장)

국내·외적 정치에서 드러난 이스라엘의 죄(7장)

1. 이스라엘의 죄

7:1~2는 7장 전체의 주제를 신학적으로 정리한다. 이스라엘 백성들은 자신들이 치료를 필요로 하는 상처를 갖고 있음을 알고 있었다. 호세아에게는 치유야말로 구속의 언어이며, 언약의 회복을 상징한다. 이스라엘 백성들이 생각하는 해법은 앗수르에게 호소하는 것이지만, 예언자는 앗수르가 이스라엘을 고치지 못할 것임을 이미 알고 있다(5:13). 이스라엘 백성들은 깊은 고난 속에서 여호와께서 고쳐주실 것을 고백하지만(6:1), 그 고백은 회개를 동반하지 않음으로써 치유에 이를 수 없다. 치유는 하나님의 뜻이지만, 치유

를 불가능하게 만든 것은 이스라엘과 사마리아의 죄다. 치유를 불가능하게 만드는 죄에 대해 세 가지로 요약한다. 궤사를 행하고, 안으로 들어가 도적질하며, 밖으로 떼를 지어 노략질하는 것(9:1상)이라고 한다.

2절은 1절과 짝을 이뤄 이스라엘의 실패를 신학적으로 규정하고 있다. 이스라엘 백성들은 하나님과의 언약을 깨뜨리는 자신들의 근본적인 죄를 기억하지도 않으면서 회개가 없는 의식에 의존해 치유를 강조한다. 반면에 하나님께서 그 죄들을 기억하시고 그것이 치유를 통해 회복으로 돌아오는 길을 막고 있다고 말씀하신다.

2. 사마리아 내부의 정치적인 죄(3~7절)

3~7절은 에브라임의 죄에 관한 것으로서 왕과 방백들이 저지른 정치적인 죄다. 그들의 문제는 왕권이 하나님에게서 왔다는 의식의 부재에 있다. 그래서 누구나 악과 거짓으로 왕을 죽이고 왕 위에 올라 악을 행하다가, 역시 같은 동기를 가진 다른 세력에 의해 사라지기를 반복한다. 이스라엘의 역사에서 이런 쿠데타는 오랫동안 반복되었다(스가랴, 살룸, 브가야, 베가, 호세아). 정치적인 악과 거짓은 여호와를 향한 신실함의 언약을 위배하는 우상 숭배, 간음과 같은 것이다.

우상 숭배의 행위에 대해 화덕으로 표현하고 있다. 빵을 만드는 사람이 반죽을 개고 데우며 그것이 부풀어 오르기를 기다리는 동안 불을 약하게 지피는 것처럼 모든 준비를 갖춘다. 그들은 사려 깊고 신중하게 자신들의 숨겨진 일을 착수하고 맹목적인 분노를 억제한다. 5절에서 '왕의 날'이란 실제로 새로운 왕의 즉위 날이라기보다 새로운 왕을 탄생시키는 '거사의 날'을 의미하는 것으로 봐야 한다. 모든 것들이 준비되면 음모자들은 왕과 방백들을 위해 향연을 벌인다. 왕은 방어가 전혀 돼 있지 않고, 방백들은 거나하게 취했을 때 거사가 시작된다(참고 왕상 16:8~14). 그들의 기다림은 (엎드려 기다릴 때에) 화덕의 준비와 같이 밤새도록 잔잔한 불과 같다가 거사가 있는 새벽이 되면 절정에 올라 활활 타오르는 것처럼, 모든 것들을 삼켜 버린다. 이 혁명으로 인해 재판장과 왕이 쓰러지고 새로운 세력들이 왕을 옹립한 후 지배 세력으로 등장한다. 이런 모든 것들이 저속한 정치적 격정의 산물이다.

호세아는 이런 정치적 격동의 문제를 한 마디로 요약한다. "저희 중에는 내게 부르짖는 자가 하나도 없도다"(7:7상). 왕들은 악과 거짓의 힘으로 왕권을 장악하지만, 동일한 힘으로 인해 파멸에 이른다. 이스라엘의 정치적 혁명의 결과는 바로 자신들의 정체성의 출발점인 언약의 위반과 무시로 인해 하나님을 떠나는 왕국을 만들어낸다.

3. 국제 관계에서 이스라엘의 어리석음과 심판 선고(8~12절)

왕과 방백들이 저지른 또 다른 죄는 약한 국력으로 국제적 위기를 극복하기 위해 열방의 힘을 의지한 것이다. 예언자는 외국과의 동맹과 연합을 통해 나라를 구원하려는 외교 정책을 비판하기 위해, 뒤집지 않은 전병(8절)과 어리석은 비둘기(11절)로 비유한다. 당시는 호세아 왕이 치리하던 때로 왕국은 영토를 잃어버렸고 앗수르에 의존해야 할지, 애굽에 의존해야 할지 알지 못하던 상황이다.

8절에서 '혼잡된다'라는 말은 '섞이다'라는 뜻인데, 기름이 가루에 섞여 정체를 잃게 되는 것처럼(참고 레 2:4; 민 6:15), 이스라엘이 열방에 혼잡되는 현상을 설명한다. 이스라엘이 위기 앞에서 지혜를 짜내 열방과 동맹하고 정체성을 찾을 수 있을 것처럼 보이지만, 실상은 열방들 사이에서 흔적도 없이 사라질 수 있음을 경고한다. '뒤집지 않은 전병'이란 한 면만 타고 다른 면은 타지 않은 빵을 말한다. 화덕의 뜨거운 곳에 던져진 전병은 어느 정도 익으면 뒤집어줘야 한다. 그대로 두면 겉으로 보기에 잘 익은 것 같지만 밑면은 타들어가서 빵으로서의 역할을 할 수 없게 된다. 겉으로 보기에 아무 문제가 없는 것처럼 보이지만, 불에 타들어가는 이스라엘이 여호와께 향해 전적으로 돌이킴이 필요하다(10상절)고 설명한다. 에브라임은 잘못된 쪽을 의지하는 바람에 타들어가는 뒤집지 않은 전병인 셈이다.

에브라임의 힘은 이방인에 인해 삼켜졌다. 이스라엘과 연합해 유다를 멸망시키려고 이스라엘 지방으로 진군한 아람인들뿐 아니라, 해변으로 들어와 므깃도와 길르앗으로 성큼 다가오는 앗수르인들이 있다. 이스라엘 백성들은 외세들이 들어와 이스라엘을 먹어 치우고 민족이 노쇠 현상을 보이는 것을 알지 못한 채 오히려 사태를 낙관적으로 보고 자신들의 외교술과 정치력에 의한 결과들을 공치사하면서 교만을 드러낸다. 겉으로 보기에 무난한 듯 보이지만, 민족의 위기를 깨닫지 못하고 여호와께 돌아가지 않는 이스라엘 백성들에 대해 예언자는 탄식한다.

민족의 노쇠 현상도 알지 못하면서 여전히 열방에 의지하는 이스라엘의 모습은 어리석은 비둘기로 묘사된다(11절 이하). 힘이 있는 쪽을 선택하면 민족의 구원이 이뤄지리라는 착각 속에서 애굽과 앗수르 사이에서 갈팡질팡하고 있다.

그러나 그들은 어느 쪽을 택하든지 하나님을 의지하지 않고 열방을 의지한다는 면에서 이미 하나님께서 준비하신 그물 안에 갇혀 있음을 깨닫지 못한다. 이스라엘 백성들은 멸망하는 날에 자신들을 도와줄 열방을 잘못 선택했다고 후회하겠지만, 하나님께서 그물을 그 위에 쳐서 돌아오지 않는 자들을 멸망시키시는 것이다. 백성들은 예상하지 못했다고 말할 것이지만, 그들을 향한 심판은 이미 공지된 것이다. 하나님의 심판 기준은 "전에 공회에서 들려준 대로 징계하는 것이다"(12절). 이스라엘로 하여금 궁극적으로 하나님께로 돌아오게 만드는 징계다. 이스라엘 백성들은 심판을 기억하지 않지만 그것은 이미 선포한 대로 집행되는 것이다.

4. 이스라엘의 반역으로 파멸에 대한 탄식(13~16절)

이 구절들은 하나님께 반항하는 이스라엘 백성들을 향한 저주의 외침과 형벌의 선포가 담겨 있다. 저주의 말은 재앙을 불러일으키기보다 재앙의 결과가 임박한 자들을 향해 슬퍼하며 경고한다. 하나님의 경고는 심판이 임박해 있는 자들을 향한 조가다. 이스라엘이 여호와께 행한 범죄는 그들이 순종해야 하는 권위를 전제하는데, 범죄라는 말은 봉신 관계의 언약을 깨뜨리고 왕이나 주인에게 저항하는 정치적 반역에 사용된다(왕상 12:19). 이스라엘의 범죄에 대한 하나님의 반응은 과거에 그들을 애굽에서 구속하신 것처럼 다시 구속하신 것이다. 그러나 이스라엘을 앗수르의 위험으로부터 구속하시려는 하나님의 뜻은 이스라엘의 거짓으로 인해 좌절된다.

주전 734년이나 733년에 앗수르 군대가 출정해 이스라엘 땅의 많은 소산을 빼앗고 추수한 곡식들도 빼앗아 갔다. 이런 위기에서 이스라엘의 반응은 어떠했는가? '자아크'(זָעַק)라는 단어는 탄식하고 하나님께 부르짖을 때 사용하는 전형적인 것인데, 이스라엘 백성들은 하나님을 향해 부르짖기도 했다(8:2). 그러나 이스라엘 백성들의 부르짖음은 형식적이고 회개를 동반하지 않은 것이었다. 그들은 성심으로 부르짖지 않았다(14절). 하나님께서 그들의 부르짖음에 대해 그들의 마음을 다 한 것으로 듣지 않으셨다. 그들은 형식적으로 하나님께 부르짖는 듯하면서, 여호와와 바알을 혼돈해 가나안의 풍요제의를 통해 여호와를 자신들의 마음대로 통제할 수 있다고 생각했다. 본문에서는 바알 숭배 제의로, 침상에서 슬피 부르짖고 곡식과 새 포도주로 인한 모임을 통해 하나님을 거역한다고 표현하고 있다. 풍요 제의를 치르면서 간음하는 침상에서 부르짖는 것은 여호와께서 원하시는 진정한 기도가 아니며 바알을 위한 하나의 익숙한 제의일 뿐이다.

15절에서 하나님께서 이스라엘의 팔을 연습시켜 강건하게 만들었다고 말씀하신다. 이스라엘의 역사를 통해 볼 때 하나님께서 항상 그들을 구원하셨는데, 이스라엘이 국가적 위기와 고통을 극복할 수 있었던 능력은 바로 여호와께로부터 온 것이다. 이스라엘의 능력은 바로 여호와의 행동이며, 백성들의 강건함은 바로 여호와를 의지하는 데서 나온 것이다. 하지만 이제 이스라엘은 위기를 맞이해 열방과의 동맹을 통해 힘을 확보하고, 바알 제의를 통해 여호와를 조종하려 한다. 그것이 바로 여호와께 악을 행한 부분이다. 이스라엘이 곤경을 당하는 것은 여호와께 돌아가라는 경고이지만, 오히려 그들은 실제적으로 도움을 받을 수 없는 방법을 채택한 것이다.

'속이는 활'이라는 말은 돌아올 곳을 향해 적중하지 못하고 다른 표적지를 향해 나아가는 활을 이스라엘의 행위에 빗댄 말이다. 이어 '방백들이 칼에 엎드러지다'라는 말은 전쟁에서 패함으로써 초래되는 전형적인 죽음을 의미한다(레 26장; 신 28:32). 죽음의 원인으로 열거된 '혀의 거친 말'이란 하나님께서 보내신 예언자의 말에 저항한다는 뜻이다. 여호와를 거슬려 거짓을 말하고, 하나님의 말씀 자체를 저주할 때에 심판을 자초하는 것이다. 스스로 강한 척 위장하고 열방과의 동맹을 꾀하며, 번지르르한 종교 의식을 강조하는 방백들이 칼에 의해 쓰러질 때 도움을 요청한 애굽인들에 의해 조롱받게 된다. 열방이야말로 헌신적으로 돕는 게 아니라 자국의 이익에 따라 이스라엘을 조종하기 때문에, 이스라엘 백성들이 망하는 것을 조롱하며 지켜보게 될 것이다.

잘못된 예배를 통해 드러난 이스라엘의 죄(8장)

1. 이스라엘의 죄와 심판 선고(1~3절)

나팔을 부는 행위(5:8)는 적의 침입이 있을 때 지도자들에게 전쟁의 위험을 알리는 것이다. 3절의 마지막은 심판의 선언으로 끝난다. 나머지는 이스라엘의 죄에 대해 전하고 있다. 위협의 주체는 앗수르인데, 전쟁의 위협은 곧 하나님께서 이스라엘을 다루시는 상징으로 해석된다. 여기서 '내 언약'과 '내 율법'이라는 용어가 사용된다. 언약(בְּרִית브릿트)이란 여호와께서 이스라엘을 선택하시고 관계를 이룬 형식적인 구조를 말하며, 당시에 정치에서 주인과 봉신의 관계에 대해 사용된 것이다. 주인은 종들을 안전하게 지키고, 종들은 주인의 계명을 지키는 것이다. '내 율법'(תּוֹרָה토라)은 여호와께서 언약의 조항으로 반포하신 계명의 내용을 말한다. '내 언약'과 '내 율법'을 강조함으로써 무리들이 언약과 율법의 주체이신 여호와께 반역을 자행하고 있음을 보여준다. 부르짖음은 기도의 행동(2절)이지만, 이스라엘 백성들은 그렇게 부르짖으면서도 하나님께서 요구하시는 선을 싫어하고 버림으로써 용서받지 못하고 심판의 몽둥이인 적들이 그들을 따를 것이라고 선포한다(3절).

2. 왕권과 제의의 범죄(4~10절)

첫 번째 주제는 왕권에 관한 것이다(4절). 고대 이스라엘에서 왕권은 여호와께 속하고, 왕은 하나님께 선택받은 자였다. 그러나 호세아 시대에 이스라엘의 왕들은 예언자를 통한 하나님의 인정과 능력의 선물에 의하지 않고 거짓과 살인으로 왕좌에 올랐다(7:1~3). 왕이 제의의 중심이라는 면에서 왕권의 타락은 곧 제의의 타락으로 이어진다. 우상을 만들고 사용하는 것은 주전 8세기의 혼합 종교에서 일상적인 것이었다(4:17; 13:2; 14:8). 언약의 용어를 말한다면, 우상 숭배는 금지된 것이었다(출 20:3~6, 23; 34:17). 벧엘과 단의 금송아지 외에 여러 신들의 형상이 만들어졌다. 우상 제작의 중심에 왕이 있었기에 왕과 우상 숭배를 함께 비난하고 있다.

나아가 사마리아의 금송아지 숭배 사건에 관해 언급한다(5~6절). 여로보암 I세가 벧엘과 단에 금송아지를 세웠다. 원래 금송아지는 우상이 아니라 여호와의 발등상을 의미했다. 여호와 제의를 위해 금송아지 상이 세워졌지만, 나중에 금송아지 상은 가나안 신화와 바알 제의와 관련돼 점차 혼합 종교와 우상 숭배로 나아가게 되었다. 호세아서에서 이미 남용된 금송아지 숭배가 사마리아까지 확대되어 성행하고, 하나님께서 이스라엘 백성들을 향해 분을 발하심을 알 수 있다(8:5).

6절의 예언자의 말에서 이스라엘 백성들이 지금까지 금송아지 형상을 신으로 믿어왔음을 알 수 있다. 따라서 호세아는 그들이 잘못 믿고 있는 사마리아 송아지의 멸망을 선포하고 있다. 이스라엘 백성들의 행동에 대한 무익함을 두 개의 잠언(8:7)을 통해 설명한다. 이스라엘의 어리석은 행위에 적용하여 그들이 풍요를 위해 바알 제의에 의지하지만 아무 소용이 없다는 것이다. 만약 열매를 맺게 되더라도 그 열매는 뿌린 자와 상관없이 낯선 자가 취하게 된다는 것이다.

8~10절은 당시 이스라엘의 국제 관계에 대한 신탁이다. 8절은 이스라엘

의 곤경에 대한 탄식인데, 열방과의 동맹을 구원의 길로 알고 있다가 그들에 의해 삼켜져 멸망의 길에 선 이스라엘은 (아무도) 기뻐하지 않는 그릇이 된다. 열방들도 더 이상 관심을 갖지 않는 힘이 없는 나라요, 여호와와의 관계도 절망적이다. 9절에서 '들나귀'이라는 표현은 에브라임의 자의적 완고함으로 인해 여호와와 동행하지 않고 제 멋대로 행함을 상징한다. 우상에게 절하는 것도 간음으로 표현한 호세아는 열방과의 동맹도 연애로 표현하고 연애의 대가는 안전을 위해 조공을 바치는 것이라고 한다. 하지만 이스라엘 백성들이 기다리는 안전은 오직 여호와께 있기 때문에 그들의 연애 행위는 실패할 수밖에 없다. '모든 방백의 임금이 지워준 짐'이란 동맹을 위해 치른 대가로서 조공을 바치기 위해 감당해야 하는 재정적 부담을 뜻한다.

3. 제의와 윤리(11~14절)

11~14절에서 제의와 윤리의 관계를 언급한다. 에브라임이 착각한 것은 제사가 순종을 대신할 수 있다. 이스라엘 백성들이 많은 제단을 만들고 제사를 드렸지만, 그 제단들은 그들로 하여금 범죄하도록 만드는 장소가 돼 버렸다. 이스라엘 백성들에게 제사는 가나안 방식의 풍요를 담보하는 도구였고, 여호와를 섬긴다면서 바알을 섬기게 했다. 이스라엘 백성들은 제단을 증가시켰지만, 여호와께서 그들의 삶 속에 율법을 제시하셨다. 율법은 언약에서 불가피한 것이지만, 이스라엘 백성들은 자신들과 상관없는 것으로 인식했다. 하나님의 뜻이 담긴 율법과 무관한 제사를 행함으로써 철저한 종교인이면서도 의식 없이 악을 행했다. 다른 신과 우상을 제거해야 함에도 불구하고 오히려 여호와의 율법을 이질적인 것으로 여기며 무시해 버렸다.

13절에서 이스라엘 백성들이 사랑한 것은 여호와가 아니라 제사 의식 그 자체다. 제의 행위를 통해 신과 연합하며 자신들의 복지와 안전을 담보한다고 생각했기 때문이다. 하나님께서 그런 제사를 기뻐하시지 않는다. '죄를 기억하다'라는 말은 법정 용어로서 그에 상응하는 심판을 전제로 한다. 심판의 내용은 다시 애굽으로 돌아감으로써 여호와께서 그동안 이루신 구속의 역사를 원점으로 되돌리는 조치다. 역출애굽은 여호와께서 세우신 앗수르를 통해 이뤄지는데, 이스라엘 백성들이 앗수르에 의해 포로로 끌려가고 다시 애굽에서 당한 압제의 고통을 다시 겪게 된다는 것을 의미한다.

14절에서 여호와께서 자신에 대해 스스로 '이스라엘을 지은 자'라고 명명하지만, 이스라엘 백성들은 자신들의 정체성 자체가 바로 하나님께로부터 온 것임을 잊고 있다. 오히려 자신들의 힘에 의지해 스스로 궁전을 크게 짓고 성읍을 쌓으며 안전을 도모한다. 하지만 그들이 시도한 안전한 궁전들은 하나님에 의해 멸망되는 바, 불을 보내 성읍들을 삼키리라고 심판을 선언한다.

죄에 대한 심판의 선언(9장)

1. 명절의 기쁨을 깨뜨리는 예언자(1~9절)

본문은 추수가 끝나고 가을 절기를 축하하는 여호와의 날이다(5절, 참고 삿 21:19~21). 수확의 명절에 흥겨운 백성들을 향해 예언자는 심판을 선언한다. 이스라엘 백성들은 여호와의 절기를 지키지만, 실제로 바알에게 예배함으로써 여호와와의 혼인 서약을 깨고 간음을 행한 것이다. 호세아에게 간음이란 제의적 불신실함이다. 이스라엘이 바알을 사랑한 대가는 곡식과 포도주와 과일이었다. 백성들은 타작마당에서 그 대가를 받아들고 기뻐한다. 그러나 심판의 때에 타작마당과 술틀이 기능을 발휘하지 못하고, 그들이 기뻐하는 곡식과 기름과 포도주가 떨어질 것이다.

여호와의 땅이란 신학적으로 하나님께서 이스라엘에게 선물로 주신 땅을 의미한다. 바알이 땅의 주인이고 은혜를 준 자로 이해하는 신학에 대한 비판적인 것이다. 심판의 내용은 그 땅에 거하지 못하는 포로인데, 주인을 알아보지 못한다면 주인이 준 땅에서 떠나게 되는 것은 당연한 일이다. 여호와께로 돌아오지 않는 백성들에게 애굽으로 돌아간다는 것은 적절한 심판이다.

구속사 자체가 무효가 돼 버리는 것이다. 주전 733년 이후에 이스라엘 백성들의 일부는 포로로 잡혀 이미 앗수르에 가 있었다. 앗수르에서 더러운 것을 먹음은 자신을 포로로 잡은 이방 왕의 명령에 굴복해 음식의 부정으로 인해 신앙의 정결을 지키지 못하는 상태를 말한다.

3절의 결과로 포로의 땅에서 이뤄지는 상황인 4절을 다음과 같이 읽어야 한다. "그들은 여호와께 포도주를 부어 드리지 못하며, 그들의 제물은 하나님의 마음에 들지도 않는다. 그들의 떡은 애곡하는 자의 떡과 같아서 그것을 먹는 자는 더러워진다." 4절은 3절에서 말한 대로 포로로 끌려가 그 땅에서 더러운 것을 먹는 상황을 전제로 할 때 이해할 수 있다. 첫 연에서 동의어 반복으로 제시된 것은 포도주와 제물이다. 포로로 끌려가면 성전이 없기 때문에 제사 자체를 드리지 못할 뿐 아니라, 드리는 제물도 하나님께서 받으실 수 없는 더러운 것들이다. 애곡하는 자의 떡은 음식 자체가 부정함으로 제물로서 자격이 없어서 여호와의 집에 들여놓을 수 없고 단지 자신들이 먹기나 할 뿐이다. 지금은 성전이 있고 드릴 제물이 있지만 여호와와 바알을 혼동하여 절기를 지키는 자들이 그것을 깨우치지 못한다면, 마침내 회개를 해도 성전이 없어서 제사를 드릴 수 없게 되고 설사 제사를 드리더라도 더러운 제물로 인해 제사를 드릴 수 없는 때가 온다는 것이다. 그 결과는 5절에 이어진다.

이제 애굽과 앗수르로 끌려가면, 명절을 맞이해 여호와께 제사를 드리고 싶어도 드릴 수 없게 된다. 지금 주어진 성전과 제물에 대해 감사함으로써 회개할 때다. 다시금 명절에 모여 있는 무리들을 향해 선포한다. 지금은 즐겁게 절기를 지키기 위해 모이지만, 재앙의 날이 오면 무엇을 위해 모이는가? 백성들이 앗수르를 피해 애굽으로 도망가지만, 결국 묘지로 이름난 놉에서 장례를 위해 모여야 한다. 그들이 바라는 것이 결국 재앙의 날인 것이다. 이 모든 것들은 7하절의 결론으로 연결된다. 이스라엘 백성들은 형벌의 날과 보응의 날이 임한다는 것을 깨달아야 한다.

청중들의 반응은 예언자를 공격하는 것이고 이에 대해 호세아는 응답한다(7상~9절). 호세아는 백성들의 말을 인용한다. "예언자가 어리석었고 신에 감동하는 자가 미쳤다." '어리석다'라는 말은 잠언에 자주 등장하는 것으로서 이스라엘 백성들은 자신들이 어리석은 예언자를 잘 다루는 지혜로운 자로 자처한다. '신에 감동하는 자'라는 말에서 예언자는 하나님의 능력인 영의 선물을 받았다. 하지만 '미치다'라고 말하는 것은 비이성적이고 신뢰할 수 없는 상황임을 전제로 한다. 이스라엘 백성들은 예언자의 말에 도전을 받는 게 아니라, 예언자의 정체성을 의심하여 어리석고 미쳤다면서 예언자가 전하는 회개의 메시지를 하나님의 말씀으로 받아들이지 않는다. 백성들은 죄를 지었기 때문에 죄를 질책하는 예언자의 정당성 자체를 공격하는 것이다. 그들이 회개할 수도 있었지만, 자신들의 죄를 드러내는 예언자를 공격하고 미워하는 것이 더 쉬운 일이었다.

8절은 7절의 연속으로 다음과 같이 번역하면 더욱 명료해진다. "예언자는 에브라임의 파수꾼으로서 나의 하나님과 함께 있도다. 하지만 그의 모든 길에 새 잡는 자의 그물이 있고 그의 하나님의 전에는 그에 대한 적대심이 있도다." 하나님께서 예언자를 보내셔서 에브라임의 파수꾼으로 삼으셨다. 파수꾼이란 백성들의 악함에 타협하고 아첨하는 것이 아니라, 하나님의 말씀으로 백성들을 생명으로 인도하는 자다. 예언자는 백성들의 악함에 저항하며 하나님의 편에 있다. 하지만 백성들은 예언자의 말을 듣지 않고 거스르며, 그를 넘어뜨리려 그물을 치고 하나님의 전에서조차 예언자를 죽이려 한다. 백성들의 악은 기브아의 시대와 비교가 된다. 기브아는 사울의 집(참고 삼상 10:26; 11:4)으로서, 본문이 왕정의 기원을 악으로 보는 관점에서 채택된 지명으로 볼 수도 있다.

하지만 그것보다 이스라엘 백성들이 포로로 잡혀 떠나가는 가증스러운 행위와 비교하기 위해 왕정 이전의 혼란스러운 시기였던 사사기 19~21장에서 기브아의 베냐민 지파가 보여준 악을 상징한다고 볼 수 있다. 기브아에서 범죄하던 시대에 비견되는 악을 행하는 백성들에게 심판이 임할 것을 선포한다.

2. 하나님의 은혜에 감사할 줄 모르는 이스라엘(10~17절)

이스라엘의 기원을 보여주는 광야 시대는 이상적인 신앙과 배교의 모델을 보여준다. 이스라엘 백성들은 광야에서 처음으로 하나님과 만나 그 관계가 황금기였고, 하나님께서 그들로 인해 기쁨을 누리던 시절이 있었다. 한편으로 바알브올(민 25:1~5)로 인해 하나님의 진노를 사던 때도 있었다. 그 사건이 지금을 판단하는 기준이 된다. '가증스럽다'는 표현은 제사장 문헌의 용어로서 피로 대속해야 하는 부정의 상태를 말한다. 비판은 심판으로 이어지며, 과거에서 현재로 옮겨진다(11절). 에브라임의 영광이란 하나님의 소유된 백성으로서 구속받아 하나님의 백성으로 살아가는 그들의 긍지다. 바알브올의 이야기는 이스라엘이 당시에 바알의 풍요 제의를 위해 성교를 행하는 의식을 비판하는 기준이 된다. 그들이 풍요 제의에 동참함으로써 가증한 자들로 되고 영광은 떠나가며 심판을 상징하는 세 가지 해산함, 아이 뱀, 잉태함의 부재가 나타난다. 이 심판은 바로 인간의 풍요의 끝을 의미하며, 풍요를 구하던 바알의 힘의 종식을 뜻한다.

12절은 11절의 연속적인 설명이다. 하나님께서 새로운 풍요를 상징하는 해산과 아이 뱀과 잉태는 물론이고 이미 누리고 있던 풍요의 상징인 아이들까지 전쟁과 포로와 기근을 통해 멸하시기로 결심한다. 참된 구원의 역사는 바알브올의 단에서 끝이 나고, 반역의 역사는 심판으로 이어진다.

13절은 하나님의 신탁의 연장이라기보다 예언자의 선언이라고 볼 수 있다. 앞서 말한 것처럼, 에브라임의 영광스러운 과거와 포로로 끌려가는 심판을 대조적으로 보여준다. 영광스러운 과거는 아름다운 두로와 비교되고, 심판은 살인하는 앗수르에게 자식들을 내어주는 것으로 표현된다. 자식들을 직접 내어주는 것은 아니지만, 거듭되는 죄악으로 인해 멸망을 자초했으므로 자식들을 수동적으로 잃는 게 아니라 내어준다는 적극적인 언어로 표현하고 있다.

14절에서 예언자 호세아의 탄식이 나온다. 이스라엘의 심판이 선언된 상황에서 호세아는 심판이 중지될 수 없음을 알고 있다. 그런 상황에서 어떤 중보 기도를 드릴 것인가? 호세아는 하나님과 에브라임 사이에서 자식들이 살해당하는 것을 보지 않기 위해 차라리 아이를 낳지 못하는 태와 낳은 아이를 기를 수 없는 유방을 역설적으로 구하고 있다.

다시금 왕권과 왕에 속한 자들을 악의 기원으로 보고 있다(호 3:4; 7:3~7; 8:4; 10:3, 7, 15). 길갈에 대한 언급은 사울의 임직을 연상케 한다(삼상 11:14이하). 왕이 혼자서 죄를 짓는 게 아니라 방백들의 협조로 이뤄진다. 왕정의 죄와 제의를 통해 짓는 죄를 구분하지 않는 것으로 보인다. 하나님의 반응은 그들을 모두 쫓아내는 것이다. '여호와의 집'이란 땅에 대한 비유다. 남편이 행음하는 아내를 견디지 못하고 쫓아내는 것처럼, 하나님의 마지막 행동은 심판이다. 심판이 계속적으로 언급되고 있다.

에브라임의 죄악은 11~12절에서 심판의 반복이다. 열매 맺지 못하는 심판을 선언하고, 열매를 맺더라도 태의 열매를 죽인다고 선포한다. 마지막 구절에서 호세아가 하나님을 자신의 하나님으로 명명하는 것을 보면 하나님의 예언이 선포된 후에 예언자 자신의 전체적인 판단이 서술됨을 알 수 있다. 하나님께서 저희를 버리심은 하나님의 주도적인 행동이 아니다. 저희가 하나님의 말씀을 듣지 않았기 때문에 하나님께서 그에 대한 반응을 보이신 것이다. 그들의 계속된 제의 행위에도 불구하고, 언약을 지키지 않음으로써 버림을 받는다. 에브라임의 버림받음과 심판이 선포된 것이다. 이제 그들의 정체성은 '열국 가운데 유리하는 자'다.

설교를 위한 적용

첫째, 호세아서 전체를 이해해야 본문의 메시지 방향을 잡을 수 있다. 호세아서에는 심판을 받을 수밖에 없는 이스라엘과 이스라엘을 향하신 하나님의 사랑에 근거한 구속의 희망이 표현돼 있다. 이런 흐름 속에서 호세아 7~9장은 하나님께서 이스라엘을 사랑하심에도 불구하고 심판할 수밖에 없는 이유를 기술한다. 우리는 하나님의 심판 선언을 접하면서 하나님의 애끊는 사랑을 읽을 수 있어야 한다. 이스라엘의 치유를 위해 준비하시는 하나님의 마음을 이해하고 백성들이 심판의 길로 걸어가는 철저한 상황을 목도하시는 하나님의 심정을 헤아리면서 본문을 읽어야 한다.

둘째, 본문을 하나님의 심판 선언으로만 읽을 경우에 우리는 무서운 하나님만을 연상하기 쉽다. 따라서 구약의 하나님을 신약의 하나님과 분리하려는 경향을 갖게 된다. 그러나 호세아서에서 심판하는 하나님 편에 서서 자기 백성들을 사랑하시는 애타는 심정을 읽을 수 있을 때에야 비로소 예수님을 십자가에 내어주신 하나님의 마음을 이해하게 된다. 호세아서에 등장하는 '치료'라는 단어야말로 회복과 구속을 잘 나타낸다. 이스라엘 자손들도 자신들이 치료를 필요로 하는 존재임을 알았지만(5:13), 회개 없는 고백으로 치료를 이루려는 것은 실패로 돌아간다.

하나님께서 이스라엘을 치료하려 하셨지만(7:1), 그들의 죄악 때문에 치료할 수 없는 상황이 되었다. 이스라엘의 문제는 치료를 필요로 하는 죄악 자체만이 아니다. 왜냐하면 이스라엘 백성들은 역사 속에서 같은 죄악을 반복한 자들이기 때문이다(9:10). 문제는 치료가 필요한 상태에 이르렀으면서도 하나님을 통한 치료에 응하지 않은 것이다. 자신들은 여호와께 예배를 잘 드리고 있는 것으로 이해했고, 하나님께 기도한다고 생각했다. 그러나 죄의 핵심은 철저한 종교 국가이면서 하나님께 부르짖지도 않고(7:7), 여호와께 돌아오지도 않으며(7:10), 바알을 여호와처럼 섬긴 것이다(9:1~2). 심판이란 새로운 것이 아니라, 이미 공회에서 경고한 대로 징계하는 것일 뿐이다(7:12). 민족의 운명은 형벌을 향해 가고 있고(8:7), '열국 가운데 유리하리라'는 심판의 선언(9:17)을 내리지 않을 수 없는 하나님의 심정을 이해해야 한다.

셋째, 이스라엘에게 죄악의 출발점은 무엇인가? 이스라엘 초기에 단과 벧엘에 있었고, 나중에 호세아 당시 사마리아에까지 확장된 금송아지 숭배다. 금송아지를 여호와와 대결하는 이방신이 아니라, 여호와 그 자체로 여졌던 것이다. 금송아지는 여로보암 I세에 의해 예루살렘 성전의 그룹을 대치하는 것으로 여호와의 발등상으로 여겼지만, 점차 여호와를 대신하는 것으로 숭배하게 되었다. 결국 이스라엘 백성들은 다른 종교가 아닌 여호와를 자처하는 유사 종교를 따르게 된 셈이다. 겉모양은 여호와 종교이지만 내용은 우상 숭배였다. 이런 종교는 바알 신의 숭배에 이르러 절정을 이룬다. 이스라엘 백성들은 자신들의 복을 위해 제사를 드리면서 신을 조종하려 했다. 침상에서 바알의 풍요 종교를 따라 기도하고, 곡식과 새 포도주의 소산을 위해 신을 숭배했다. 그것은 여호와의 유사 종교를 창시한 바알의 금송아지 숭배와 다를 바 없다(출 32장).

오늘날 우리의 교회에 바알 신앙이 남아 있지는 않는가? 모양은 기독교이지만, 내용은 철저히 샤머니즘의 형태를 취하는 교회의 위험성을 경고한다. 성도들의 감정과 욕심에 야합해 설교하지는 않는가? 축복이라는 이름으로 재물과 권력의 우상을 섬기지는 않는가? 현실이라는 미명 아래 복음의 내용이 왜곡돼 있지는 않는가?

넷째, 오해의 중심에 제사 기능의 문제가 대두된다. 제사는 무엇인가? 인간과 질적으로 다른 하나님의 현현을 준비하기 위해 하나님께서 인간에게 악을 정결케 하는 제사를 요구하신다. 제사는 단순히 계명과 달리 하나님의 현현을 매개하며 사라지는 도구다. 그러나 제사가 차츰 하나님의 현현과 무관한 절차로 변하게 된다. 제사를 드리고 나면 하나님께 대한 감격으로 하나님의 주권이 확인되고, 일상의 삶이 회복돼야 한다. 그러나 이스라엘 백성들에게 제사는 하나님께 대한 경외와 고백이 따르지 않으며, 삶의 회복과도 무관하게 되었다. 제사를 드리면서도 하나님께 대한 두려움이 없어지고, 율법을 지키지 않게 되었다. 악을 행하면서도 제사를 통해 복을 받을 수 있다고 자신한 것이다. 오늘날 교회가 만들어내는 종교인의 위험성이라 할 수 있다. 교회 문화에 익숙하고 예배 참석과 헌금과 봉사를 강조하되, 하나님을 삶의 주인으로 모시는 제자도 정신이 사라진다면 하나님과 무관한 종교인을 양산하게 되며 이스라엘처럼 멸망에 이르게 될 것이다.

모든 교회 활동은 제사와 같다. 그 활동이 자신의 의를 자랑하는 것으로 끝나는 게 아니라, 소리처럼 사라지면서 하나님의 임재를 가리키는 것이어야 한다. 예배는 현실을 잊게 만드는 아편이나 자신의 의를 자랑하는 도구가 아니라, 무너지고 깨어진 일상의 삶을 회복하고 회개를 통해 삶의 중심에 하나님의 주권을 세우는 것임을 깨달아야 한다.

다섯째, 이스라엘의 또 다른 문제는 죄를 죄로 알지 못한다는 것이다. 이스라엘은 제사장의 나라로서 모든 활동의 중심에 종교가 있으면서도 그 종교는 그들의 삶에 아무런 역할을 하지 못한 점이다. 종교와 세속이 철저히 분리된 것이다. 그래서 이스라엘 백성들은 철저한 종교인이면서도 하나님 앞에서 자신을 성찰하지 못하고 세상의 일들을 자신의 관점에서 처리했다. 왕과 방백들은 왕권이 하나님께로부터 왔다는 것을 이해하지 못하고 악과 거짓으로 왕권 쟁탈전을 벌였다. 쟁취한 왕권은 하나님을 경외하지 않았기에 정의를 세우지 못하며 종교의 기득권을 통해 조직적으로 악을 행한 것이다. 죄를 알지 못하는 자들은 하나님의 경고의 뜻을 눈치 채지 못한다.

하나님께서 열방을 통해 채찍을 휘두르시지만, 열방을 하나님의 심판의 도구로 이해하지 못하는 방백들은 나라의 구원을 위해 무엇을 해야 하는지 알지 못한다. 그래서 힘 있는 열방과의 동맹이야말로 생존하는 길이라고 이해하고, 나라를 세우시기도 하며 폐하시기도 하는 분이 하나님이심을 알지 못한다. 이스라엘은 자신들의 구원으로 여겼던 열방에 의해 결국 망한다. 그들의 실패는 힘 있는 열방을 선택하지 못한 어리석음에 있는 게 아니라, 세계사를 지배하시는 하나님을 의지하지 않은 것에 있다.

열방을 의지한 이스라엘 백성들은 자신들의 힘을 강성케 하기 위해 성읍을 쌓고 전쟁에 대비하지만, 하나님의 심판을 견디지 못하고 멸망에 이른 것이다.

죄를 죄로 알지 못하는 자들은 겉모양만 신앙인일 뿐이지, 세상의 가치와 기준대로 살아가는 세상 사람들과 똑같은 삶을 살면서 멸망을 자초하게 된다. 회개하라는 명령을 끝까지 외면하고 자기 마음대로 사는 자들의 운명은 땅에서 쫓겨나 열국 가운데 유리하는 자가 된다(창 4:14).

여섯째, 멸망해 가는 백성들 앞에서 예언자의 역할은 무엇인가? 현실의 분위기에 압도되지 않고 그 멸망 사실을 선포하는 것이다. 호세아는 모든 사람들이 즐거워하는 명절에 멸망을 선포한다. 아무 곳에서나 선포하지 않고 자아도취에 빠져 미래를 낙관적으로 보는 백성들이 들을 수 있는 때와 장소를 택해 선포한다. 그 심판을 울며 회개하는 청중이 아니라 예언자를 어리석고 미친 자로 취급하는(9:7) 청중을 향해 선포한다.

이사야나 에스겔처럼, 예언자의 사명은 강퍅한 백성들을 향한 하나님의 애끓는 심정을 견지하면서도 담대함과 연결된다. 예언자가 다뤄야 하는 것은 구원받아야 할 백성들의 강퍅함이다. 예언자의 선포는 백성들을 변화시키는 게 아니라 강퍅함을 심화시킬 수도 있다. 백성들은 예언자를 어리석고 미쳤다면서 무시하지만, 예언자는 그들을 향해 하나님의 말씀을 전해야 한다. 예언자가 바라보는 희망은 당대에 이뤄지지 않기 때문에, 죄악에 대해 아파하면서 백성들의 멸망과 함께 사라진다. 그러면서 시대를 향해 하나님의 심판을 외치는 것이다.

일곱째, 이스라엘의 죄악은 우연이 아니다. 그들의 역사를 돌이켜 보면 이미 광야에서부터 시작된 것이다. 이스라엘에게도 하나님의 첫사랑을 누리면서 순전했던 시절이 있었다. 그들의 순종과 반역의 역사가 반복되면서도 하나님의 남기시는 구원의 역사에 따라 여기까지 왔다. 따라서 이스라엘에게 필요한 것은 역사를 통해 배우는 일이다. 언젠가 바알브올에서 지질렀던 죄를 기억한다면 현재 죄의 심각성을 이해할 수 있을 것이다. 현재란 우리의 죄악에도 불구하고 아스라하게 생존한 은혜의 소산이기 때문에 우리는 감사함으로 현재를 받아야 한다.

본문은 우리에게 개인적으로 기억해야 할 죄악의 역사가 있음을 기억나게 한다. 우리는 과거가 모두 완벽했던 것은 아니다. 때로 죄악의 역사 때문에 가슴이 아프고 저릴 때도 있다. 그러나 반역의 역사 속에서 하나님의 은혜로 구원을 받고 은혜로 사는 것이다. 우리는 그 은혜를 기억하고 다시는 반복되는 죄를 짓지 않겠다고 다짐하면서 삶을 돌아봐야 한다. 그리고 은혜로 다가오시는 그분의 치유를 맞이할 준비를 해야 한다.

04

마음의 주상을 허시는 하나님의 사랑

호세아 10~12장 주해와 적용

호세아 시기의 초반은 평화와 번영의 시대였다. 특히 북 이스라엘은 여로보암 2세(주전 793~753년)의 통치하에서 최고의 전성기를 맞이했다. 유능한 여로보암 2세는 40여 년 동안 왕국을 다스리면서 영토를 솔로몬 시대와 같은 '하맛 어귀에서부터 아라바 바다까지' 확장시켰으며, 팔레스틴의 주변 국가에까지 영향력을 행사했다. 이 시기에 북 이스라엘의 백성들은 정치적인 안정 속에서 경제적으로 윤택한 삶을 향유할 수 있었다.

그러나 바로 이 시대에 북 이스라엘은 영적·사회적으로 가장 타락했다. 즉 그 지도자들과 백성들은 하나님의 은혜와 도우심을 망각한 채 율법을 무시하고 음란하게 우상을 섬겼으며, 이웃에게 불의를 자행하는 타락과 부패의 길을 걸어갔다. 이 때문에 호세아 선지자는 그들의 죄악을 지적하고 하나님의 심판 곧 이스라엘의 멸망을 경고하면서 강력하게 회개를 촉구했다.

호세아 10~12장은 애증관계(love and hate relationship)가 가장 잘 드러난 성경 중에 하나인 호세아서를 세 부분(1~3장; 4~11장; 12~14장)으로 나눌 때 두 번째 부분의 끝과 세 번째 부분의 시작에 걸쳐 있다. 하나님께서 이스라엘과 소송하는 형식으로 구성(2:2; 4:1, 4; 12:1)된 세 부분 모두는 범죄 한 이스라엘에 대한 희망의 메시지로 끝을 맺는다(3:4; 11:8~11; 14:1~3, 4~8).

특히 두 번째 부분에서 4:1~9:9는 '인애'와 '하나님을 아는 지식'이 없는 이스라엘의 두 가지 죄에 대해 다루고 있다. 우리에게 주어진 본문을 포함해

종반부인 9:10~11:11에서는 역사적 회고를 통해 이 두 가지 죄의 뿌리를 파헤치면서 이스라엘의 죄악의 역사를 하나님의 사랑에 선명하게 대비시킨다. 본문을 세 번째 부분에까지 살짝 걸치게 한 것은 그 부분의 전반부(12장)에서도 이스라엘을 죄의 역사와 연결시키는 예언자이자 저자인 호세아의 역사적 관점과 의도가 계속 발견되기 때문인 것으로 보인다.

본문(10~12장)을 통해 우리가 발견할 수 있는 것은 크게 두 가지다. 하나는 이스라엘로 대변되는 '주홍 같은' 우리의 죄악이고, 다른 하나는 우리의 핏빛 죄악의 대지를 온통 흰 눈으로 뒤덮은 듯 '희게 하시는 하나님'(사 1:18)의 사랑이다. 죄악이 드러나면 드러날수록, 우리의 상상 스크린에 이스라엘의 죄악이 가득히 채워져 숨이 막힐 지경이 될 때마다 어김없이 이어지는 다음 장면은 바로 하나님의 회복에 대한 메시지(10:12; 11:8~11; 12:9)다. 우상의 제단이 많을수록, 아름다운 주상이 많이 세워질수록 그것들을 사랑으로 쳐서 깨치시며 그들 속에 '두 마음'을 허시는 하나님의 모습(10:1~2)이 오버랩된다.

제단을 깨치시며 주상을 허시리라(10:1~15)

10장에서 호세아는 이스라엘의 죄와 벌의 실례를 지적한다. 이 예언자의 고발과 하나님의 심판에 대한 경고는 앞 장(9:10)에서부터 시작한다. 그는 이스라엘을 '많은 열매를 맺은 포도나무'에 비유한다(9:10; 10:1). 그가 활동하던 시기는 여로보암의 집권 말기에서 이스라엘이 멸망하기까지 대략 755~724년 사이이다. 당시는 이스라엘이 여로보암 2세(주전 787~747년)의 통치 아래 가나안에서 정치, 경제, 문화적 번영을 누릴 때였고 군사 외교적으로도 다윗·솔로몬 시대의 국경을 회복하리만큼 강성한 때였던 것으로 보인다(왕하 14:25).

그러나 여로보암 2세가 '41년을 왕위에 있으면서 하나님께서 보시기에

악을 행했다'(왕하 14:23~24)는 것과 그들이 '많게 그리고 아름답게'한 제단과 주상을 하나님께서 깨치시고 허셨다는 본문의 증언(10:1~2)에서 그때가 그들이 가나안의 토대 위에서 그 땅의 제의와 하나님의 신앙 가운데 '두 마음'을 품었던 종교적 혼합주의, 신앙적 위기의 시대였음을 우리는 가늠할 수 있다. 숫자가 많고 외면이 수려하더라도 순수하지 않은 것은 지속되지 못한다.

이것은 '그분의 백성'에게도, '그분의 교회'에게도 예외일 수 없는 진리다. 더욱이 그들이 사람을 두려워하면서도 "하나님을 두려워하지 않고"(3절), 행함과 진실함이 아닌 "헛된 말과 거짓 맹세를 하며"(4절), 하나님의 떠나심(אִי־כָבוֹד이카보드)이 아닌 금송아지 우상(재물)을 빼앗길 것을 슬퍼하고(5~6절), 중심을 보시는 하나님과 그분의 법도가 아닌 "(표면으로 드러나는) 자기의 용사(또는 교인) 많음과 자기의 길을 의지"(13절)한다면 더욱 그러하다.

하나님께서 포도나무를 자라게 하시고 '무성한' 열매도 맺게 하신다. 우리가 그분의 은총 안에 있는 한(요한의 표현대로라면 "우리가 그 안에 있고 그가 우리 안에 있으면 … 그를 떠나지 않으면", 요 15:5) 우리는 포도나무처럼 '저절로' 자라고 열매를 맺을 수 있다. 우리 또는 우리 교회가 바르게 쓰임을 받지 못하는 것은 하나님께로부터 받은 은혜를 잊어버리고 다른 것에 마음을 주기 때문이다. 우리의 마음이 하나님께 속하지 않았다면 우리는 하나님의 것을 도적질한 것이다. 하나님께서는 사람의 마음을 자신의 것으로 소유하시는 분이기 때문이다.

그러나 '무성한'으로 번역한 '보케크'(בּוֹקֵק)는 그 의미에 주의할 필요가 있다. 이스라엘은 하나님에 의해 옮겨 심어지고 재배된 포도나무였다는 것은 예언자들의 오래된 전통이다(사 5:2; 렘 2:21). 땅의 소산과 풍요로운 소출을 의례 하나님의 축복으로 여겼고 그것은 호세아에게도 예외가 아니다(2:8).

이스라엘 백성들도 처음에는 풍성한 소출을 하나님의 축복으로 알고 바르게 받아 누렸지만, 나중에 그것을 가나안의 토착신 바알의 축복으로 여기기 시작했다(2:8~9). 번영과 번성은 제의의 확장으로 귀결되었지만 문제는 그 예배의 대상이 풍요를 허락하신 하나님이 아니었다는 데 있다.

따라서 여기서 깨어지고 헐린 '많은' 제단과 '많은' 주상은 '무성한' 포도나무를 이루신 하나님이 아닌 '바알'과 관련된다는 점에서 부정적 의미를 갖는다. 더욱이 이 단어는 '풍성한', '무성한' 외에 '비우다', '낭비하다'(사 24:1; 나 2:2)라는 뜻도 있어서 마땅히 드려져야 할 곳에 바르게 사용되지 못했거나, 마땅히 받으셔야 할 그분께 바르게 드리지 못했다는 것을 의미하기도 한다(10:1; 11:2).[1] 벧엘(우리 또는 우리 교회)이 더 이상 벧엘이 되지 못한다면 그것은 단순히 헛된 낭비만을 의미하지 않는다. 그것은 죽음이다(15절). 하나님과의 단절이다.

거룩의 의미(11:1~12)

성경에 '거룩'이라는 말이 447회 나온다. 구약에 334회, 신약에 113회다. 이 구절들을 읽어보면 하나의 공통점을 발견할 수 있는데, 곧 그것들이 모두 하나님과 연관돼 있다는 것이다. 즉 하나님과 연관된 것은 모두 거룩함의 속성을 지니고 있다는 것이다. 모세가 호렙산에서 떨기나무 불 가운데 하나님을 만날 때, 그가 선 곳은 "거룩한 땅이라"(출 3:5)는 하나님의 음성을 듣게 된다. 그곳이 거룩해서가 아니라 그곳에 하나님께서 계셨기 때문에 거룩한 것이다.

그분께서 계신 곳은 거룩한 곳이며, 그분께서 머무시는 산은 거룩한 산이다. 그분께서 우리를 부르셔서 '그분의 백성'(호 11:7, 내 백성)으로 삼으시면 우리는 거룩한 백성이 된다(출 19:5~6). 그분께 드려지는 모든 것도 거룩하다. 제사도, 제물도, 그 일을 주관하는 제사장의 옷도, 제단이나 제사 기구 등도 모두 거룩하다. 하나님께 드려지는 예물이나 제사가 거룩하게 되는 것은 그것이 원래 거룩해서가 아니라 거룩하신 그분께 드려지는 것이기 때문이다.

우리의 찬양과 예배와 기도가 거룩한 것일 수 있는 근거도 우리가 특별해서가 아니라 우리가 드리는 것을 받으시는 그분께서 거룩하시기 때문이다. 물론 하나님께서 자녀된 우리를 거룩하게 하신다. 그것은 우리가 그분의 것, 그분의 소유된 백성(벧전 2:9)이라는 뜻이다. 신약성경에는 성전도 이에 포함되는데, 그 이유는 성전은 하나님께서 거하시는 곳이기 때문이다. 이 모든 것들은 결국 하나님과 관련된다. 하나님과 관련되었기 때문에 거룩함을 입은 것이다.

그런데 본문에 보면 '어렸을 때 하나님이 사랑하시어 애굽에서 구원해 낸 친아들과 같은 이스라엘이 하나님이 아닌 바알들에게 제사하며 하나님을 점점 멀리한다'는 송사를 받는 장면이 나온다(11:1~2). '팔로 안아도 내가 누군지, 무엇을 하는지 알지 못하며 아예 결심하고 내게서 도망친다'라고 하면서 마음 아파하시는 하나님의 모습이 애처롭기까지 하다(3~7절). 그들은 하나님과 자신들을 관련짓기도, 그분의 소유된 자녀(1절, 아들)되기도 거부한다.

민수기 27:12이하를 보면, 하나님께서 아바림 산 정상에서 모세에게 약속의 땅을 바라보게 하시고 그 땅에 들어가지 못하리라고 말씀하시면서 그의 후계자로 여호수아를 세울 것을 명하시는 장면이 나온다. 모세가 40년 동안 수고했지만 결국 약속의 땅에 들어가지 못하는 이유는 그가 신광야에서 회중과 더불어 분쟁할 때 그와 아론이 하나님의 명령을 어기고 그분의 거룩하심을 드러내지 않았기 때문이다(민 27:14).

즉 그와 아론이 하나님께서 말로 명하여 물을 내라 하셨는데 그렇게 하지 않은 것과 물을 주시는 분은 하나님이신데 '우리가 물을 내랴?'하면서 지팡이로 반석을 두 번 쳤던 태도를 의미한다(민 20:10~11). 거룩하신 하나님의 거룩하게 구별된 종 모세와 아론이 하나님의 거룩하심을 드러내지 못한 것이다.

곧 그들이 하는 일에서 최소한 바위로부터 물을 내는 일만큼은 하나님과 관련이 없는 것으로 만들어버렸다는 결론이 나온다. 우리가 하나님의 일을 할 때, 하나님을 위해 일할 때 그것을 하나님과 관련되지 않게 한다면 그런 우리의 행위는 하나님의 거룩하심을 드러내지 않는 것이 된다.

우리가 설교할 때 그 내용이 하나님과 관련되지 않고 한국 축구나 정치나 유명 인사나 자신의 이야기로만 채워진다면, 꼭 그렇지 않더라도 그것이 주가 된다면 이는 하나님의 거룩하심을 드러내지 않은 것이다. 우리가 누군가의 설교나 간증이나 찬양이나 이야기를 들을 때 결론이 하나님이 아닌 자신이나 다른 누구로 귀결된다면 문제가 발생하게 될 것이다.

그래서 교회를 떠날 때 우리의 마음속에 아무개 목사만 남는다면 이는 하나님의 거룩하심을 드러내지 않은 것이다. 우리가 열심히 봉사하고 예배하며 주님의 종과 성도들을 정성으로 받든다고 할 때 하나님을 드러내지 않고 자신의 정성과 됨됨이만 드러낸다면, 이도 하나님의 거룩하심을 드러내지 않은 것이다.

마리아와 마르다가 주님의 방문을 받았을 때(눅 10:38), 우리의 입장에서 보면 마리아는 바쁜 언니를 돌볼 줄 모르는 철부지 소녀 같을지 모른다. 그러나 하나님의 입장이나 성경적인 관점에서 보면 마리아는 주님을 통해 하나님과 관련되길 원하고 하나님의 거룩하심을 나타내려 했던 사람인 반면에 마르다는 그렇지 못한 사람이다.

하나님의 아픈 마음, 그 마음의 십자가(11:8~11)

이스라엘 백성들과 달리, 그가 처한 역사적 문화적 상황에서 하나님의 구원 의지를 발견하려고 노력한 호세아가 볼 때 당대의 정치와 제의의 음란은 일시적인 현상이 아니었다. 그는 가나안에 정착한 이래로 이스라엘의 전체 역사를 의심한다(9:10; 10:9).

그래서 하나님의 독백으로 유명한 본문은 이스라엘의 아버지로서 하나님께서 그 아들을 얻게 된 어제의 이야기로부터 시작해(1~4절) 오늘날 그들이 얼마나 아버지의 마음을 아프게 하는지, 그래서 내일에 그들에게 임할 최후가 어떤 것인지 진술한다(5~7절).

그 독백은 8~9절에서 절정을 이룬다. '내가 어찌 너를 버리겠느냐, 내가 결코 너를 멸하지 않으리라.' 하나님의 마음이 위협에서 약속으로, 진노에서 사랑으로 급선회하며 대변화를 일으키신다(8하절). 이런 갑작스런 변화는 불순종과 형벌, 죄와 벌이라는 구약성경의 기본 전형이나 예상된 공식을 넘어서는 파격적인 것이지만, 이미 호세아서 저자의 단어 사용에서 예견된 것이다.

'내 아들'(1절), '내 백성'(7절, 참고 1:9), '식을 줄 모르고 점점 더 타오르는 나의 긍휼'(8절), '하나님의 하나님 되심'과 '거룩한 자 되심'(9절)의 선포 등이다. 인간적으로 도저히 상상할 수 없는 사랑에 근거해 행동하시는 그분의 공의와 사랑은 인간들의 눈에 비치는 것처럼 그렇게 모순되는 게 아니다. 바로 그 점에서 하나님의 본질은 우리와 구별된다. 따라서 하나님의 진노가 그분의 사랑을 제거하는 게 아니다. 그것은 하나님의 동일한 기본적인 감정의 다른 면일 뿐이다.

마찬가지로 '하나님의 거룩한 자 되심'도 성경의 다른 곳에서는 그 표현이 근접할 수 없는 하나님의 위엄(참고 출 3:5; 19:12) 즉 하나님과 우리 사이의 건널 수 없는 거리를 표현하는 데 사용되고 있다. 하지만 여기서 우리는 이해할 수 없을 만큼 놀랍고 크신 '우리 가운데 가까이 계시는'(9절) 하나님의 사랑을 나타낸다. 웨슬리 신학이 확증하듯이, 하나님의 거룩하심과 사랑하심은 서로 모순되는 게 아니다. 사랑이 하나님의 거룩하심의 한 부분이기 때문이다.

호세아에게 거룩하신 하나님의 사랑은 하나님의 진노와 마찬가지로 기분이나 변덕이 아니다. 어떤 상황에서도 '하나님의 집'을 나간 탕자와 같은 이스라엘이 죄악에서 뒹굴고 그 은혜를 잊어버리며 '하나님의 집'을 '사악의 집'으로 만든다고 해도 변하지 않고 오히려 더욱 안타깝게 타오르는 아버지의 마음이다(8절). 그리고 매일 집나간 아들이 돌아올까 앉아 있지 못하고 서성이다가 마침내 동네 어귀로 들어서는 아들을 발견하고 아직 상거가 먼데 아들에게 달려가 입을 맞추는 아버지의 '측은히 여기는 마음'이다(눅 15:20).

죄는 언제나 우리와 우리를 돌보는 자들에게 상처를 준다. 그러나 죄는 우리와 우리를 돌보는 자들에게만 아니라 사실 하늘에 대해 범죄하는 것이다. "내가 하늘과 아버지께 죄를 얻었사오니"(눅 15:21). 하늘에 범죄했다는 것은 하나님께 범죄했다는 것이다. 바로 하나님의 마음을 아프게 했다는 뜻이다. 우리가 하나님을 아버지로 여긴다는 것은, 더욱 정확하게 하나님께서 우리를 자녀로 삼으신다는 말씀은 그분께서 자신을 고통 가운데 내어주시겠다는 뜻이다.

왜냐하면 우리는 고통 없이, 상처 없이, 아픔 없이 부모가 될 수 없기 때문이다. 우리의 누군가를 향한 사랑이 크면 클수록 우리가 받는 상처나 아픔도 그만큼 크기 때문이다. 하나님께서 우리를 사랑하시면 사랑하실수록 우리로부터 상처를 깊이 받으신다. 왜 그런가? 우리가 그 사랑 안에서 자신을 지키며 제대로 살지 못하기 때문에, 유다서의 기록처럼 믿음을 기초로 자신을 건축하고 하나님의 사랑 안에서 자신을 지켜가지 못하기 때문에 하나님께서 속을 끓이시기 때문이다.

따라서 하나님께서 우리의 아버지가 되어 주시겠다는 말은 그리 낭만적인 표현이 아니다. 그 말은 본문을 비롯해 구약성경 전체를 통해 번번이 당신의 '마음속 십자가'를 지시는 고통을 기꺼워하신 하나님께서 결국 그것도 모자라 당신의 하나밖에 없는 아들을 십자가에 내어주시기까지 우리를 사랑하시겠다는 참으로 위대하지만 고통스러운 결정이기 때문이다.

얼마나 아프실까 하나님의 마음은
인간들을 위해 아들을 제물로 삼으실 때
얼마나 아프실까 주님의 몸과 마음
사람들을 위해 십자가에 달려 제물 되실 때
얼마나 아프실까 하나님 가슴은
독생자를 주셨건만 사람들 부족하다 원망할 때

얼마나 아프실까 주님의 심령은
자신을 주셨건만 사람들 부인하며 욕할 때[2]

단 한 순간이라도
한 순간만이라도
당신과 내가 바뀌었으면 좋겠어요
그래야 당신도 느낄테니까요
내가 얼마나 당신을 사랑하는지를…[3]

이 얼마나 가슴 뭉클한 이야기인가? 그러나 이런 일이 실제 우리 가정에서, 우리 교회에서 발생한다면 우리는 아마 탕자가 먼저 우리 앞에 와서 무릎을 꿇고 용서를 구하며 그동안 잘못한 것에 대해 달게 벌을 받고 다시는 그런 일이 없을 것이라고 약속하고 그것이 여러 사람들 앞에서 진실한 고백으로 인정된 후에야 비로소 용서를 하고 받아줘야 한다고 목소리를 높일 것이다. 이런 일은 확실히 처리해야 된다고, 교회의 질서를 바로 잡아야 한다고 말이다.

그러나 하나님께서 그 어떤 전제 조건도 내걸지 않으신다. 아들이 달려와 무릎을 꿇기 전에, 아들이 잘못했다고 용서를 구하기 전에, 아들이 다시는 그런 일이 없을 것이라고 약속이나 증명을 하기 전에 아버지 하나님께서 아들 이스라엘에게 달려가 품에 안으신다. 하나님의 변함없는 사랑이 이스라엘 회복의 유일한 희망이다.

따라서 우리가 알아야 할 것이다. 그것은 우리가 하나님 앞에 범죄하고 잘못된 일을 행할 때 하나님께 무릎을 꿇고 기어가야한다. 그러기가 너무 힘들 때 그저 하나님 아버지께서 우리에게 오셔서 우리의 깨어진 가슴과 연약한 어깨를 감싸 안으시도록 하나님께로부터 도망치는 일을 멈추고(참고 11:2) 그분께서 우리를 사랑의 줄로 이끄시도록(11:4) 그분을 기다리는 일이다.

하나님의 이름(11:12~12:14)

구약성경은 하나님께서 어떤 분이신가에 대해 끊임없이 말씀한다.[4] 구약성경의 하나님께서 고대 이스라엘 백성들에게 자신의 이름을 '야훼'라고 말씀하심으로써 자신에 대해 밝혀주셨다(출 3:14~15). 만백성 가운데 특별히 이스라엘을 사랑하시고 선택하신 하나님께서 이스라엘에게 그 이름을 계시하심으로써 이스라엘의 하나님으로서 그들과 특별한 관계를 맺으시고 그 역사 가운데 함께 하시며 그들을 인도하셨다.

그러므로 야훼의 백성인 이스라엘이 야훼의 사랑과 은총에 응답하는 길은 그들의 역사 속에서 야훼 하나님의 이름을 바로 알고 이해하며 야훼와 바른 관계를 유지하는 데 있다. 특히 본문 11:12~12:14는 다음과 같이 하나님의 이름에 대해 소개하면서 시종 이스라엘의 유일하고 참된 하나님이신 야훼와 이스라엘 사이의 돈독한 관계를 강조한다.

신실하시고 거룩하신 하나님(11:12)
쟁변하시고 보응하시는 하나님(12:2)
만나시고 말씀하시는 하나님(12:4)
만군의 하나님 여호와(12:5)
인애와 공의를 원하시는 하나님(12:6)
이스라엘의 하나님(야훼)이 되시고 그들을 다시 장막에 거하게 하시는 분(12:9)
이스라엘을 애굽에서 인도해 내시고 선지자로 보호하신 여호와(12:13)
회개치 않는 죄에 대해 보응하시는 하나님(12:14)

1. 야훼

호세아서에 나타난 하나님의 이름들 중에 야훼(46번)가 하나님(26번)보다 훨씬 더 많이 쓰였다.[5] 특히 본문 12:9~10은 에브라임이 불의하게 재물을 모았으나 스스로 의롭다고 주장하는 태도(7~8절)와 대조적으로 에브라임에 대한 변함없는 야훼의 의로우심을 보여준다. '나는 애굽 땅에서부터 (지금 호세아 시대에 이르기까지 여전히 그리고 유일한) 너의 하나님 야훼니라'(9절). 하나님의 야훼 되심의 선포는 이스라엘로 하여금 다시 야훼 하나님과의 언약 관계를 회복하기 위해서는 애굽에서 나온 그들의 조상들처럼 광야의 장막에 머물며(9절) 그분의 말씀을 들어야 할 것을 요구한다.

2. 하나님

12:3~6은 계속되는 과거 전승을 인용해 그들의 조상 야곱이 거짓 행위와 하나님과 겨루는[6] 삶의 태도를 버리고(3~4절) 하나님께 돌아온 것처럼, 이스라엘도 하나님께 돌아와 그들을 도우시는 분이 다른 우상이 아니라 만군의 여호와시라는 것을 알고 그들이 잃어버렸던 '하나님을 아는 지식'과 거짓 저울을 갖고 사취하기를 좋아하느라 상실했던 '인애'를 회복해 하나님과의 바른 관계를 가지라고 권면한다(5~6절). 바른 예배가 아닌 우상 숭배는 자연히 하나님의 명령을 불순종하는 결과로 나타나고 십계명의 첫 번째 부분에 대한 간과는 자연히 두 번째 부분에 대한 소홀로 나타나는 것이 역사로부터 배우는 교훈이기 때문이다.

3. 주

본문의 세 번째 단락(11:12~12:1)에 대한 결론이라 할 수 있는 12:14는 하나님을 다른 이름인 '주'(אֲדֹנָיו아도나브)라고 부른다.

이것은 14상절의 동사 '격노케 하다'가 구약성경에서 흔히 이스라엘이 다른 신들을 섬기는 것에 대한 하나님의 화를 나타낼 때 사용되었다는 점에서,[7] 하나님께서 에브라임에 분노하신 이유가 그들의 우상숭배에 있고 그 결과로 죽음의 형벌과 하나님께서 받으신 수치를 되돌려 줄 것이라는 심판에 대한 고지와 함께 하나님께서 이스라엘의 주 되심을 그분의 이름 '아도나이'를 통해 의도적으로 천명하고 있다.

사랑의 강수에 담금질하여

호세아서의 일차적 관심사는 출애굽의 하나님 야훼를 가나안의 토착신 바알과 함께 섬기려는 야훼 신앙의 바알화 즉 혼합주의에 대한 비판이라 할 수 있다.[8] 호세아가 볼 때 혼합주의는 정신적, 종교적 영역뿐 아니라 정치, 사회, 문화 등 모든 영역에서 확인할 수 있는 죄악이었다. 따라서 그는 종교와 역사를 구분된 두 영역이 아니라 서로 긴밀히 연결된 통합적 조직으로 본다. 그런데 그것은 앞서 살펴본 것처럼, 바알이 아니라 출애굽의 하나님께서 그의 시대에도 여전히 유일한 하나님이시라는 그의 하나님께 대한 이해에서 나온 것이다.

본문은 우리에게 또는 우리 교회에게 호세아는 취했지만 하나님의 백성들은 붙들지 못했던 하나님에 대한 이해를 가지고 있는가를 묻고 있다. 바른 야훼 신앙과 하나님의 이해를 상실했던 그들처럼, 우리가 '하나님의 집'(벧엘)이 되지 못한다면 하나님께서 그들의 '마음의 주상'을 허무셨듯이 우리의 '두 마음'을 깨치실 것이다. 그 '치심'은 결코 우리만의 피해나 고통이 아니다.

그것은 오히려 하나님 아버지의 아픔이다. 예수 그리스도의 은혜의 십자가가 하나님의 사랑의 정점이듯이, 하나님 아버지의 마음속 십자가에서 흘러내리는 보혈은 우리를 향하신 그분의 눈물이고 사랑이다.

지금 우리가 어느 지경에 처해 있든지 하나님으로부터 도망함을 멈추고(11:2), 그분께서 우리를 사랑의 줄로 이끄시어(11:4) 하나님을 아는 지식과 인애 그리고 그분 속에서 넘쳐나는 사랑의 강수에 우리의 생각과 말과 행동을 담금질하여 '변하지 않고 강하신' 하나님의 도구로 새로워지는 우리와 우리 교회의 모습을 소원해 본다.

05

하나님께서 즐거운 마음으로 그들을 사랑하리니

호세아 13~14장 주해와 적용

호세아는 하나님과 이스라엘의 관계를 계약 관계로 이해한 예언자다. 그에 따르면 출애굽 해방의 은혜를 경험한 이스라엘은 시내산에서 하나님의 계약 상대자로 선택됐고, 거기서 십계명을 비롯해 하나님을 섬기는 데 필요한 각종 법규들(계약법)을 받았다(8:1).

그런데 호세아는 이런 계약 관계를 발전시켜 하나님과 이스라엘의 사이가 부부 관계나 부자 관계와 같다고 설명한다. 호세아는 이런 계약 관계의 파괴에 대해 이스라엘이 범한 죄의 본질로 본다. 그가 보기에 바알 숭배에서 비롯된 이스라엘의 죄는 한마디로 그들에게 하나님을 아는 지식과 하나님을 향한 사랑이 없어서 생겨난 것이다(4:1; 5:4; 6:6).

본문의 내용과 구조

하나님께서 이스라엘 자손의 죄를 그대로 두시지 않는다. 그분께서 호세아의 자녀들을 통해 이스라엘이 받게 될 심판을 예고하신다. 이스라엘이 하나님께로부터 긍휼히 여김을 받지 못할 것임을 나타내는 '로루하마'(לא רֻחָמָה)이나 이스라엘이 더 이상 하나님의 백성이 아님을 뜻하는 '로암미'(לא עַמִּי)가 그렇다.

하나님께서 자신을 버리고 계약 백성을 포기한 이스라엘에게 벌하실 것이지만, 그분께서 처음에 이스라엘에게 베푸신 사랑이 무효가 되는 것은 아니다. 오히려 그분의 사랑은 벌받은 이스라엘을 향해 이전보다 더욱 강렬하게 불타오른다(11:8). 호세아가 타인에게 연애를 받아 음부가 된 아내 고멜을 다시 사랑한 것이 그 점을 잘 말해준다(3장). 하나님의 사랑에 이스라엘이 이집트에서 나오던 때와 같이 처음에 하나님을 신실하게 따를 것이고, 그분을 참 신랑으로 모심으로써 하나님과의 관계를 회복할 수 있을 것이다.

호세아 13~14장은 이상의 메시지 틀에서 거의 벗어나지 않는다. 이스라엘의 범죄와 하나님의 심판 그리고 심판을 뛰어넘는 미래의 구원과 약속이라는 세 가지 요소가 이에 해당한다. 호세아의 결혼 생활과 관련된 1~3장의 전기적인 자료와 호세아가 실제로 선포한 메시지(4~14장)의 결론 부문에 해당하는 13~14장은, 크게 이스라엘의 죄에 대한 하나님의 심판(13장)과 범죄한 이스라엘을 향하신 하나님의 사랑과 긍휼(14장)로 나눈다.

우상 숭배자들에게 미래는 없다(13:1~3)

1. 주해

13장은 이스라엘의 과거 역사를 회상하는 고발의 메시지로 시작한다. 1절이 과거의 범죄를 다룬다면, 2절은 현재의 범죄이고, 3절은 그에 대한 하나님의 심판 선고를 다룬다. 1절에 언급된 에브라임은 북 이스라엘의 중심을 이루는("자기를 높이더니") 에브라임 지파를 가리킬 수도 있지만, 좁은 의미로 사마리아 왕궁이 있는 에브라임 산지를 가리킬 수 있다. 사마리아에서 지난 20여 년 동안 시행한 각종 정치적 결정들은 북 이스라엘과 유다의 다른 지역들에 두려움과 공포심을 심어주었을 것이다. 그 대표적인 사례 중에 하나가 바로 아람과 북 이스라엘의 군사 동맹이다(왕하 16:5).

그러나 당당하던 북 이스라엘의 위세는 오래 가지 못했다. 하나님께서 바알을 숭배하던 그들을 크게 벌하셨기 때문이다. 그들은 과거에 바알브올 사건으로 인해 2만 4천명이나 목숨을 잃은 적이 있다(민 25:9; 호 9:10). 그 후로도 그들은 여러 차례 하나님의 심판을 받았고, 가장 최근으로 주전 733년에 앗수르 왕 디글랏 빌레셀 3세의 공격을 받아 나라가 위태로웠던 적이 있다(왕하 15:28~29). 그러나 심판을 받아도 아무 소용이 없었다. 이스라엘은 계속해 금송아지(바알)를 비롯해 많은 우상들을 섬겼다(2상절). 이에 대해 하나님께서 다시금 이스라엘을 벌하실 것이기에 호세아는 이를 자연계에서 가져온 네 가지 은유를 통해 표현한다. 금세 없어질 아침 안개, 쉽게 사라지는 이슬, 타작마당에서 거센 바람에 날리는 쭉정이, 굴뚝에서 나는 연기다(3절).

2. 설교를 위한 적용

이스라엘을 향한 하나님의 심판은 이스라엘의 계약 관계 위반에서 기인한다. 하나님과 이스라엘 사이의 계약 관계는 십계명의 처음 두 계명에 가장 잘 요약돼 있다. 이스라엘은 하나님이 아닌 다른 신들–특히 바알–을 섬기는 잘못을 범함으로써 십계명의 첫 번째 계명과 두 번째 계명을 위반했다. 그 결과로 그들은 계약에 규정된 저주와 심판을 받게 될 것이다.

오늘의 기독교인들도 예외일 수는 없다. 하나님이 아닌 것들을 하나님보다 앞세우는 모든 태도는 우상 숭배에 해당한다. 그런데 불행하게도 우리 주변은 온통 우상 숭배를 부추기는 문화들로 가득 차 있다. 그러나 이런 때일수록 우상 숭배 행위는 하나님의 심판과 그로 인해 신속한 멸망을 초래한다는 사실(신 4:25~26)을 결코 잊어선 안 된다.

목자이신 하나님께서 맹수로 돌변하시는 이유(13:4~8)

1. 주해

4절에서 하나님께서 계약 관계를 상징하는 십계명의 서론과 제1계명을 매개로 자신에 대해 소개하시면서, 자신 외에 다른 구원자가 없음을 강조하신다(참고 사 45:21). 하나님의 자기소개는 이스라엘의 계약 위반을 고발함과 더불어 계약 관계야말로 심판의 근거가 됨을 분명히 하시겠다는 의도다. 이를 가장 잘 보여 주는 것이 4절과 5절에서 한 번씩 사용되는 '야다'(יָדַע, 알다)라는 동사다. 이 동사는 하나님과의 특별한 관계를 나타내는 대표적인 단어다(신 11:28; 32:17; 렘 9:2; 31:34; 암 3:2).

이렇듯이 호세아는 4~5절에서 출애굽과 광야의 전승을 연결시킨 다음에 6절에서 야훼 하나님을 목자로, 이스라엘을 불순종하는 양떼로 묘사한다. 하나님께서 광야에서 만나와 메추라기와 신선한 물로 이스라엘을 먹이시고 또 가나안 땅에서는 그 지역의 곡식으로 배불리 먹이셨다. 하지만 그들은 배가 부름으로써 마음이 교만해진 나머지 자신들의 참된 구원자이신 하나님을 잊고 말았다(참고 신 8:7~20). 이것은 금송아지 숭배 사건이나 사사기의 내용에서 확인할 수 있듯이, 이스라엘이 바알을 비롯해 다른 신들을 열심히 섬겼음을 의미한다.

하나님께서 이런 신앙적 탈선을 그대로 두실 분이 아니시다. 양떼인 이스라엘의 배신을 목격하신 하나님께서 목자의 신분에서 이제 양떼를 습격하는 맹수(삼상 17:34~37)의 신분으로 스스로 변화시키신다. 호세아는 7~8절에서 연속적으로 하나님을 사자, 표범, 새끼 잃은 암곰, 암사자, 들짐승 등으로 비유해 표현하고 있다. 호세아는 주전 733년에 있었던 디글랏 빌레셀의 침공 때도 이와 비슷한 메시지를 전한 바 있다(5:14, 참고 레 26:21~22; 신 32:24).

2. 설교를 위한 적용

이스라엘의 광야 유랑과 가나안 정착은 그들의 생존(삶)이 철저하게 하나님께 달려 있음을 뜻하는 기간이다. 하지만 그들은 마땅히 하나님만을 의지하고 신뢰해야 하는 태도를 버린다. 그 이유는 다른 신들을 섬기기 위함이었다. 이것은 이스라엘이 하나님과의 계약 관계에서 초기부터 범죄와 반역과 탈선을 일삼았음을 의미한다.

오늘날 기독교인들은 어떠한가? 기독교인이라면 누구에게나 하나님을 열심히 믿기 시작한 처음 사랑의 때가 있다(계 2:4). 그러나 시간이 지날수록 처음 사랑은 식어간다. 옛 사람, 옛 성품으로 되돌아가려는 경향이 있다. 신앙인에게 탈선은 믿기 전보다 더한 파멸을 초래할 수 있다(벧후 2:20~22). 인자한 목자의 모습에서 무서운 맹수로 돌변하시는 하나님의 철저하고도 완전한 심판을 피하려면, 하나님을 향한 신앙의 여정에서 중단이나 뒷걸음질이 있으면 안 된다.

도무지 쓸모없는 왕정 제도(13:9~11)

1. 주해

9~11절에서 호세아는 심판의 불가피성을 강조하면서 왕정 제도에 대한 강한 적대감을 드러낸다. 먼저 9절에서 그는 이스라엘이 패망할 수밖에 없는 이유를 그들의 배은망덕한 행동에서 찾는다. 하나님께서 그들을 도와주셨지만, 그들은 하나님을 멀리하고 대적하기까지 한다. 따라서 하나님께서 그들을 돕고 구원하시던 자리(4절)에서 그들을 파멸시키시는 자리로 스스로 옮겨가신다.

이는 야훼 하나님께서 돕는 분(helper)이시고 구원자(4절)이시면서 동시에 파괴자(destroyer)이심을 의미한다. 이것은 마치 4~8절에서 목자이신 야훼께서 맹수로 돌변하시는 것과 같은 이치에 속한다.

이처럼 하나님께서 급격하게 자신의 모습을 바꾸시는 이유는 어디에 있는가? 하나님의 도우심과 구원이 갑자기 심판과 파멸로 바뀌는 이유는 무엇인가? 이스라엘의 파멸에 대해 가장 큰 책임을 지는 자는 누구인가? 호세아는 이런 질문들에 대한 답을 10~11절에서 제공하고 있다. 그는 모든 문제의 근원이 왕정 제도에 있는 것으로 본다. 하나님께서 마지못해 그들의 요구에 응하시고 왕정 제도를 허락하셨지만, 이스라엘의 왕들 중에 하나님을 제대로 섬긴 자는 거의 없었다. 왕들은 이스라엘을 구원할 자로 세움을 입었지만(10절), 그것은 하나님께서 원하시던 바가 아니었다. 진정한 구원자는 하나님 한 분뿐이시기 때문이다(4절).

10하절에서 "너를 구원할 자 네 왕이 이제 어디 있으며 네 재판장들이 어디 있느냐"라는 질문은 북 이스라엘의 위기 상황을 제대로 해결하지 못하는 왕정 제도의 무기력함을 고발하는 메시지다. 호세아 당시 주전 725년에 북 이스라엘은 실제로 앗수르의 왕 살만에셀 5세의 공격을 받았지만, 마지막 왕인 호세아(Hoshea)는 무기력하게 조공을 바치는가 하면 감옥에 갇히는 신세가 되고 만다(왕하 17:3~5). 왕의 통치를 돕는 재판장들이라고 예외일 수 없다. 그들도 아무런 도움을 주지 못하기는 마찬가지다. 그래서인지 하나님께서 분노 중에 왕들을 세우셨고 분노 중에 왕들을 폐하셨다는 사실을 강조하신다(11절). 왕정은 쓸모없는 제도라는 얘기다. 결국 북 이스라엘은 호세아 왕을 끝으로 나라가 끝장나고 왕정도 중단된다.

2. 설교를 위한 적용

이스라엘은 어리석게도 자신의 도움이신 하나님을 버린 탓에, 그분에게서 어떤 도움도 받지 못한다. 오로지 멸망만이 있을 뿐이다. 그들이 의지하던 신들(바알 포함)조차 그들을 돕지 못한다(신 32:37~38). 지금도 마찬가지다. 우리를 도우시는 하나님을 대적하는 자는 결코 평안을 누릴 수 없고 멸망할 뿐이다. 어느 누구도 그들을 도와주지 못한다. 아무리 강한 나라이고 강한 군대라고 하더라도 그들을 돕지 못한다. 이스라엘이 자신들을 도울 자로 선택한 왕이라도 별 수 없다.

그뿐 아니다. 하나님께서 유일한 구원자이신 자신을 버리고 인간 왕에게 의존하는 태도를 용납하시지 않는다. 이것은 하나님을 대적하는 일이나 다름이 없다. 세상 권력이나 세상의 힘을 하나님보다 더 의존하는 태도는 하나님의 진노를 불러일으킨다. 오늘날 기독교인들은 이처럼 중요한 사실을 평생토록 마음속 깊이 새겨야 한다.

하나님을 배신한 자들에게 임할 형벌(13:12~16)

1. 주해

왕정에 대한 강한 불신감을 드러낸 호세아는 다시금 죄를 지은 이스라엘을 향한 하나님의 심판을 선고한다. 그는 이스라엘의 불의와 죄가 법률 문서나 매매 증서처럼 봉함되었고, 어느 누구도 손댈 수 없는 보물처럼 잘 저장돼 있다고 선언한다(12절, 참고 렘 32:14).

이는 이스라엘의 범죄가 징계를 받기 전까지는 결코 잊혀지지 않을 것임을 의미한다. 그동안 이스라엘은 여러 차례 하나님의 심판을 받았지만, 그것은 마지막에 있을 재난과 심판의 시작에 불과하다. 시간이 흐른다고 해서 그들의 죄가 잊혀지는 것은 결코 아니다. 그들의 범죄 사실이 잘 보관돼 있기 때문이다.

이어서 호세아는 심판 받을 이스라엘의 모습을 해산하는 여인의 고통에 비유한다(사 13:8; 26:17~18; 렘 6:24; 13:21; 22:23; 30:6). 여기서 말하는 임산부의 고통은 태아의 위치가 잘못되어 쉽게 태어나지 못함으로 인해 생겨나는 것이다. 그런데 흥미롭게도 호세아는 이스라엘이 산문(mouth of the womb)에서 지체함으로써 산모에게 고통을 주는 태아(참고 창 35:16~19)와 같다고 말하면서, 그 태아를 '어리석은 자식'이라 칭한다(13절). 순산이 하나님의 복(사 66:7~9)임을 생각할 때, 13절의 이런 비유는 태아가 어머니 뱃속에서 밖으로 나올 때 산문에서 지체한다면 산모와 태아가 모두 위험에 처하게 된다. 이와 같이 북 이스라엘의 대부분의 사람들이 하나님의 회개 촉구에 대해서 지체함으로써 멸망할 수밖에 없음을 탄식한 것이다.

이스라엘의 파멸은 14절에 이어지는 야훼 하나님의 혼잣말에서 더욱 분명히 나타난다. 한글 번역 성경과 달리 "내가 저희를 음부의 권세에서 속량하라"로 시작하는 14절은 계속되는 질문들을 통해 음부(스올)와 사망에게 이스라엘을 속히 벌하지 않고 어디에 있느냐고 묻고 있다. 속히 사형을 집행하지 않고 무엇을 하고 있느냐는 것이다. 이 세 가지 질문의 의도는 마지막의 "뉘우침이 내 목전에 숨으리라"는 구절에 의해 뒷받침된다. 이 구절을 제대로 번역하면, "이제 내게 동정심 같은 것은 없다"(표준새번역 성경, Compassion is hidden from my eyes)가 된다. 이로써 하나님께서 이스라엘에게 더 이상 긍휼을 베풀지 않으실 것임을 분명하게 밝히신다. 그런데 바울은 고린도전서 15:55에서 본문의 이런 의미를 변형시켜 개개인의 죽음과 부활에 적용한다.

호세아는 이스라엘에게 닥칠 죽음의 형벌을 15절에서 동풍 곧 광야에서 일어나는 야훼의 바람에 의해 모든 물의 근원이 마르고 값진 보물들이 약탈당하는 재난으로 묘사한다.

설령 이스라엘이라는 나무가 결실기를 맞이했다고 해도 하나님께서 동풍과 같은 파괴적인 앗수르 군대를 불러일으켜 북 이스라엘을 심판하겠다는 의지를 담고 있다. 이를 16절에서 하나님을 배반한 사마리아 거주민들에게 닥칠 세 가지 형벌로 달리 표현하고 있다. 칼에 엎드러짐(11:6; 레 26:25), 어린 아이들의 부서짐(레 26:29; 신 28:52~57; 32:25), 임산부의 배가 갈림(왕하 15:16; 암 1:13)이다.

2. 설교를 위한 적용

이스라엘을 향한 하나님의 심판에는 에누리가 없다. 하나님께서 범죄에 상응하는 심판의 내용을 낱낱이 기록해 보관하셨다가 정해진 때가 되면 가차 없이 심판을 실행하신다. 음부와 사망까지도 심판의 도구로 활용하시는 하나님께서 잔인한 앗수르 군대를 불러일으켜서 이스라엘의 모든 백성–가장 연약한 자들까지도–을 철저하게 심판하실 것이다. 이스라엘은 바알을 비롯한 이방 신들을 통해 생명과 풍요를 얻고자 했지만, 도리어 생명과 풍요의 주인이신 하나님께 그 모든 것을 완전히 빼앗길 것이다.

실제로 북 이스라엘의 수도인 사마리아는 3년 동안 앗수르 군대에 의해 포위당했다가 완전히 망하고 만다(왕하 17장). 여기서 우리는 인간의 범죄는 어떤 형태로든지 하나님의 심판을 받게 된다는 귀중한 교훈을 얻을 수 있다. 어느 누구도 하나님 앞에서 피하지 못한다. 인간의 죄는 하나님 앞에서 결코 감춰질 수 없다. 머리털까지 세시는 하나님(마 10:30) 앞에서 감히 어느 누가 피할 수 있겠는가!

하나님께로 돌아오되 입술의 열매를 드려라(14:1~3)

1. 주해

이스라엘을 향하신 하나님의 계획은 심판만으로 끝나는 게 아니다. 하나님께서 심판 후에 있을 희망의 미래를 계획하신다. 4절 이하에 나오는 구원과 회복의 메시지가 이에 해당한다. 그러나 구원과 회복을 이루기에 앞서 하나님께서 이스라엘에게 스스로 삶을 고치고 그분께로 돌아올 것을 촉구하신다. 먼저 호세아는 1절에서 자신의 불의함으로 인해 엎드러진 이스라엘에게 야훼 하나님께로 돌아올 것(שׁוב 슈브)을 촉구한다. 주전 722년의 함락 직전에 선포된 것으로 여겨지는 이 본문은 재앙과 심판이 이스라엘의 죄 때문에 생겨난 것이지 야훼 때문에 생겨난 것이 아님을 강조하는 효과를 갖는다.

그렇다면 하나님께서 구체적으로 이스라엘의 방향 전환(슈브)이 어떻게 이뤄지기를 원하시는가? 하나님께서 원하시는 것은 6:6에 언급하듯이 희생제물이 아니라 상한 심령이요, 회개하는 마음이요, 변화된 삶이다. 이것을 호세아는 '말씀'이나 '입술의 열매'로 표현한다(2절). 이스라엘이 하나님께로 돌이킬 때 가져 할 것은 '말씀' 곧 2하~3절에 언급한 참회의 고백과 용서에 대한 간구다. 또 하나님께서 짐승을 제물로 잡아 바치는 제사보다 입술의 제사를 원하신다. 물론 여기서 말하는 입술의 제사는 입으로만 드리는 제사를 뜻하지 않는다. 오히려 하나님께서 주신 계약 규정들에 순종하는 선한 삶을 살겠다는 약속의 제사를 뜻한다.

이스라엘이 하나님께 드려야 할 입술의 제사는 3절에 잘 요약돼 있다. 이스라엘은 앗수르의 구원을 의지하지 않을 것이고, 더 이상 말(강대국의 군사력이나 무력)을 타지 않을 것이며(시 33:16~17), 사람의 손으로 만든 우상을 향해 '우리의 신'이라고 부르지 않을 것임을 약속해야 한다. 이 약속에는 정치적인 면(앗수르의 구원을 의지함)과 군사적인 면(말을 탐) 그리고 종교적인 면(우상 숭배)의 세 가지 차원이 결합돼 있다.

이처럼 이스라엘이 위의 나타난 세 가지 차원의 결단과 변화를 성공적으로 이끈다면, 하나님께서 고아와 같이 내버려 두시지 않고 그들을 긍휼히 여기실 것이다(참고 출 22:22~23; 시 10:14, 18; 60:14; 68:5; 146:9; 잠 23:10~11; 렘 49:11).

2. 설교를 위한 적용

하나님께서 수송아지를 잡아 드리는 제사보다 입술과 삶의 열매를 드리는 방향 전환의 제사를 더 원하신다. 강대국의 구원, 군사력, 우상 등을 더 이상 의지하지 않겠다는 결심을 행동으로 옮기는 삶을 원하신다는 뜻이다. 세 가지 결심은 야훼께만 충성하고 오직 그분만을 의지하겠다는 계약 갱신의 의지를 포함한다. 세 가지 중에서도 가장 중요한 것은 우상 숭배 금지 선언이다.

그러나 하나님께서 호세아를 통해 이스라엘에게 전하시는 회개 촉구의 메시지는 실제로 이스라엘이 변화되기를 바라시거나 그것이 충족돼야 구원과 회복이 가능하다는 차원에서 선포하신 것은 아니다. 그것은 오히려 심판이 확정된 다음에 심판의 의미를 강조하는 효과를 갖는다. 그것은 어디까지나 하나님께서 구원의 은총에 별도로 이스라엘에게서 바라시는 희망 사항일 뿐이다. 사실상 이스라엘의 변화는 불가능하기 때문이다. 따라서 하나님께서 이루실 구원과 회복은 이스라엘의 변화와 무관하게 일방적이고 무조건적으로 주어지는 은총의 선물이라 할 수 있다.

내가 이스라엘에게 이슬과 같으리니(14:4~9)

1. 주해

호세아는 14:4~8에서 이스라엘의 회개와 전혀 무관한 하나님의 구원의 은총을 선포한다. 이는 14장 전체의 핵심이라 할 수 있는 4절에 잘 함축돼 있다. 이 구절에 따르면, 하나님께서 이스라엘의 '반역'을 고치시고 즐거운 마음으로 자유로이 그들을 사랑하실 것이다. 여기서 반역이란 하나님께 등을 돌리고서 그분에게서 떠나간 행동을 가리킨다. 따라서 반역을 고친다는 것은 계약 관계의 회복을 의미한다. 그것은 순전히 하나님의 진노가 사랑과 긍휼로 대체되었기 때문에 가능하다. 순전히 하나님의 은총에 의해서만 가능한 일이다. 예레미야 31:33~34와 에스겔 36:25~27에도 이스라엘의 내적 변화는 하나님의 은혜와 사랑에 의해서만 가능함을 강조하고 있다. 이는 호세아가 집나간 아내 고멜을 회복시키는 것과 맥을 같이 한다.

5~7절에서 하나님의 사랑에 의해 회복될 이스라엘의 모습이 식물의 생장에 비유된다. 여기서 호세아는 하나님의 사랑이 얼마나 효과적인지에 대해 다양한 은유를 통해 보여준다. 하나님께서 식물의 생장을 돕는 이슬과 같으시고 회복될 이스라엘은 백합화, 백향목, 감람나무, 곡식, 포도나무 등으로 비유된다. 이슬은 수분 공급을 통한 원기 회복과 하나님의 풍성하신 복을 상징한다(창 27:28; 잠 19:12). 심지어 부활을 가능케 하는 것으로 여기기도 한다(사 26:19). 13:7~8에서 사자, 표범, 암곰, 암사자, 들짐승 등 풍부한 동물 비유가 심판을 상징하는 것이라면 14:5~7에서 이슬과 각종 식물 등의 비유는 하나님의 구원과 사랑에서 비롯되는 강한 생명력 및 풍성한 열매(번영)를 상징한다.

포로 생활을 마치고 돌아와 하나님의 그늘 아래 거하게 될(7상절) 이스라엘은 우상 숭배를 중단하겠다는 결심을 밝힐 것이다. 이에 대한 응답으로 하나님께서 자신을 푸른 잣나무로 묘사하시면서 이스라엘이 하나님으로 인해 풍성한 열매를 맺게 될 것임을 약속하실 것이다(8절). 여기서 우리의 관심을 끄는 것은 하나님을 푸른 잣나무로 묘사하는 호세아의 은유다. 사실 구약성경에서 야훼를 나무에 비유하는 본문은 이 구절뿐이다. 호세아가 하나님을 잣나무에 비유한 이유는 풍성한 열매를 맺을 뿐만 아니라, 사시사철 변함없는 하나님의 사랑과 은혜를 가장 잘 반영하는 나무이기 때문일 것이다.

마지막으로 9절은 호세아서 전체를 마무리하는 본문으로서, 두 개의 질문과 두 개의 권면을 담고 있다. 호세아 이후 시대에 지혜 문학의 영향을 받은 최종 편집자에 의해 추가된 것으로 여겨지는 이 구절은, 호세아의 메시지를 이해하는 데 지혜와 총명의 선물이 필요함을 강조한다. 다시 말해, 호세아의 말씀을 이해하는 자라야 지혜롭다고 할 수 있는 자격이 주어진다. 그는 야훼의 길(道) 곧 시내산 계약 규정 및 호세아의 메시지가 정직하고 선한 것임을 인정할 뿐 아니라, 그 길을 따라 행동하려고 애쓰는 의인이다. 그러나 죄인은 그 길에 걸려 넘어지고 만다. 9절의 내용은 독자들 – 호세아 시대와 그 후 시대의 모든 독자들 – 에게 호세아의 메시지를 올바로 이해할 것을 촉구하는 것이다.

2. 설교를 위한 적용

하나님께서 죄로 인해 심판 받은 이스라엘이 정신을 차리고 다시 돌아올 것을 원하신다. 이스라엘이 하나님의 뜻에 따라 세상을 살면서 강대국의 무력이나 우상의 힘을 더 이상 의존하지 않겠다고 다짐하기를 원하신다. 그러나 설령 그들이 변화되지 않더라도 하나님께서 심판을 뛰어넘는 치유와 회복의 은총을 베푸실 것이다. 그것은 순전히 하나님의 자유로운 사랑에서 비롯된다.

이것은 역설적으로 이스라엘에게 사랑받을 자격이 전혀 없음을 암시한다. 오늘날 우리도 마찬가지다. 우리에게 하나님의 사랑을 받을 만한 자격이나 조건이 전혀 없다. 구원이나 회복은 하나님의 자발적이고 자유로운 사랑이 아니고선 도무지 불가능한 일이다. 이것을 깨닫는 자라야 지혜롭고 총명하다고 말할 수 있다. 진정한 기독교인은 하나님의 길이 정직하다고 깨닫는 지혜자요, 그 길에 따라 행하는 의인이다.

맺는 말

호세아는 13~14장에서 이스라엘의 죄에 대한 하나님의 심판과 그 후에 있을 하나님의 구원과 회복에 대해 언급하면서 매우 다양한 은유들을 사용하고 있다. 먼저 그는 심판을 받아 멸망할 이스라엘을 아침 안개, 이슬, 쭉정이, 연기 등에 비유하고(13:3) 그들을 심판하실 하나님을 사자, 표범, 암곰, 암사자, 들짐승 등에 비유한다(13:7~8).

그리고 심판의 도구가 될 앗수르 군대를 동풍에 비유한다(13:15). 그런가 하면 이스라엘을 회복시켜 주실 하나님의 구원의 은총은 이슬(14:5)과 푸른 잣나무(14:8)에 비유한다. 그리고 하나님의 사랑에 의해 회복될 이스라엘을 백합화, 백향목, 감람나무, 곡식, 포도나무, 포도주 등에 비유한다(14:5~7).

이에 따라 우리는 세 가지 사실을 확인하게 된다. 첫째로 호세아는 자연계에서 흔히 경험하는 것들을 시청각 자료로 활용해 심판과 회복의 메시지를 선포한다.

둘째로 우상 숭배를 중심으로 하는 이스라엘의 반역(계약 위반) 행위는 죄를 미워하시는 하나님의 심판에서 결코 벗어나지 못한다. 누구나 죄의 대가(형벌)를 하나님의 심판을 통해 받아야 하기 때문이다.

셋째로 하나님의 자발적이고 자유로운 은혜와 사랑은 심판을 받아 멸망한 자들을 회복시키는 놀라운 기적을 일으킨다. 이것은 본질상 죄인인 인간(이스라엘)의 공로나 업적에 무관하게 일방적으로 주어진다. 우리 모두가 그 은혜에 취해 살았으면 한다.

미가

어떻게 설교할 것인가

I. 미가 배경연구

II. 미가 본문연구

I. 배경연구

01

미가 시대의 역사적 배경

하나님의 말씀은 인간들이 살아가면서 형성하는 구체적인 상황에 필요한 내용과 형태로 전해진다. 즉, 인간들이 죄와 불순종의 길을 걷고 있는 상황에서는 심판과 회개의 내용으로 소개되며, 그들이 하나님의 뜻을 따라 살아가는 가운데 고난을 경험하고 있는 상황에서는 위로와 구원과 소망의 내용이 주로 전달된다. 그러므로 하나님의 말씀의 내용과 형태를 바르게 이해하기 위해서는 그 말씀이 주어질 수밖에 없었던 공동체의 사회 전반적인 상황을 이해하는 것이 필수적이다. 특히 구약성경의 예언서들을 바르게 이해하려면 각 예언서가 소개하거나 암시하고 있는 사회 전반적인 상황과 아울러 그 시대를 변화시키려 시도했던 예언자들의 삶의 모습을 먼저 이해하는 것이 필수 불가결하다.

이전의 구약 학자들 중에 각 예언서의 배경을 연구할 때 누가 각 예언서의 저자인지, 언제 그 예언서가 기록되었는지, 어디서 구체적인 사건이 일어났는지 등을 깊이 연구하는 노력이 많았다. 그러나 이러한 연구 관심과 아울러 중요한 연구 분야들은 예언자들이 살고 있던 시대의 외교적, 정치적, 경제적, 사회적, 종교적 상황 등을 전반적으로 살펴보는 일이다. 다시 말해 예언서 연구에 있어서 역사비평적인 관심을 기울이는 것도 중요하지만 더욱 중요한 것은 사회학적 관심을 기울이는 것이다. 필자는 이 글을 통하여 예언자 미가가 활동할 당시의 사회 전반적인 상황을 소개하고자 한다. 아울러 그 시대에 하나님께서 변화와 구원의 도구로 쓰시고자 했던 예언자 미가의 됨됨이도 살펴보고자 한다.

미가 시대의 외교적 상황

미가 1:1은 예언자 미가가 예언 활동을 펼치던 때를 남 유다의 요담 왕(주전 742~735년), 아하스 왕(주전 735~715년), 히스기야 왕(주전 715~687년)이 통치하던 시대로 소개한다. 미가보다 이전에 40~50년 동안 예언 활동을 펼쳤던 아모스가 접했던 이스라엘과 유다의 사회 전반적인 상황은 미가가 접한 상황과 판이하게 달랐다. 아모스가 활동할 당시에는 주변에 존재하던 강대국들이 나름대로의 문제로 팔레스타인 지역의 나라를 정복하려는 관심을 가지지 못했다. 그래서 외교적인 면에 있어서 평안을 유지할 수 있었던 때였다. 그 결과로 국내적으로도 안정과 발전을 경험할 수 있었다.

그러나 미가가 활동할 당시에는 상황이 급격하게 변했다. 신 앗수르 제국의 힘이 상승하면서 주변 국가들을 정복하려는 시도가 시작되었다. 앗수르 제국의 왕들은 다른 국가의 왕들과 달리 정복한 백성들로부터 받은 조공을 가지고 직업 군인들을 지원했기 때문에 서방의 군인들에 비교할 수 없을 정도로 강한 군사적 힘을 지니고 있었다.

주전 744~727년 통치한 티그랏 필레셀 3세(Tiglath-pileser III)는 영토를 확장시키기 위해 주전 734년에 이스라엘의 해안 평야를 침공했다. 그래서 미가의 고향 모레셋 근처인 블레셋을 거쳐 시내 광야의 와디 엘 아리시(Wadi El-Arish)까지 도달했다. 이 과정에 다메섹을 황폐하게 하고(주전 732년), 갈릴리와 트랜스 요단 지역을 점령했다. 그리고 호세아를 이스라엘의 왕으로 세웠다(왕하 17장).

이어서 왕이 된 살마네셀 5세(Shal-maneser V)는 주전 725~722년 사마리아를 공격했고, 사르곤 2세(Sargon II)는 사마리아 정복을 완성했다(왕하 17장;

미가 1:2~7). 사르곤 2세는 앞으로 일어날 수 있는 반란을 막기 위해 이스라엘의 상위 계층 사람들을 추방시키고 다른 민족들을 이스라엘로 보내기도 했다. 그리하여 이스라엘이 앗수르 제국의 한 지방이 되었는데, 그 이름은 사마리아라고 불렸다. 앗수르 제국에 의해 북 이스라엘이 패망하고 난 후 팔레스타인 지역의 조그만 나라들이 간간히 앗수르에 대항하는 반역을 일으켰지만 번번히 실패했다. 그 때마다 앗수르는 팔레스타인 지역을 침공했는데, 주전 721~720년, 그리고 주전 714~701년 있었던 침공이 기록되어 있다.

앗수르 제국을 군사적으로 뛰어난 산헤립(Sennacherib) 왕이 통치하기 시작했을 때 남 유다에서는 히스기야 왕이 통치하고 있었다. 그런데 히스기야 왕은 산헤립 왕의 능력을 과소평가하여 주변의 국가들과 동맹을 맺어 앗수르에 조공을 바치지 않기로 결정했다. 아마도 히스기야가 그러한 결정을 내린 데는 남 유다가 높은 고원 지역이 많아 팔레스타인의 해안 평야까지 내다볼 수 있기 때문에 자연적으로 방어하기가 쉬운 지역에 있다는 자신감이 작용했었을 수도 있다(미 1:3). 그는 전쟁 중에 예루살렘이 포위될 것을 대비해서 지하 수로를 만들기도 했다(왕하 20:20). 뿐만 아니라, 그는 애굽 왕과도 동맹을 맺어 함께 싸우기로 했다(왕하 18:21).

그러나 히스기야의 이러한 결정에 대해 예언자 이사야는 매우 어리석은 짓이라고 평가했고 이로 말미암아 더 암울한 미래가 펼쳐질 것이라고 예언했다(사 30:1~5; 31:1~3). 미가 역시 이 일로 말미암아 유다가 심판을 당하고 결국 바빌론에 포로가 될 것이라고 예언했다(미 1:8~16; 4:9~10). 특히 주전 701년에 있었던 산헤립(Sennacherib) 왕의 침공은 남 유다에 치명이었다. 주전 701년에 산헤립 왕은 시리아, 뵈니게, 샤론 평야를 저항 없이 정복했다. 그는 욥바에 까지 이르자 해안에 접한 도시들을 정벌했다. 그리고 고원 지대의 도시들도 파괴시켰다. 결국 그는 미가 1:10~15에 언급되는 아홉 개의 도시를 포함하여 마흔 여섯 개의 도시들을 정복했다. 라기스를 함락시킨 산헤립은 예루살렘을 침공하려고 계획했는데, 그 때 예루살렘에는 함락당한 사마리아로부터 온 사람들과 다른 도시들로부터 도망 온 사람들 때문에 이

전보다 서너 배나 많은 사람들이 몰려 있었다.

이 때에 히스기야는 하나님을 의지하지 않고 다른 나라들과 동맹을 맺었던 것에 대해 회개한다. 이사야는 하나님께서 기적을 통하여 예루살렘을 보존하실 것을 예언한다(왕하 18:17~19:34; 대하 32:1~23; 미 2:13). 성경은 하나님의 사자가 히스기야와 그 백성을 구원했다고 기록한다(왕하 19:35~36; 대하 32:22~23; 사 37:36~37).

브루스 발트케(Bruce Waltke)는 역사가 헤로도투스(Herodotus)의 기록에 근거하여 쥐로 말미암아 생기는 임파선종 때문에 앗수르 군인들이 패하여 물러갔던 것으로 추정한다. 헤로도투스는 애굽의 세토스 왕이 꾸었던 꿈에 한 신이 나타나 산헤립을 물리치기로 약속하고, 들쥐들이 앗수르 군인들의 장비들을 못 쓰게 만들어 군인들이 도망갈 수밖에 없었던 내용을 소개하고 있다.

미가 시대의 정치적 상황

미가가 살던 시대의 외교적 상황을 요약해 본다면, 그 때는 앗수르의 서방 정벌로 말미암아 유다에 전쟁의 두려움이 직·간접적으로 상존하고 있었던 때였다. 뿐만 아니라 앗수르에 조공을 바치기 위해 백성들이 경제적으로도 많은 고충을 경험할 때였다. 그러나 왕들과 소수의 정치가들, 그리고 사회 지도자들은 자신들의 정치적 입지를 고려하여 앗수르에 우호적인 태도를 취하거나, 아니면 반앗수르적 성향을 지니고 있는 백성들에게 인기를 얻기 위해 바빌론이나 애굽의 지도자들과 결탁하여 자신들의 입지를 견고하게 하려는 모습도 있었다. 이러한 상황은 결과적으로 국력을 약화시키고 백성들에게 더욱 어려움만 가중시키게 되었다.

북 이스라엘을 여로보암 2세(주전 793~753년)가 다스리고 남 유다를 웃시야 왕(주전 792~742년)이 다스리던 시대에는 물질적으로나 경제적으로는 부강함을 누렸지만, 이미 소수의 정치가들과 사회적 지도자들이 뿌려놓은 부패의 씨앗이 자라가기 시작했다. 그래서 북 이스라엘에서는 스가랴(주전 753년), 살룸(주전 752년), 므나헴(주전 752~742년), 브가히야(주전 742~740년), 베가(주전 742~732년), 그리고 호세아 왕(주전 732~722년)에 이르는 동안 끊임없이 피의 구테타가 이어졌다. 아울러 많은 백성들은 앗수르 제국의 다른 지역으로 추방되었고, 다른 여러 민족들이 이스라엘로 와서 사마리아를 형성하게 되었다. 결국 북 이스라엘 국가와 그들이 지녔던 선민으로서의 자존심은 사라지게 되었다.

남 유다 요담 왕은 아버지 웃시야 왕의 왕위를 이어 받았는데, 그는 전쟁에 능한 왕이었다. 그래서 암몬과 싸워 승리를 거두었다. 그 결과 삼 년 동안 암몬 자손들로부터 은 일백 달란트, 밀 일만 석, 보리 일만 석을 조공으로 받았다(대하 27:5). 그는 또한 유다의 여러 지역에 성읍을 건축하고 견고한 영채와 망대를 건축하는 업적도 남겼다(대하 27:4).

아하스 왕이 요담 왕의 뒤를 이어 왕위에 올랐을 때 이미 앗수르 제국은 고대 근동에서 가장 강한 국가가 되어 있었다. 그러자 아람 왕 르신과 이스라엘 왕 베가는 유다 아하스 왕에게 동맹을 맺어 앗수르를 치자고 제안했다. 아하스가 그들과의 동맹을 맺지 않기로 하자 아람과 이스라엘이 쳐들어 왔다. 아하스는 이사야 예언자의 임마누엘의 예언을 무시하고(사 7:1~17) 앗수르에 도움을 요청하여 국가적 위기를 넘겼지만, 결국 유다를 앗수르의 조공국가로 전락시키고 말았다.

아하스의 뒤를 이어 유다의 왕이 된 히스기야는 아버지를 따라 앗수르에 조공을 바치며 권력을 유지하다가 앗수르 왕 사르곤 2세가 죽는 때를 기점으로 조공을 끊고 정치적 독립을 이룩하기로 결정했다. 이 일을 위해 바빌론의 메로닥 발라단(Merodach-baladan)과 동맹을 맺고 애굽의 왕의 도움을 요청했지만, 앗수르 제국의 군대에는 상대할 수 없이 약한 동맹군이었기 때문에 결국 유다의 마흔 여섯 개의 성읍이 침략을 당하는 어려움만 맞이하게 되었다. 이사야 예언자의 예언처럼 하나님의 기적적인 도우심으로 예루살렘은 보전되었지만 유다의 정치적 상황은 최악을 치닫게 되었다.

미가 시대의 경제적 상황

미가 시대의 경제적 상황에 대해서는 길게 논의할 필요가 없다. 그 이유는 앞에서 언급한 바와 같이 이스라엘과 유다의 외교적 상황과 정치적 상황이 앗수르 제국의 침공과 국내적인 반란에 따라 평온하지 못했기 때문에 경제적인 안정을 누릴 겨를이 없었다. 특히 이스라엘은 나라가 멸망하는 과정 속에, 그리고 유다는 오랫동안 앗수르에 조공을 바치거나 그렇지 않은 경우 전쟁으로 말미암아 많은 성읍들이 폐허가 되어가는 과정 속에서 경제적인 번영이나 안정을 누린다는 것은 불가능했다.

이러한 상황도 백성들을 답답하게 만들었지만 더욱 그들을 격분하게 만든 것은 국가적 재난 속에서도 자신들의 부귀만을 추구해나가는 소수의 지도자들의 비리를 보는 것이었다.

그래서 미가는 자신의 예언서 여러 부분에서 사리사욕을 취하기 위해 혈안이 되어 있으면서 사회의 가난한 사람들을 위해 무관심한 경제적, 사회적 지도자들을 지적하고 그들의 정경유착의 비리를 폭로하고 있다.

> **"침상에서 악을 꾀하며 간사를 경영하고 날이 밝으면 그 손에 힘이 있으므로 그것을 행하는 자는 화 있을진저 밭들을 탐하여 빼앗고 집들을 탐하여 취하니 그들이 사람과 그 집 사람과 그 산업을 학대하도다"**(2:1~2)

뿐만 아니라 사업하는 사람들이 부정한 저울을 사용하거나 거짓된 저울추를 쓰면서 폭리를 취하는 현상도 비일비재했다. 이러한 사업상의 부정이 하나님의 심판을 초래할 수밖에 없다는 점을 미가는 지적한다.

"악한 자의 집에는 속여서 모은 보물이 있다. 가짜 되를 쓴 그들을, 내가 어떻게 용서할 수 있겠느냐? 틀리는 저울과 추로 속인 사람들을, 내가 어떻게 용서할 수 있겠느냐? 도성에 사는 부자들은 폭력배들이다. 백성들은 거짓말쟁이들이다"(표준새번역 6:10~12).

미가 시대의 사회적 상황

외교적, 정치적, 경제적으로 불안하고 불의한 백성들이 그 사회를 의롭게, 더불어 살기에 합당하게 이끈다는 것은 불가능하다. 미가가 살던 시대의 이스라엘과 유다도 예외가 아니었다. 미가가 그의 예언서에서 소개하는 사회상을 집약하면 사회 전반에 퍼져 있는 불의와 폭력, 거짓과 무관심으로 가득 차 있었던 것을 알 수 있다. 그런데 더욱 안타까운 점은 이러한 사회적 불의와 무질서를 바로잡아야 하는 사회 각층의 지도자들이 오히려 죄악의 한가운데 깊이 관련되어 있었다는 점이다. 미가는 이 점을 간과하지 않고 지적함으로써 이스라엘과 유다를 망하게 한 장본인들이 바로 그 사회의 악한 지도자들이었다고 주장하는데, 이러한 주장은 올바른 것이다.

이제 미가가 소개하고 있는 사회악들을 장별로 간단하게 언급한다면 다음과 같다. 1:5~7은 이스라엘의 수도 사마리아와 유다의 수도 예루살렘에 근거한 산당과 우상 숭배 처소에서 있었던 음행과 성적인 무질서를 지적한다. 어떤 이들은 성전 매춘부들의 몸값으로 돈을 많이 벌게 되었지만 결국 그 재물이 모두 나가게 될 것이라고 예언하고 있다.

2:8~10은 그 사회에서 빈번하게 일어났던 인신매매를 지적한다. 평안히 지나가는 여인들을 어디론가 데리고 가서 그들의 즐거운 집에서 쫓아내고 그 자녀들로 하여금 슬픔에 잠기게 만드는 현상을 언급한다.

2:11은 거짓말쟁이와 사기꾼들이 백성들을 향락에 빠지도록 권하는 모습을 소개한다. 그런가 하면 3:1~3은 그 사회의 지도자들과 정치가들이 불

의를 행하여 백성들을 피폐하게 만드는 것을 비유적으로 표현하고 있다.

> "야곱의 두령들과 이스라엘 족속의 치리자들아 청컨대 들으라 공의는 너희의 알 것이 아니냐 너희가 선을 미워하고 악을 좋아하여 내 백성의 가죽을 벗기고 그 뼈에서 살을 뜯어 그들의 살을 먹으며 그 가죽을 벗기며 그 뼈를 꺾어 다지기를 남비와 솥 가운데 담을 고기처럼 하는 도다"(3:1~3).

지도자들의 비리는 정치가들이나 사회적 지도자들에게만 국한되지 않았다. 3:5는 거짓 선지자들의 사욕만을 채우는 모습을 표현한다. 11절은 재판장들이 뇌물을 받고 악하게 재판하는 모습을 지적하고, 7:2~6은 그 사회에 속한 지도자들, 백성들, 그리고 가정의 식구들까지도 악한 일을 행하며 또 신뢰할 수 없는 안타까운 상황을 언급한다.

미가 시대의 종교적 상황

구약성경의 열왕기서와 역대기서는 이스라엘과 유다 왕들의 업적들을 신앙적인 관점에서 평가하고 있는 책들이다. 열왕기하 15:32~36에 의하면 미가가 살던 시대에 통치하던 요담 왕은 야웨께서 보시기에 정직하게 행했으나 우상 숭배하는 산당을 제하지 않았다고 기록하고 있다. 그래서 백성들이 그 산당에서 제사를 드리며 분향하게 되었다고 언급한다. 요담 왕의 아들 아하스 왕은 우상을 숭배하는 풍습에 더욱 가담하여 이방 사람의 가증한 일을 본받아 자기 아들을 불 가운데로 지나가게 했다(왕하 16:3). 아울러 산당과 작은 산 위와 모든 푸른 나무 아래서 제사를 드리며 분향했다(왕하 16:4). 암몬 사람들이 그들의 신인 몰렉(Molech)에게 아이들을 제물로 바치던 풍습이 아하스 왕이 통치하던 시대에 유다에서 행해졌다.

열왕기하 17:7~18은 북 이스라엘이 앗수르에게 멸망할 수밖에 없었던 상황을 신앙적 관점에서 설명한다. 이 부분에 의하면 이스라엘 백성들이 하나님의 은혜를 거부하고, 하나님의 말씀도 불순종한 가운데 우상과 다신 숭배에 빠지며, 이방의 제사 풍습을 따르고, 모든 산 위에와 모든 푸른 나무 아래에 목상과 아세라상을 세우고 모든 산당에서 분향하며 또 악을 행하여 야웨를 격노케 하였기 때문이다. 뿐만 아니라 벧엘과 단을 중심으로 금송아지 예배를 드렸고 일월성신을 숭배하며 또 바알을 섬기고 자녀들을 제물로 바쳤으며 복술과 사술을 행하여 하나님의 노를 격발케 하였기 때문이다.

유다 히스기야 왕은 이전의 왕들과는 달리 여러 산당을 제하며 주상을 깨뜨리며 아세라 목상을 찍으며 예루살렘 성전을 다시 열고 정결케 하는 종교개혁을 시도했지만, 유다 백성의 뿌리깊은 사회 전반적인 죄악들을 향한 하나님의 진노를 돌이키기에는 불완전한 정도였다.

미가는 이스라엘과 유다에 팽배했던 여러 가지 종교적 죄악들을 지적하는 가운데 특히 신앙적 지도자들의 그릇된 삶의 모습과 자세를 부각시켜 언급한다. 그리하여 그 사회가 하나님의 심판을 맞이하게 된 주요한 요인 가운데 하나가 신앙적 지도자들의 죄악 때문이라는 점을 강조한다(미 3:5, 11). 그리고 그 죄악은 하나님의 말씀을 거부하는 교만한 마음과 물질을 좋아하는 마음이라는 점도 지적한다.

> " … 그 제사장은 삯을 위하여 교훈하며 그 선지자는 돈을 위하여 점 치면서 오히려 여호와를 의뢰하여 이르기를 여호와께서 우리 중에 계시지 아니하냐 재앙이 우리에게 임하지 아니하리라 하는도다"(3:11).

미가는 누구인가?

미가라는 이름은 '미가야후'(מִיכָיְהוּ)라는 이름을 줄인 것인데, 그 뜻은 '야웨 같은 이가 누구인가'다. 그는 1:1에서 모레셋 사람이라고 언급된 것 이외에는 그의 배경을 이해할 수 있는 참고 구절을 갖고 있지 않다. 모레셋은 갓 근처에 있는 조그만 성읍으로 현재의 텔 엘 유다이대 지역으로 이해되고 있다. 모레셋은 예루살렘 서남쪽 약 40 킬로미터 정도에 위치한 조그만 시골로 추정된다.

미가서 자체가 제공하는 미가의 인품을 추정한다면, 그는 죄악으로 가득 찬 사회 속에서 하나님의 성령의 임재를 느끼며 영적, 도덕적으로 최고의 품격을 지녔던 예언자이다. 수많은 거짓 지도자들을 향하여 당당하게 그들의 죄를 지적할 수 있었던 삶의 고결함이 있었고, 영적인 확신이 있었다. 돈을 벌기 위한 목적으로 종교적 지도자 역할을 감당하는 선지자들과 선견자들, 그리고 술객들을 지적하고 난 다음에 언급하고 있는 미가 3:8의 외침은 이 시대를 살아가는 모든 목회자들이 좌우명으로 삼아야 할 확신이다.

"오직 나는 여호와의 신으로 말미암아 권능과 공의와 재능으로 채움을 얻고 야곱의 허물과 이스라엘의 죄를 그들에게 보이리라"(3:8).

특히 미가는 이사야와 동시대의 사람이었지만 이사야처럼 왕궁 예언자로 권세를 지니지 않고 시골에서 노약한 자들과 삶을 나눈 예언자였다. 그는 나라를 망하게 하는 죄가, 힘없는 시골 사람들에 의해 저질러지지 않고 사마리아와 예루살렘 같은 수도에서 높은 위치에 있는 사람들에 의해 자행되고 있다고 지적하면서 힐책하고 있다(1:5). 아울러 그는 수많은 권력자들이 사회적으로나 경제적으로 연약한 자들을 억압하는 사태를 간과하지 않고 지적함으로써 서민들의 변호자 역할을 감당했다.

미가는 문학적으로도 잘 갖추어진 예언자라 할 수 있다. 그가 하나님의 심판과 메시아를 통한 구원의 메시지를 전하는 가운데 사용한 용어들이나 비유적 표현들은 문학가들의 관점에서 보아도 뛰어나다. 하나님께서 마음에 영감으로 심어주신 계시의 말씀들을 문학적, 수사학적 기교들을 동원하여 효과적으로 전달하는 미가는 오늘날 설교자들에게 귀감이 된다.

끝으로 미가는 공부하는 예언자였다. 그가 자신의 메시지의 절정 부분인 6:8에서 제시하고 있는 교훈은 사실 이전 시대에 아모스와 호세아 그리고 당대에 왕궁에서 활동하던 이사야의 핵심 메시지와 깊은 연관이 있다. 그는 아모스의 공의의 메시지와 호세아의 인자의 메시지, 그리고 이사야의 거룩한 삶을 강조하는 메시지를 익히 알고 있었고, 이것들을 종합하여 그 시대를 개혁시키려는 구원의 메시지로 제시한 것이다. 그는 시골에서 목회하는 가운데 세월을 허비하지 않았다. 그는 이전 시대 사역자들과 도시에서 목회하는 사역자들의 활동에 박식했고, 사회 전반적인 죄악상을 예리하게 파헤칠 수 있는 사회적 통찰력도 길렀으며, 국제 정세가 어떻게 흘러가는지를 잘 파악하기 위해 기도하며 연구하는 노력을 기울이는 데 등한히 하지 않았다. 이러한 미가의 연구하는 모습은 현재 주님의 사역자들이 배워야 할 귀한 자세다.

02

미가서의 구조와 신학

거시적 구조

미가서를 거시적 구조로 볼 때, 크게 3가지 부류가 있음을 발견한다. 첫째는 구원과 심판의 반복적인 순환으로 보는 접근이며, 둘째는 심판 받을 말씀의 대상을 중심으로 구조를 이해하는 것이다. 그리고 세 번째는 마지막 날의 회복을 중심으로 하여 좌우 대칭 구조로 해석하는 것인데, 이런 세 가지 접근 방식에 따라서 미가서의 초점이 조금씩 달라질 수 있다.

1. 구원과 심판의 반복적인 순환

먼저 첫 번째의 접근인, 구원과 심판의 반복적인 순환으로 구조를 분석해 보자. 딜라드와 롱맨(1994:400)에 따르면, 미가서는 1~5장과 6~7장으로 나누어 질 수 있는, 두 번의 '심판과 구원'이라고 해석한다. 즉 첫 단락의(1~5장) 전반부인 1~3장은 백성들의 죄악을 서술하고 있으며, 후반부인 4~5장은 소망을 제시한다고 이해한다. 두 번째 단락은(6~7장) 다소 분명하지 않으나, 이스라엘과 하나님의 논쟁(6:1~8), 이스라엘의 사회적 죄악에 대한 책망(6:9~16), 그리고 이스라엘의 상태에 대한 선지자의 탄식들(7:1~7)로 절망을 보여주나, 마지막 부분은 소망과 찬양(7:8~20)으로 분위기가 전환된다고 주장한다(Dillard and Longman 1994:400). 결국, 이 견해는 미가서를 '심판과 구원'

의 2단락 구조로 분석한 것이다.

반복적인 구원과 심판의 구조로 보는 또 다른 학자는 랄프 스미스(Ralph Smith)다. 스미스는 딜라드와 롱맨과는 달리 한 번의 순환 구조(Cycle)를 더 추가했다. 그는 자신의 주석에서, 미가서는 전체가 20개의 단락(pericopes)으로 구성되어 있으며, 심판과 소망의 주제가 3번의 반복된 순환 구조로 구성되어 있다고 주장한다(Smith 1984:59). 즉, 첫 번째 순환(1~2장)에서는 주로 온 나라들을 대상으로 하고 있으며, 두 번째 순환(3~5장)은 주로 나라의 지도자들에 대하여 언급하며, 그리고 마지막 순환(6~7장)에서는 하나님의 백성들에 대해서 언급한다고 주장한다(1984:59~60).

불록(Bullock)의 경우에는 미가서를 3단락의 구조로[포로와 회복(1~2장), 멸망과 나라의 회복(3~5장), 마지막 고소와 애곡과 약속(6~7장)] 이해하면서도, '심판과 구원'이라는 말보다는 '위협(threat)과 약속(promise)'이라는 단어를 선호한다. 즉, 그는 6번의 반복적인 '위협과 약속'의 구조로 미가서를 이해한다: 첫 번째 위협(1:2~2:11)과 약속(2:12~13), 두 번째 위협(3:1~12)과 약속(4:1~4), 세 번째 위협(4:9~10)과 약속(4:11~13), 네 번째 위협(5:1)과 약속(5:2~9), 다섯 번째 위협(5:10~15)과 약속(6:1~8), 그리고 마지막 위협과(6:9~7:7)과 약속(7:8~20)(Bullock 1986:124).

위에서 살펴본 것과 같이, 미가서를 심판과 구원의 구조로 보는 것이 일반적이다. 그 외에 알렌 같은 학자들은 '운명과 소망'의 구조로 분석하며(참조 Allen 1983:260), 카일 델리취는 포로와 회복(1~2장), 시온의 낮아짐과 높아짐(3~5장), 구원(6~7장)의 형태로 본다(Keil and Delitzsch 1989:vii).

2. 심판 받을 예언의 대상

두 번째로, 심판 받을 예언의 대상으로 구조를 분석해 보자. 힐과 월톤 같은 학자들은 말씀을 전파한 대상들을 구분하여 단락을 이해한다. 즉 첫 단락은 백성들에 대하여(1~2장), 두 번째는 지도자들에 대하여(3~5장), 그리고 마지막은 국가에 대하여(6~7장)로 본다(Hill and Walton 1991:391~2). 이와 비슷한 구조로 이해하는 또 다른 학자로는 레온 우드가 있다(우드 1990:45).

이렇게 볼 때 미가서는 대략 3단락으로 나누어 볼 수 있다. 아처는 좀 더 자세한 5단락의 구조를 제시했다. 먼저 1장은 우상 숭배한 나라에 대한 심판, 2~3장은 특수한 조서, 4~5장은 하나님의 은혜의 궁극적 승리, 6장은 배은망덕한 이스라엘과 논쟁, 7장은 신실한 남은 자들에 대한 언약의 성취로 해석했다(아처 1985:372~3).

3. '미래의 회복'을 중심으로 좌우 대칭

마지막으로, 4~5장에 나타난 '미래의 회복'을 중심으로 좌우 대칭 구조로 보는 접근이 있다. 이 구조는 크게 7단락의 교차대구법(Chiasmus)으로 이해하는 것이다. 최근에 발간된 돌시(Dorsey)의 책, 「구약성경의 문학적 구조」(*The Literary Structure of the Old Testament*, 1999)는 이 구조를 잘 제시한다(Dorsey 1999:299).

A 임박한 패배와 파괴(1:1~16)

B 사람들의 타락(2:1~13)

C 지도자들의 타락(3:1~12)

D 영광의 미래의 회복[4:1~5:15(4:1~5:14)]

E 지도자들의 타락(6:1~16)

F 사람들의 타락(7:1~7)

G 패배와 파괴의 미래적 역전(7:8~20)

여기서 눈에 띄는 사실은 4~5장의 미래의 회복이 미가서의 중심점으로 해석되며, 심판의 메시지가 좌우 대칭으로 되어 있다는 사실이다.

위의 세 가지 부류의 구조 분석을 종합해 보면, 미가서의 구조에는 특이하게 '심판과 구원'의 주제가 같은 본문에서 따로 구분되어 있지 않음을 발견한다.

흔히 자유주의 학자들은 예언서에서 심판은 포로 전 선지자들에게 주로 선포되었고, 포로 후에는 구원이 선포되었다고 한다. 그러나 이러한 주장은 미가서의 구조에서는 잘 맞아 들어가지 않는다. 미가가 이사야와 같이 주전 8세기의 선지자라고 한다면, 심판만 선포해야 하는데 그렇지가 않다. 오히려 심판 가운데, 그리고 심판 다음에 나타나는 것은 미래에 나타날 하나님의 구원의 소식에 관한 것이다. 이 구조는 신학적으로 상당히 중요하며, 포로기 전 선지자의 메시지에서도 그 중요성이 부각되어야 한다. 하나님의 심판이 선포되지만, 동시에 하나님의 구원과 종국적인 회복의 메시지가 우리에게 주어지는 것이다(참고 Smith 1984:11).

미시적 구조

미가서 전체를 각 소단락을 나누어 보면 대략 21개 정도로 나누어 볼 수 있다(참고 Smith 1984:11~60).

[1:1] 표제이다.

[1:1~7] '여호와의 강림하심'에 대해서 말하고 있는데, 그 분은 성전에서 나와 우주적인 범위에서 심판을 하시는 분이시다.

[1:8~16] '12도시에 대한 애곡'이다. 특히 이 부분은 선지자, 미가가 가드로부터 예루살렘에 이르는 주위 열 두 도시들의 멸망에 대해 애통(laments)을 하는 내용이다. 열 두 도시의 이름들, 즉 '가드', '베들레아브라', '사빌', '사아난', '벧에셀', '마롯' '예루살렘', '라기스', '가드모레셋', '악십', '마레사', '아둘람'을 통해서 뛰어난 문학적인 언어유희(word-play)를 보여준다.

[2:1~5] '압제하는 자들에 대한 심판'이다. 이 단락은 '호이'(הוֹי 화 있을진저)라는 단어로 시작하며, 악행하는 자들에 대한 최후의 심판을 보여주는 '저주의 신탁'(a woe oracle)이다(Smith 1984:24). 그들은 '재앙'(3절)으로 '망하게 되며'(4절), '하나도 없게 된다'(5절).

[2:6~11] 앞의 내용과 비슷하게 학대하는 자들(8절)에게는 심판이 반드시 임한다(10절).

[2:12~13] 하나님의 백성을 모으시는 소망의 예언이다.

3장에서는 주로 지도자의 죄악과 그 결과로 시온이 멸망할 수밖에 없음을 보여준다:

[3:1~4] '두령과 치리자들의 죄악.'

[3:5~7] '백성을 그릇 인도하는 선지자들의 죄악.'

[3:8] '하나님의 종의 사명

[3:9~12] '지도자와 시온의 멸망.'

4~5장에서는 특히 마지막 날의 이스라엘의 회복에 관한 말씀이다.

[4:1~5] 미래에 있을 시온의 높아짐. 이 단락 역시 구원에 대한 신탁(salvation oracle)이며, 또한 위치적으로 볼 때 3장 이후에 위치한 것은 바로 예루살렘 심판 후에도 하나님께서 회복시켜 주심을 보여주는 의도다.

[4:6~8] '남은 자의 회복'이다.

[4:9~10] '여호와의 구원'과 이스라엘 백성의 고통을 묘사한다.

[4:11~13] '하나님의 백성이 열방에 대한 종국적인 승리'로 '포로에서 승리'하는 미래에 회복을 보여주신다.

특히, 5장에서는 구원자, '예수그리스도의 오심'과 '사역'을 통한 회복을 노래한다.

[5:1~4] '구원의 노래.'

[5:5~6] '그리스도의 역할.'

[5:7~9] '원수를 멸하심.'

[5:10~15] '하나님의 백성을 정결케 하심'으로 마무리하신다.

6장과 7장에서는 하나님의 고소와 백성들의 대답과 미가의 응답을 통하여 하나님 같으신 분이 없으시며(7:18), 죄를 해결해 주실 분은 '그 분'(7:7~9)과 '그의 사역'밖에 없음을 확증시켜 주신다.

[6:1~8] '언약적 고소' 혹은 '토라의 예식'으로 하나님을 사랑하는 방법을

제시해 준다.

[6:9~16] '구체적인 삶에서 정결'을 요청 받고 있다.

결론적으로, 미가는 전 사회와 사람에 대한 근본적인 죄악에 대해서 애통하며(7:1~3) 이 죄악 때문에 '형벌의 날'이 임하는 것은 당연한 것으로 이해한다.

[7:1~6] '요란한 사회와 백성.'

[7:7~20] '하나님의 사역을 바라보는 신앙의 승화'로 결론을 짓는다.

비록 사람이 죄악으로 가득 차 있으며, 사회가 죄악으로 가득 차 있으나, 하나님의 의를 통하여(7:9), 회복하시는 '주와 같으신 분'은 없다(7:18). 이는 그 분이 우리의 모든 죄문제를 해결해 주시고 심판 문제를 해결해 주시기 때문이다.

신학적 주제

1. 심판과 그리스도에 대한 소망

1) 죄로 인한 심판

죄는 참으로 심각한 것이다. 죄는 사람을 멸망에 이르게 하며, 그리고 그 마지막 대가는 하나님의 심판이다(롬 6:23). 미가서의 중요한 주제를 '심판'으로 보는 학자들은 이 면을 부각시켜 지적한다. 즉, 심판은 임박하여 이르렀고(1:2, 4), 또한 이미 임했다. 특히 이 심판으로 인해, 사마리아가 멸망을 당하게 되며(1:6, 7), 예루살렘에는 침략군들이 쳐들어 올 것이다(1:15). 그들은 땅을 잃게 되고(2:3, 5), 하나님께 버림받을 것이다(3:4). 거짓 선지자는 부끄러움을 당하며(3:6 7), 예루살렘은 포로로 잡히게 되며, 왕들은 욕을 보게 된다(3:9, 12; 5:1). 결국 땅은 깨끗하게 될 것이며(5:9, 13, 개역한글 성경 5:10, 14), 사악한 자들, 폭력을 행하는 자들과 거짓말하는 자들을 제거 될 것이며(6:9,

16), 온 나라들도 심판을 받게 될 것이다(1:2; 4:13; 5:4 5, 개역한글 성경 5:5, 6, 8 9, 15, 참고 Smith 1984:10).

하나님은 이러한 죄악을 그냥 내버려 두실 수 없다. 그 분은 죄를 싫어하시며, 죄에 대해서 분노와 진노하시는 하나님이시다(5:14, 개역한글 성경 5:15). 하나님은 악인들은 용서하실 수 없으며(6:10), 죄인들을 그냥 두실 수 없다(6:11). 그는 불순종하는 사람들에게 그 얼굴을 숨기시는 하나님이시며(3:4) 그들을 심판하시는 분이시기(1:2) 때문이다(Smith 1984:10~11).

구약성경에서는 죄 문제를 심각하게 다루고 있다. 먼저 죄에 대한 일반적인 개념들을 먼저 살펴보자. 첫째, '표적을 놓치다'라는 뜻인 '하타트'(חַטָּאת), '하타아'(חֲטָאָה)가 있다. 이 의미는 화살이 마치 표적을 벗어나는 것과 같은 것이다. 두 번째로, '악을 행하다'라는 의미인 '라아'(רַע)가 있다. 세 번째로, '경계선을 넘어가다'라는 뜻인, '페샤'(פֶּשַׁע)가 있다. 이 뜻은 기차가 그 길을 탈선하는 것과 같은 의미이다. 네 번째로, '구부러지거나 뒤틀렸다'는 의미인, '아본'(עָוֹון), '아온'(עָוֹן)이 있다. 그리고 마지막으로, '불의나 사악'을 의미하는 '아벨'(עָוֶל), '아벨라'(עַוְלָה) 등이 있다. 물론 이 외에도 죄를 의미하는 단어들이 여럿 있다. 이와 같이 죄는 하나님께 대해 말씀을 버리거나, 악을 행하거나, 벗어나거나, 뒤틀리거나, 악을 행하는 모든 것들을 포함하고 있다.

특히 미가서에서는 '허물'(페샤)과 (1:5, 13; 3:8; 6:7; 7:18, 19), '죄악'(하타트)(1:5; 3:8; 6:7), 그리고 '죄악'(아온)(7:18, 19)이라는 단어가 나타난다. 이러한 죄악들은 그분의 말씀에 대한 불순종과 연관되며, 태도와도 관계가 있다. 실제로 미가서에서 우상 숭배(1:7; 5:12), 살인(7:2), 거짓말(6:12), 도적질(6:11), 힘을 남용(2:1, 2)하는 죄악들을 발견한다.

2) 그리스도의 의를 소망

이러한 죄악이 만연한 시대에, 그 시대를 향하여 참으로 안타까워하며 슬퍼했던 선지자가 바로 미가였다. 그는 그 시대의 죄악상, 종교적인 타락과 사회적, 정치적인 타락에 대해서 굽히지 않고 하나님의 뜻을 과감하게 선포하고, 전달했던 자였다(3:8). 참으로 백성들은 강포와 궤사로 가득 차 있었고(6:12), 지도자들은 말할 수 없는 죄악들을 저질렀다. 사회 · 정치적 지도자들은 백성들을 학대했고(2:1~2, 8~9; 3:2~3, 9~11; 7:2~6), 종교 지도자들은 우상을 세우고, 다른 신을 섬기게 하였으며(1:7; 5:12~14), 물질을 위해 사역했다(3:5~7, 11).

이러한 죄악의 결과는 그들에게 임할 '욤 메차페이하, 페쿠다테하'(יוֹם מְצַפֶּיךָ פְּקֻדָּתְךָ 파수꾼의 날, 형벌의 날)였다(7:4). 시온과 예루살렘은 황폐를 초래할 수밖에 없었다(3:12). 이와 같이 그들의 죄악은 우주적이었다. 그는 탄식하기를, "이와 같이 선인이 세상에서 끊쳤고, 정직자가 인간에 없도다"(7:2)라고 절규했다. 이 구절은 신약에서, 사도 바울이 로마서 3:10에서 시편 14편을 인용해 말했던, "의인은 없나니 하나도 없으며"라고 탄식한 것과 동일하다. 바울이 절규한 대로 – "모든 사람이 죄를 범하였으매 하나님의 영광에 이르지 못하더니"(롬 3:23) – 그렇게 죄악으로 가득 찬 사회를 미가 역시 느꼈던 것이다.

그러나 미가서는 죄에 대한 지적과 심판의 선포로 끝나는 책이 아니다. 신약과 비교해 볼 때, 미가서는 '구약의 로마서'라고 할 수 있다(이학재 2001:462). 죄와 심판에 대한 탄식으로 끝난 것이 아니다. 자신의 죄에 대해서 철저하게 고백했다. 그러나 본질적인 중재자에 대한 간절한 소망을 가지는 데 까지 나아간다. 그는 분명히 하나님을 소망하는 신앙을 가지고 있으며, 그 분이 응답하실 것을 확신했다.

> **"오직 나는 여호와를 우러러보며 나를 구원하시는 하나님을 바라보나니 나의 하나님이 나를 들으시리로다"(7:7)**

그는 참으로 죄인이며, 죄악을 행한 자라는 것을 고백했고(7:9), 그 죄악의 대가는 심판이다. 그러나 그분(예수 그리스도)이 그 죄에 대해서 신원하시며, 심판에서 건지시니 이것은 오직 '그의 의'(בְּצִדְקָתוֹ 버치드카토)를 통해서라는 것을 분명히 고백하는 것이다.

> "내가 여호와께 범죄하였으니 주께서 나를 위하여 심판하사 신원하시기까지는 그의 노를 당하려니와 주께서 나를 인도하사 광명에 이르게 하시리니 내가 그의 의를 보리로다"(7:9).

2. 언약과 메시아 왕국

1) 언약

하나님은 그의 백성들에게 언약의 하나님이시다. 하나님의 회복은 늘 그분의 언약과 연결되어 있다. 특히 심판에 관한 내용들은 하나님과 그의 백성들이 맺은 언약과 관계한다. 따라서 이 '언약적 송사의 언어'(the covenant lawsuit language)는 6장에 잘 나타나 있으며, 특히 7:20에는 언약적 언어로 가득 차 있다. 뿐만 아니라 하나님께서는 이스라엘의 하나님이실 뿐만 아니라 온 우주를 다스리시는 하나님이시다(1:2 4; 5:14, 개역한글 성경 5:15; 7:17). 그분는 구세주이시며(2:12, 13; 7:15), 구속자시며(4:10), 목자이시다(7:14). 그분은 영원히 진노치 않으시며 자비와 용서로(7:18 19) 언약에 신실하신 분이시다(7:20, Smith). 또한 언약과 연관되는 내용으로, 남은 자(2:12; 4:7; 5:7~8; 7:18)의 사상을 들 수 있다. 이 사상은 바로 하나님의 왕국과 메시아 왕국 건설과 연결된다(VanGemeren 1990:152~158).

2) 영원한 통치자, 메시아인 예수 그리스도

영원한 통치자 되시는 메시아에 대한 예언을 미가는 들려준다. 흔히 성탄절에는 메시아 탄생과 관련하여 "베들레헴 에브라다야 너는 유다 족속 중에 작을지라도 이스라엘을 다스릴 자게 네게서 내게로 나올 것이라"(5:2)라는 미가서의 말씀이 인용하기도 한다. 메시아는 그의 탄생뿐만 아니라, 그의 사역에서도 그의 백성들을 '원수의 손에서 속량하셔서'(4:10), '죄악을 도말하시며'(7:19), 또한 '모으시며'(2:12~13), '말씀을 가르치시며'(4:2), '영원까지 다스리신다'(4:6~7). 그분의 통치는 백성들에게는 자비로우심으로 나타나며(5:4), 사악한 자들에게는 멸망과 심판으로 나타난다(5:13).

이 통치는 종말에 일어나게 될 것이며(4:1), 이방(고임, 나라들)들까지 와서 하나님의 통치에 속하게 된다. 메시아의 통치는 전쟁도 없게 되는 평강의 나라로, '이제부터 영원까지' 다스리는 영원한 통치가 된다(4:7).

이러한 메시아의 통치와 종국적인 회복에 관한 하나님의 말씀에 대해서, 그는 자신의 이름, '미가'(하나님과 같은 신은 누구신가?)라는 이름을 통하여 언어적 유희(Word play)를 하고 있다. 즉 '미 엘 카모하'(מִי־אֵל כָּמוֹךָ 주와 같은 신이 어디 있으리이까, 7:18)라고 고백함으로 미가는 자신의 신앙고백으로 나아가는 것이다. 하나님께서는 바로 메시아를 통해서 그 분의 뜻을 이루시고, 그의 백성을 회복시키신다. 결론적으로, 우리는 미가의 고백과 같이 구원에 대한 확신으로 나아가야 한다(7:18~20).

03

미가, 그가 본 메시아는 어떤 분이신가

메시아 예언의 배경적 특성

선지가 미가가 활동한 시기는 밤하늘같이 캄캄한 시대였다. 그러기에 그의 빛은 더욱 빛났음을 본다. 그의 활동 기간은 요담(주전 749~731년), 아하스(주전 731~715년), 히스기야(주전 715~681년) 시대라고 했으니(1:1), 그 기간은 아마도 약 40년 내외가 되었을 것으로 보인다. 그의 활동 기간 중에 북 이스라엘은 망했다(주전 721년).

그 무렵은 또 남 유다도 심히 부패한 때였다. 아하스 왕은 성전의 번제단을 우상의 제단으로 대치시켰던, 유다 역사상 가장 타락한 왕 가운데 하나였다. 왕뿐만 아니라 관료들과 치리자들의 타락은 이루 말할 수 없는 지경에 이르렀던 때였다. 그들은 자나 깨나 불의와 부정과 착취만 일삼았던 자들이었다. "침상에서 악을 꾀하며 간사를 경영하고 날이 밝으면 그 손에 힘이 있으므로 그 것을 행하는 자는 화 있을진저 밭들을 탐하여 빼앗고 집들을 탐하여 취하니 …"(미 2:1~2)라고 했음을 보아 그들이 백성들을 얼마나 학대하며 착취했는가를 알 수 있다. 또 3:1 이하에 보면 미가는 "야곱의 두령들과 치리자들아 … 너희가 선을 미워하고 악을 좋아하며 내 백성의 가죽을 벗기고 그 뼈에서 살을 뜯어 그들의 살을 먹으며 그 가죽을 벗기며 그 뼈를 꺾어 다지기를 남비와 솥 가운데 담을 고기처럼 하는도다"라고 책망했다. 이와 같은 미가 선지자의 강경한 고발은 그 어느 선지자에게서도 찾아 볼 수 없다. 이러한 강경한 그의 말, 특별히 권세와 칼을 잡은 치리자들 앞에서의 고발은 죽음을 각오하지 않고서는 할 수 없는 것이었음이 분명했다.

그러나 우리는 이제 그의 선지자적 고발에 앞서 그가 얼마나 그들의 죄악을 슬퍼했던가 하는 그의 제사장적인 탄식의 기도를 먼저 기억해야 할 것이다. 1:8~9에 보면 "이러므로 내가 애통하며 애곡하고 벌거벗은 몸으로 [맨발로(한국역 빠져 있음)] 행하며 [시량이(한국역은 들개)] 같이 애곡하고 타조(KJV는 부엉이)와 같이 애통하리니 이는 그 상처는 고칠 수 없고, 그것이 유다까지도 이르고 내 백성의 성문 곧 예루살렘에도 미쳤음이니라"라고 했는데, 이로써 그가 자기 조국의 멸망을 얼마나 슬퍼했는가를 엿볼 수 있다. 어쨌든 미가 선지자의 강경한 심판의 메시지 밑에는 제사장적인 탄식의 기도가 깔려 있었다. 그는 남의 죄악을 고발하고 책망하기에 앞서 그들을 위한 탄식의 기도가 먼저 있었다. 제사장적인 탄식의 기도가 없는, 그저 의분에 넘치는 선지자적인 고발만으로는 허공을 치는 메아리에 불과할 수도 있다. 예수께서도 예루살렘 성전을 숙청하기에 앞서 먼저 '예루살렘아! 예루살렘아!'라고 슬피 우셨던 것을 우리는 기억한다.

2:4에서 보면 그는 슬픈 애가를 불러 이르기를 "… 우리가 온전히 망하게 되었도다"라고 탄식한다. 하지만 그는 그저 탄식하며 고발하는 선지자로만 있는 것은 아니었다. 그는 큰 소망을 품은 선지자였다. 그것은 곧 메시아 소망이었다. 그는 목전의 멸망만을 볼 뿐 아니라 먼 후일의 소망을 동시에 볼 수 있었다. 마치 우리가 가까이 파도 속에 흔들리는 배와 먼 수평선을 동시에 보듯이 말이다. 그러므로 선지자는 탄식하면서도 말할 수 없는 위로와 기쁨이 심령 깊이 숨겨져 있었다.

그러므로 그의 메시지의 내용은 먼저 유다의 치리자들과 두령들의 죄악을 고발하는 탄식 어린 메시지로 시작한다. 하지만 나중은 모두 큰 소망을 보여 주는 것으로 끝난다. 좀더 구체적으로 말한다면, 그 메시지는 모두 세 편의 고발적인 설교로 시작한다. 메시지 도입부마다 '… 들을 찌어다!'라고 먼저 호소하면서(1:2, 3:1, 6:1) 슬픈 탄식의 고발로 시작했으나, 그 끝은 모두 큰 소망, 즉 메시아의 예언으로 끝난다. 이와 같은 미가의 소망들을 구분해 본다면, 첫째 메시지는 2:12~13, 둘째 메시지는 4~5장, 셋째 메시지는 7:7~19 등이다. 이 가운데서 중요한 메시아 예언들을 구체적으로 살펴보면서 그 특성을 생각해 보자.

메시아 예언의 특성

1. 메시아, 그는 양 무리의 '우리'

2:12에 보면, "야곱아 내가 정녕히 너희 무리를 다 모으며 … 남은 자를 모으고 그들을 한 처소에 두기를 보스라 양떼같게 하며 초장의 양떼같게 하리라"라고 한다. 여기서 보는 대로 '남은 자를 다 모아 한 처소에 두리라'라고 했다. 여기의 '한 처소'라는 원문 '야하드'(יַחַד)는 "오직 하나의 단결체"를 말한다. 앞으로 나타날 신약의 그리스도의 '교회'를 연상케 하는 말이다.

영적 교회는 단결 된 '하나'다. 그러한 "한 처소에 두기를 '보스라 양떼'같게 하리라"라고 했다. 여기의 '보스라'는 유명한 목양지인 초장의 이름(고유명사)이기도 하나, 그 말의 뜻은 '양의 우리'(양의 축사)를 말한다. 고대역본 70인경(LXX)을 위시하여 현대의 번역들도 그렇게 번역했다(NASB=the fold, NIV=a pen). 우리 성도들은 모두 '한 우리' 양이요, '한 초장'의 양떼들이다. 아마도 선지자는 유명한 초장인 '보스라'의 양떼들의 평화스러운 모습과 더불어 '한 우리' 안에서 한 몸, 한 지체가 된 양 무리를 생각했을 것이다(그렇다면 '보스라'는 두 가지의 뜻을 모두 나타내는 word play일 것이다). 그리고 본문은 계속하여 "그들의 인수가 많으므로 소리가 크게 들릴 것이며"라고 했는데, 이것은 분명히 큰 번영과 평화를 의미하는 말일 것이다. 많은 양들이 '우리'에서 '초장'으로 나고 들면서 큰 소리로 외쳐 찬양하는 그 모습은 그대로 천국의 모습이기도 하다(계 7:9, 10). 메시아는 우리에게 이러한 안식처가 되시며 피난처가 되시는 초장이시요 '우리'이시다.

2. 메시아, 그는 우리의 길의 개척자요 선두에 행하시는 '우리의 왕'

2 : 12에 뒤이어 13절에서는 "길을 여는 자가 그들의 앞서 올라가고 그들은 달려서 성문에 이르러서는 그리로 좇아 나갈 것이며 그들의 왕이 앞서 행하며 여호와께서 선두로 행하시리라"라고 했는데, 이 본문에서는 메시아의 특성이 좀더 구체적으로 나타나 있다.

먼저 메시아는 우리의 '길을 여는 자'라고 했다. 이 말의 히브리 원문은 '막힌 담을 헐어 터져 버리는 자'(NASB=The breaker, NKJV와 NIV=The one who break open)란 말이다. 이것을 좀더 설명한다면, 갇힌 자의 벽을 헐고 나갈 길을 열어 주시는 '개척자'요 '해방자'란 말이다. 이사야 선지자의 말과 같이 '갇힌 자를 옥에서 이끌어 내며 흑암에 처한 자를 간에서 나오게' 하시는 분이시다(사 42:7). 메시아는 우리에게 해방의 길과 광명의 길을 열어 주시는 분이시다(사 9:2).

위의 본문에서 보듯이 길을 여는 자가 그들 앞서 올라가면, 또 "그들은 달려 성문에 이르러서는 그리로 좇아 나갈 것이며"라고 했는데, 이것은 원문대로 번역한다면 '헤치고 지나서 나갈 것이라'(NASB=They break out, pass thorough the gate, and go out by it)라고 할 것이다. '헤치고, 지나서, 나갈 것'이란 말은 이른바 '전진대구법'으로서, 강도(强度)와 진도(進度)를 점점 더 깊게 하는 연속법이다. 메시아가 우리에게 막힌 담을 헐어 주시고 길을 열어 주시면 우리는 그 길을 '헤치는' 수고를 감당해야 할 것이며, 그리고 열린 문을 '속히 지나서 나아가야' 할 것이다. 말하자면 죄악 세상에서 해방된 자는 어서 속히 옛 것을 털어 버리고 담대히 전진해야 할 것을 강도 높게 보여 준 것이 본문의 내용이다.

그런데 우리의 해방자 혹은 우리의 길을 여는 자는 '앞서 올라가며', '앞서 행하며', '선두에 행하시리라'라고 거듭 반복하여 그분이 우리의 선봉이 되신 것을 강조했다. 이 말은 마치 이스라엘의 출애굽을 연상케 하는 말씀이다.

출애굽기 13:21에 보면 "여호와께서 그들 앞에 행하사 … 그들의 길을 인도하시고 … 떠나지 아니 하니라"라고 했는데, 출애굽기의 여호와는 곧 미가 선지자가 말한 메시아, 즉 '그들의 앞서 행하시는 왕'이시며, 선두에 행하시는 여호와이셨다. 그는 진실로 우리와 같이 하시는 '임마누엘'인 동시에 우리 앞에서 행하시는 선봉에 서신 왕이시요, 길을 열어 주시는 개척자시다.

3. 메시아, 그는 '양떼의 망대'

4:8에 보면 "너 양떼의 망대요 딸 시온의 산이여 …"라는 말로 이 부분이 시작된다. '망대'란 원수들의 침략을 사전에 지켜 막는 파수대요, 자기 백성들을 보호하는 안식처이기도 하다. 5:4의 말씀같이 그 떼에게 먹여서 그들로 편안히 거하게 하기 위하여 그들을 지키시며 먹이시는 본부가 '망대'인 것이다. 그러면 그의 백성들이란 어떤 사람들인가? 4:6에서 보듯이 그들은 '저는 자들이요, 쫓겨 난 자들이요, 한때는 크게 환란 받게 한 자들'이다.

메시아는 그런 자들을 모아 '남은 백성이 되게 하고 강한 나라가 되게'(4:7) 하실 것이라고 했다. 메시아의 큰 사명은 그런 자들을 모아 먹이며 보호하여 강한 나라가 되게 하는 것이며 메시아는 친히 그들의 '망대'가 되어 지키시는 자시다. 그런데 본문에서 보는 대로, "너 양떼의 망대요 너 시온산이여"(4:8) 함을 보아 그 망대는 '시온산'이라고 했다. 시온산은 메시아 종교의 발상지요, 하나님의 전의 본부요, 그의 도로 백성들을 가르치는 곳이라고 했다(4:1, 2). 4:2의 기록대로 "많은 이방이 가며 … 오라 우리가 여호와의 산에 올라가자"라고 한 곳이 바로 시온이요, 하나님은 그곳을 곧 '너 양떼의 망대'라고 하나님께서 말씀하셨다(4:8). 거기에서 메시아는 '그 도로 우리에게 가르치실 것이다'(1:2)라고 했는데, 그 '망대'야말로 이방의 남은 자들까지 불러모아 하나님의 율법과 여호와의 말씀을 가르치는 곳이다. 그렇게 가르쳐서 약한 자들로 '강한 나라'가 되게 하는 본부가 '망대'다. 그러나 이 망대를 시온산이라고 했으나 그것은 지리적인 개념이 아니다. 4:1에 보면 "시온산이 산들의 꼭대기에 굳게 서며, 작은 산들 위에 뛰어나고 …"라고 했음을 보는데 여기의 시온산은 지리적인 의미가 아님이 분명하다. 사실 시온산은 주변의 산들보다 높지 않다. 본문의 시온산은 시온산과 같은 신약의 그리스도의 교회다. 그 교회는 그리스도의 몸이다. 교회와 그리스도는 하나다.

4:8하에서도 "딸 예루살렘의 나라가 내게로 돌아오리라"고 한 말씀을 보아, 그 망대는 곧 메시아 자신을 상징한 것임을 알 수 있다. 예루살렘의 화려한 영광의 나라가 마침내 모두 메시아에게 귀속될 것을 4:8의 성경은 우리에게 알려 주고 있다. 이처럼 '양떼의 망대'가 되신 메시아에게 영광의 나라가 귀속 될 것이다.

그러나 동시에 그 메시아는 그 백성들에게 능력을 주어 모두 승리자가 되기를 원하셨다. 4:12~13에 보면 "여호와께서 곡식단을 타작 마당에 모음같이 그들을 모으셨나니 딸 시온이여 일어나서 칠지어다"라고 하심을 보는데, 본문에서는 먼저 그들의 뿔을 철같게, 그들의 굽을 놋같이 하여, 4:7에서 보듯 '강한 나라'가 될 것을 말했다. 마침내 왕 메시아는 그 백성들의 승리의 탈취물을 모두 거두어, 그것을 성별하여 "온 땅의 대 주재이신 아버지께 돌리리라"(13)라고 했다. 이와 같이 메시아와 그 백성들의 승리로 세상은 온전히 심판 받을 것이다.

그러나 그때가 오기까지는 아직 역사적 절차가 남아 있다. 먼저 이스라엘은 원수의 압박을 이겨야 할 것이다. 5:1에 보면 "딸 군대여 너는 떼를 모을지어다 그들(원수)이 우리를 에워 쌌으니 막대기로 이스라엘 재판자(통치자=왕)의 뺨을 치리로다"라고 하는데, 사실 남북 이스라엘의 마지막 역사는 문자 그대로 그 예언이 적중되었다. 다시 말해, 북 이스라엘의 마지막 왕 호세아가 당한 수모(왕하 17:4), 남 유다 므낫세 왕이 당한 모욕(대하 33:11), 또 여호야김을 위시하여 시드기야 왕의 비참한 말로(렘 22:18 이하; 52:8~11)가 그 증거들일 것이다. 이밖에도 중간 시대의 안디오커스, 에피파네스의 핍박과 로마시대의 헤롯 왕의 학정 등 유다 백성들은 말할 수 없는 곤경에 시달려야 했다. 그러나 이러한 환란의 밤이 깊어진 그때에 드디어 평강의 왕 메시아는 탄생하셨다.

4. 메시아, 그의 별명은 '샬롬'

5:4~5에는 "… 이제 그가 창대하여 땅 끝까지 미치리라 그는 평강이시라"(한글 번역=이 사람은 우리의 평강이 될 것이라)라고 예언한다. 여기서 '그는 평강이시라'는 히브리 원문의 뜻은 '그는 곧 평강'(This is Peace)이라는 말이다. 간단히 말한다면, '메시아는 샬롬'(Messiah is shalom)이란 말이다.

히브리어의 '샬롬'(שָׁלוֹם)은 참 평강, 참 행복 또는 영원한 구원을 포함하는 말인 동시에 그 어원의 뜻은 '상처를 고치신다,' 크게 '실패한 것을 갚아' 주신다(신 32:39), 허물진 것을 '완전케 한다'(BDB, 1022)는 말이다.

'샬롬'에 대한 성경적 용례를 보면, 그것은 '평강의 저작자'를 말하는 별명이요, 또는 '화해의 중재자'를 가리키는 대명사와도 같은 것이다. 하나님께서 주시는 모든 좋은 것의 총체라고 볼 수 있는 말이다. 그러므로 '샬롬'이란 말은 그리스도의 별명이 되기에 충분하다. 그러므로 '그는 곧 샬롬'이라는 이 말은 메시아의 특성을 구체적으로 잘 나타내는 말이라고 생각된다.

또한 미가는 메시아의 출생지로서 '베들레헴 에브라다'를 말한다(5:2). 그런데 이 명칭은 당시에 사람들이 흔히 부르던 '베들레헴'이라는 지명에 '에브라다'를 더한 것이다. 미가 선지자가 의도하는 무슨 암시가 있는 것 같다. '베들레헴 에브라다'는 현대 지명과 고대 지명이 복합된 것이라고 보여진다. 창세기 35:19과 48:7에 보면 '에브라다(에브랏) 곧 베들레헴'이라고 했다. 그렇다면 전자는 고대 명칭이요 후자는 후대의 명칭일 것이다. 그렇다면 선지자는 왜 이런 복합적인 지명을 사용했을까? 우리가 미가의 그 깊은 마음을 다 알 수는 없으나 우리에게 힌트가 있다.

미가 선지자가 메시아의 출생지로 '베들레헴 에브라다'를 말한 후에 곧 '메시아 평강이라'(5:2, 5)고 말했는데, 그것도 어떤 연관이 있는 것 같이 느껴진다. 그것을 이제 좀더 구체적으로 말한다면 이렇다. 여기에 말한 '에브라다'는 특별히 이스라엘의 슬픈 역사를 간직한 곳이다. 거기에는 라헬의 묘비가 세워진 기념 장소다(창 35:9). 그가 어린 자식 베냐민을 위하여 슬퍼하며 죽어간 곳이다. 그의 슬픈 통곡은 이스라엘의 가장 큰 슬픔을 대표하는 것으로 예레미야 선지자는 인용했다(렘 31:15). 복음서에서도 어린 아이들이 헤롯왕에게 학살될 때 그 어머니들의 통곡을 가리켜 "라헬이 그 자식을 위하여 애곡하는 것"(마 2:18)이라고 했다. 이리도 깊은 슬픈 역사를 갖고 있는 곳이 후일에는 "크게 기뻐하되 즐거이 노래하라"(슥 9:9)고 외치던 장소인 '베들레헴'이 되었던 것이다. 이처럼 큰 슬픔의 곳이 큰 기쁨의 장소로 바뀐 것도 평강의 왕으로 '샬롬'을 싣고 오신 메시아로 인하여 이루어진 것이다.

5. 메시아, 그의 통치 방법도 '샬롬'

평강의 왕으로서의 메시아의 통치 방법은 자기 백성들 속에서 '샬롬'을 이루는 것이었다. 5:2하에 보면 "이스라엘을 다스릴 자가 네게서 내게로 나올 것이다"라고 했는데, 여기서 '다스릴 자'란 말은 오직 그들 속에 친히 계시면서 그들을 평안히 거느리신다는 뜻이다. 여기서 '다스릴 자'란 히브리 원문을 영문으로 번역한다면, 어떤 번역과 같이 "Ruler over Israel"(NIV)이 아니라 "Ruler in Israel"(NASB, NK-JV)이다. 전치사 '오버'(over)는 그들 위에 군림함을 암시하는 반면, 전치사 '인'(in)은 그들 속에 임재하여 그들을 양육하는 지도자임을 보여준다. 5:4에서 보는 대로 "그가 … 서서 그 떼에게 먹여서 그들로 안연히 거하게 할 것이라"고 했다. 여기서 '서서'라는 말도 양떼를 먹이는 목자 모습이지 통치자의 모습은 아니다. 통치자라면 왕좌에 앉아서 통치하는 것이 보통인데, 그분의 통치 방법은 철저하게 '샬롬'을 이루기 위함이요 결코 전쟁을 생각하지 않는 것이다. 그러므로 그는 "그 칼을 쳐서 보습을 만들고 창을 쳐서 낫을 만들 것"이라고 했다(4:3). 그의 나라에서는 "다시는 전쟁을 연습하지 아니하고 칼을 들고 서로 치지 아니 하리라"(4:3)고 했다.

흔히 이렇게 말하면 그리스도의 재림을 생각할 수 있겠지만 그렇지는 않다. 그의 초림으로 벌써 이것은 이루어졌고, 또 이루어지고 있다. "이 땅에서는 기뻐하심을 입은 자들에게 평화로다"라고 하신 천사들의 노래와 같이 메시아의 초림으로 인해 벌써 이 땅 위에는 평화가 선포된 것이다. 이것을 우리는 메시아의 '은혜의 왕국'(The Kingdom of Grace)이라고 부른다.

물론 이 '은혜의 왕국'에 전쟁이 완전히 사라진 것은 아니다. 그러나 비유컨대 큰 강이 겨울 추위에 얼었다 하자. 그러나 그 얼음 밑에는 강물이 흐르고 있다. '은혜의 왕국'도 이와 같다고 할 수 있다. 메시아의 '은혜의 왕국' 시대임에도 불구하고 전쟁이 있고 칼과 창이 더 많아지는 것 같지만 그 밑으로는 평화의 물이 흐르고 있다. 이제 곧 그 얼음조차 녹는 때가 온다. 그러면 강물은 크게 넘쳐 흐를 것이다. 그때는 물론 그리스도의 재림의 때다. 우리는 그것을 '영광의 왕국'(The Kingdom of Glory)이라고 부른다. 그때에 칼과 창은 아주 없어지고 전쟁이 다시없는 영원한 메시아의 나라가 완성될 것이다. 그런데 그 나라가 완성되기까지 은혜의 왕국에 사는 메시아의 백성들이 칼을 들어 원수들을 멸할 것이다. 왜냐하면 "칼로 앗수르 땅을 황무케 하며 니므롯 땅의 어귀를 황무케 하리라"(5:6)라고 말하고 있기 때문이다. 이 말은 분명히 메시아의 백성들이 칼을 들어 원수들을 멸할 것을 말한 것이다.

그렇다면 5:6의 이 '칼'은 도대체 무슨 칼일까? 앞서 4:3에서는 "그 칼을 쳐서 보습을 만들었다"고 했는데, 무슨 칼이 남아 있었을까? 그렇다! 새로운 칼이 또 있다. 그 칼은 곧 메시아께서 주시는 '말씀'의 칼이다(사 49:2). 은혜의 왕국에서는 '하나님의 말씀'이 유일한 무기다. 이것으로 세상을 점령할 것을 본문은 가르쳐 준다. 이 '말씀'의 전파를 통해 메시아의 '샬롬'은 '창대하여 땅 끝까지 미치'게 될 것이다(5:4).

6. 메시아, 그의 양육을 받은 남은 자들

메시아의 특성 가운데 하나는 그가 그 도로 그의 백성들을 가르침에 있고(4:2) 그들로 '그 길로' 행하게 교육하는 데 있다(4:2). 이제 그의 양육을 받는 남은 자들이 세상에서 어떤 위치에 있는가를 살펴보는 것도 메시아 성격을 이해하는 데 도움이 될 것이다. 그들의 존재가 어떤 것인가를 미가는 다음 같이 두 가지로 예언했다. 첫째, 그들은 "많은 백성 중에 있어 여호와께로서 내리는 이슬같고 풀 위에 내리는 단비같다"고 했다. 둘째, 그들은 "수풀의 짐승 중에 사자같고 양떼 중에 젊은 사자같다"라고 했다(5:7~8).

메시아 나라의 남은 백성들은 많은 사람들의 주변을 윤택케 하는 이슬같은 존재요, 마른 풀 위에 단비같은 존재들이다. 그뿐 아니라 짐승 중에 사자같은 권위와 능력을 받은 자들이라고 했다. 앞에서도 보았듯이(4:13), 그는 '딸 시온의 딸들의 뿔을 철같게 그들의 굽을 놋같이 하여' 악한 세상에서 큰 승리자들이 될 것을 예언적으로 선포하셨다. 그러면 야곱과 남은 자들이 어떻게 이슬이요 단비같은 존재가 되었으며, 또 어떻게 사자같은 강한 자가 될 수 있었을까?

일찍이 모세는 말하기를 여호와의 말씀은 "맺히는 이슬이요 연한 풀 위에 내리는 단비"라고 했다(신 32:3). 진실로 그의 말씀으로 가르침을 받은(4:2) 자들은 '새벽 이슬같은' 존재들이다(시 110:3). 이러한 주의 백성들을 통하여 메시아의 나라는 확장되어 그 나라가 '땅 끝까지 미치'게 될 것이다(5:4).

또 계속해서 야곱의 남은 자들은 '사자요 젊은 사자같다'고 했는데, 이 얼마나 역설적인 대조인가? '이슬과 사자,' '단비와 젊은 사자'. 이렇듯 모순되는 듯 보이는 두 면을 가진 것이 곧 야곱의 남은 자들이요, 그리스도의 교회다. 그들이 지나간즉 '밟고 찢으리라' 했는데, 하나님의 말씀을 받은 '남은 자'들을 통하여 어떻게 강한 성령의 역사가 이 땅에 이루어질 것인지를 보여준다. 그리스도의 교회는 이슬같이 또 단비같이 순하고 연하게, 그리고 고요히 아무도 모르게 시들은 영혼들을 자라도록 할 것이다. 하지만 또 그와는 대조적으로 그들이 외친 복음의 말씀은 사자같은 능력으로 세상을 정복할 것을 예언한 것이 본문의 내용이다.

이처럼 메시아와 그 백성들의 최후 승리를 바라본 미가 선지자는 그 승리가 어서 속히 이 땅의 현실로 이루어지기를 기도하는 것으로 이 부분은 끝난다. 5:9의 그의 기도는 "네 손이 네 대적 위에 들려서 네 모든 원수를 진멸하기를 바라노라"라고 한 것인데, 여기서 '네 손'은 물론 메시아의 능력의 손을 가리킨다. 이 기도는 마치 하나님이 보여 주신 엄청난 계시를 본 사도 요한

의 마지막 기도, 즉 "주 예수여 어서 오시옵소서"라고 한 것을 연상케 한다. 하나님의 약속의 예언은 그대로 이루어질 것이지만 "… 그래도 이와 같이 이루어지기를 구하라"라는 것은 하나님의 교훈이기도 하다(겔 36:36~37).

7. 메시아, 그는 광명한 빛 그리고 '하나님의 의'

6장과 7장은 선지자의 마지막 설교로서, 당시의 형편이 얼마나 악하고 부패했음을 넉넉히 짐작케 한다. 7:4에 보면 "가장 선한 자라도 가시같고 가장 정직한 자라도 찔레 울타리보다도 더 하도다"라고 그는 탄식했다. 그러나 그러한 암흑의 때에 선지자는 '광명한 빛'으로 임하실 메시아를 보게 되었다. 7:9에 "주께서 나를 인도하사 광명에 이르게 하시리니 내가 그의 의를 보리로다"라고 한 말씀이 그것이다. 여기의 광명이란 말의 히브리어에는 정관사가 있다. 즉 영문으로 번역하면 '그 빛'(The Light)이다.

이 빛은 곧 이사야 선지자가 보았던 그 빛, 즉 "사망의 그늘진 땅에 거하던 자에게 비취리로다"라고 했던 그 빛을 말한다(시 9:2). 말라기 선지자는 그 빛을 가리켜 '의로운 태양'이라 했고, 또 '치료하는 광선'이라고도 했다(말 4:2). 신약의 사도 요한은 그 빛은 곧 독생자 그리스도라고 했다(요 1:6 이하). 그런데 선지자는 그 빛과 동시에 '그의 의'를 보리라고 했다. 여기의 '그의 의'(His righteousness, NASB)란 사도 바울이 말한 '하나님의 의'(The righteousness of God)와 같은 말이다(롬 1:17). 바울은 말하기를 "율법 외에 하나님의 한 의가 나타났으니 율법과 선지자의 증거를 받은 것이라"(롬 3:1)라고 했는데, '그의 의'는 곧 메시아를 바라보는 모든 자에게 미치는 '하나님의 의'다.

그런데 "그의 의를 보리로다"는 이 말은 깊은 주의를 갖고 '응시'하는 것을 말하는, 매우 강한 뜻을 가진 말이다. 어떤 영문 성경은 "gaze on"(Burkley version)이라고 번역했다. 또 어떤 번역은 "내가 그의 의를 보고 기뻐하리라"(I shall rejoice to see…, JB)라고 의미 있는 의역을 했다. 또 다른 번역은 '그의 의'를 '그의 구원'(his deliverance, RSV)이라고 했다. 이같이 많은 번역들이 이 본문이 나타내려는 깊은 뜻을 밝히려고 애쓴 흔적들을 보여 준다.

본문이 나타내려는 뜻은 바로 "메시아의 구원의 역사를 보고 내가 기뻐하리라"는 말이다. 그런데 그 날이 오면, 7:12의 말씀처럼 "앗수르에서 애굽 성읍들에까지, 애굽에서 하수까지, 이 바다에서 저 바다까지, 이 산에서 저 산까지의 사람들이 네게(메시아)로 돌아올 것이나"라고 했다. 그 날에는 메시아의 나라의 "지경이 넓어질 것이라"(7:11)라고도 했는데 그것은 선지자가 이미 말한 그대로 "그가 창대하여 땅 끝까지 미치리라"(5:4)는 말을 다시 강조한 것이다. 그는 뒤이어 어서 속히 그 나라가 창대해지는 것을 간절히 기도하는 간구(7:14)와 기쁨이 넘치는 찬미로 그의 메시아 예언을 마치고 있다(7:18~20).

04

미가와 동시대 선지자들의 메시지 비교

들어가면서

미가의 뜻은 "누가 여호와와 같을까"라는 것으로 사사기 17:14의 미가예후의 생략형이다. 그의 메시지의 내용은 7:18에 의하여 잘 드러난다. "주와 같은 신이 어디 있으리이까 주께서는 죄악을 사유하시며 그 기업의 남은 자의 허물을 넘기시며 인애를 기뻐하심으로 노를 항상 품지 아니하시나이다." 결국 미가의 메시지는 여호와 하나님의 절대적 주권을 선포한 것으로 볼 수 있다. 이 일은 미가 선지자가 북 이스라엘과 남 유다를 향하여 하나님의 심판과 구원의 메시지를 선포한 일과 하나님의 도구로서 열방에 대한 메시지에서 분명하여진다.

미가 1:1에 따르면 그의 예언 사역은 유다의 요담(주전 742~735년)과 아하스(주전 735~715년)와 히스기야(주전 715~687년) 시대에 이루어졌다. 이 시기는 이사야 선지자가 활동한 것으로 나타난다. 그런 연유로 이사야와 미가의 메시지는 강한 유사성을 지니고 있다. 차일즈(Childs)는 "이사야는 미가의 주석이고 반대로 미가는 이사야의 주석이다"라고까지 말한다(Childs, *Introduction to the Old Tewstament as Scripture* 438). 뿐만 아니라, 미가는 유다에서 출생하여 남북왕국 모두를 향하여 예언하였기에, 그와 동시대에 북 이스라엘에서 활동을 하였던 아모스 그리고 호세아 선지자와도 서로 영향을 받은 것으로 나타난다.

그러므로 이 짧은 글을 통하여 필자는 미가 선지자의 메시지와 그와 동시대에 활동했던 이사야, 아모스 그리고 호세아 선지자의 메시지를 비교하여 서로간의 유사점과 차이점을 간략하게 살펴보고자 한다. 그 일을 하기 위하여, 미가의 메시지에 나타나는 하나님의 심판, 하나님의 구원, 그리고 열방에 대한 메시지를 통하여 비교하고자 한다.

1. 하나님의 심판

미가 선지자와 동시대 선지자들과의 일치와 차이는 이스라엘과 유다에 관한 하나님의 심판 메시지에서 이해해야 한다. 미가 선지자는 하나님의 이스라엘과 유다에 대한 심판은 그들의 죄, 즉 우상 숭배, 하나님 말씀에 대한 거부, 그리고 사회 부정의 때문이라고 보았다.

첫째, 미가와 동시대 선지자에게 있어서 우상 숭배는 하나님의 언약의 관계를 파괴하는 행위였다. 미가는 묘사하기를 하나님이 이스라엘과 유다를 사랑하셨다고 한다(6:4, 5; 7:14). 하지만 그들은 하나님을 저버리고 우상을 숭배하므로 말미암아 하나님의 왕권과 주권을 무시했다. 그 결과로 하나님이 직접 이스라엘과 유다를 심판하시기로 했다고 못 박고 있다.

이 일은 호세아, 아모스, 그리고 이사야에게서 분명하여진다. 하나님이 이스라엘을 애굽의 노예에서 구원한 사실을 분명히 선포하고 있다(호 11:1; 12:9; 13:4; 암 2:10; 3:1; 9:7; 미 6:4; 7:15). 그 구원자 하나님이 그들에게 지도자를 주셨고(암 2:11; 미 6:4) 그리고 그들을 약속의 땅으로 인도하셨다. 하지만 이스라엘이 하나님을 버리고 우상 숭배 즉 가나안의 땅의 신을 숭배함으로 이스라엘이 하나님을 저버렸다. 이에 이사야는 다음과 같이 선포한다. "하늘이여 들으라 땅이여 귀를 기울이라 여호와께서 말씀하시기를 내가 자식을 양육하였거늘 그들이 나를 거역하였도다"(사 1:2). 이사야는 그들을 소돔과 고모라의 백성에 비유했다(사 1: 10). 호세아 선지자는 자신의 결혼생활을 통하여서 이스라엘의 모습을 여호와 하나님을 져버린 부정한 아내로 보았다(호 2:14~23). 그래서 아모스에게 그들은 죄인이었고(암 3:2) 그리고 거짓 예배를 일삼는 무리였다. 결국 우상 숭배는 여호와 하나님이 가장 싫어하는 이스라엘과 유다의 죄였고 하나님의 심판의 궁극적인 이유인 것이다.

비슷하게, 미가와 당대의 예언자들은 하나님의 심판은 이스라엘과 유다가 하나님의 말씀을 청종하지 않는 죄로 인한 것임을 알려주고 있다. 이스라엘은 하나님의 메시지 전달자인 예언자를 통한 하나님의 말씀을 청종하지 아니하였고 더욱이 그들은 자기 자신의 계획과 힘을 의지했다. 이사야 선지자는 저들을 일컬어 하나님의 말씀에 귀먹고 눈 먼 백성이라고 선언한다. 아모스 선지자는 예언을 거부당하는 경험을 한다(암 2:12). 벧엘의 제사장이었던 아마샤는 아모스를 향하여 이스라엘을 향하여 예언하지 못하도록 명령했다(암 7:16). 호세아에서는 하나님의 예언자들이 미치광이 광인으로서 적대적으로 취급받았다(호 9:8~9). 미가 역시 돈을 받고 번영만을 예언해주는 거짓 선지자에게 귀 기울이는 사람들로부터 침묵하기를 강요당했다(2:11).

하나님의 말씀을 청종하지 않은 죄는 이스라엘과 유다에게 국내적이거나 국제적인 문제에 있어서 하나님의 인도하심을 거부하는 것으로 나타났다. 호세아는 지적하기를 북 이스라엘은 왕의 선택에서 하나님의 뜻을 묻기보다는 음모와 폭력에 의지했고(8:4) 하나님의 보호하심과 인도하심을 의지하기보다는 다른 나라와의 동맹을 중요시했다(5:13; 7:8~11; 8:9~10; 12:1). 아모스는 북 왕국이 하나님의 인도와 말씀보다는 군사적인 힘에(암 6:8)에 강한 만족을 가지고 있음을 지적한다. 미가와 이사야도 유다가 군사적인 힘의 강성함에 의지하여 하나님의 능력을 무시한다고 지적한다(사 2:7; 28:8; 미 5:10~11). 결국 군사적인 힘이 하나님의 위치를 차지한 것이었다.

마지막으로, 미가는 하나님의 심판이 그 사회의 부정의와 밀접히 연관되어 있는지 보여준다. 이 심판의 메시지에 있어서 미가는 그 원인을 이스라엘과 유다의 우상 숭배로 보았던 이사야와 호세아와는 다른 각도에서 보고 있음을 볼 수 있다. 벌록(Bullock)은 미가가 호세아와 이사야가 씨름했던 만큼은 직접적으로 우상 숭배와 맞부딪히지는 않았다고 보았다. 이사야와 호세아는 이스라엘에 대한 하나님의 심판이 이방 즉 가나안의 종교의 영향으로 인해 유행하던 우상 숭배와 그로 인한 부도덕을 통박하고 있지만 미가는 아모스와 비슷하게 아니 좀더 강하게 이 점에 있어서 사회의 부정의에 강조점을 두고 있다.

미가의 출생지는 모레셋(1:1), 혹은 모레셋-갓(1:14)으로 예루살렘 남서쪽 약 20마일 떨어진 지방이었던 것을 알 수 있다. 그는 예루살렘을 강한 어조로 비판하고 있다. 미가는 질서를 파괴하고 농민으로 하여금 땅을 떠나게 하는 착취에 강하게 항거하고 있다. 사회 비판의 본질에 있어서는 미가는 이사야와 아모스와 일치한다. 미가는 출애굽기 20:17의 10번째 계명에 의거하여 농민의 착취를 비판하고 있다(2:1~2). 하지만 같은 농민 출신인 아모스보다도 더 강한 어조로 그의 비판을 표현했다.

미가는 이 사회의 부정의의 원인이 백성들을 억압하고 잘못 인도하는 정치 지도자, 제사장들, 예언자들에게 있다고 비난한다. 이들에 대한 비난은 호세아, 요엘 혹은 아모스에게서 나타났지만 미가는 독특한 방법으로 그들의 범죄를 지적했다. 그들의 행위 때문에 예루살렘은 파괴될 것이라고(3:9~12) 예언했다. 미가는 사회의 상류층의 정의의 왜곡을 탄식한다. 제사장들은 탐욕과 부정으로 일관했고, 예언자들은 돈을 받고 구원이나 심판을 선언한 불의를 저질렀다(3:1). 그들은 거짓 평화를 가르쳤고 하나님의 뜻(the ways of God)을 실천하지 않았다. 6:6~8에서 미가는 저들 공동체의 지도자들의 모습을 잘 그려준다.

> "내가 무엇을 가지고 여호와 앞에 나아가며 높으신 하나님께 경배할까 내가 번제물 일 년 된 송아지를 가지고 그 앞에 나아갈까 여호와께서 천천의 수양이나 만만의 강수같은 기름을 기뻐 하실까 내 허물을 위하여 내 맏아들을, 내 영혼의 죄를 인하여 내 몸의 열매를 드릴까 사람아 주께서 선한 것이 무엇임을 네게 보이셨나니 여호와께서 네게 구하시는 것이 오직 공의를 행하며 인자를 사랑하며 겸손히 네 하나님과 함께 행하는 것이 아니냐"(미 6:6~8).

이 부분에서 아모스는 '정의'와 '공법'으로 나타나는 하나님의 왕국을 지도자들이 거부했다고 보았다. 그래서 심판은 확정되어 여호와의 날에 보여진다.

여호와의 날은 심판의 선포가 이루어지는 날이었다. 아모스에게는 심판을 나타내고 포로의 시작으로 나타났다(5:27). 그 날은 곧 이루어질 일이었다. 미가와 호세아에서는 그 날이 그 땅에서 이스라엘이 쫓겨남으로 귀결된다. 그래서 미가 1:7에 하나님은 선포하기를 사마리아의 우상이 부서질 것이고 불타 없어 질 것을 말하고 호세아에서는 9:15에 하나님이 그의 집에서 내쫓을 것을 경고한다.

요약해서 미가와 동시대의 선지자들은 이스라엘과 유다에 대한 하나님의 심판이 저들이 하나님과의 언약적 관계를 파기함에서 옴을 보았다. 우상 숭배와 하나님의 말씀에 대한 의지보다는 군사적인 힘과 동맹에 의지함은 모든 선지자들의 지적이었다. 그리고 사회 정의의 문제는 아모스와 이사야 그리고 미가에서 나타난다. 그것은 특히 미가의 메시지에서 분명히 묘사되어진다.

2. 하나님의 구원

미가의 메시지는 그의 동시대 선지자들의 메시지와 같이, 심판 이후에 나타날 구원을 선포한다. 이 구원은 이스라엘의 남은 자를 통하여 성취되고, 언약의 회복 즉 다윗 통치의 복구와 궁극적으로는 메시아 곧 예수 그리스도 안에서 성취되는 것이다. 하나님의 심판은 이스라엘과 유다를 정결하게 하는 기회였고 그 심판으로 말미암아 하나님의 의도는 구원에 있음을 분명히 했다. 미가 2:12~13은 그 구원의 소망과 관련된 최초의 메시지다. 여기서 여호와 하나님은 심판 이후의 구원에 대한 위로를 전하고 계시다. 미가와 동시대의 선지자들은 이스라엘과 유다를 하나님의 백성 곧 '내 백성'으로 다시금 지적하고 있다. 이사야는 심판을 선포하고 난 후에 40:1~2에서 '위로하라'고 선포하고, 호세아는 부정한 아내를 다시금 맞이하도록 촉구하며, 아모스는 이를 하나님의 남은 자로 보고 건져냄을 받는다고 선포했다(암 3:12).

미가에게 하나님의 구원은 '남은 자'에게 하나님이 은총을 새롭게 베푸는 것과 관련된다. 하나님이 바라는 것은 정의와 공의가 이루어지는 것이다. "정의는 사람이 인간과 관계할 때, 사람이 하나님의 기준에 따라 사람을 상대하는 성실성을 뜻한다"(VanGemeren, The Progress of Redemption 267). 정의는 사랑의 표현으로 나타난다. 미가에게 정의와 사랑은 하나님과 그의 자녀의 관계에서 나타나는 것으로 호세아와 그의 아내와의 관계에서 그 참된 모습을 볼 수 있다. 이러한 정황에서 볼 때, 그 남은 자란 이사야에서 나타나는 하나님만을 소망으로 하는 자들인 것이다.

이 구원의 메시지는 하나님이 실천에 옮기는 것이다. 심판은 하나님이 범죄 한 저들을 벌하시기 위하여 전사가 된 것같이(미 1:3~4) 하나님으로 말미암는 것을 선포하고 있다. 그의 모습은 아브라함과 맺은 언약을 재확인하는 모습으로 나타난다(미 7:18~20).

이 다윗과의 관계에서 볼 때, 이스라엘의 구원은 하나님의 언약의 관점에서 전개한다. 미가의 하나님은 언약의 하나님이셨다. 그의 예언에 나타나는 유대 공동체는 전통적인 언약의 용어로 묘사되고 있다. 즉 야곱(의 집)으로 묘사되고 있는 것이다. 그들은 여호와 하나님의 백성 혹은 '나의 백성'이었다. 이런 차원에서 미가는 그들이 하나님의 은혜에 빚진 백성임을 선포한다.

이 다윗 통치의 회복으로서 구원은 예루살렘의 운명과 관련되어 있다. 미가는 예루살렘이 점령되어질 것이고(5:1) 파편 조각으로 초토화 될 것을 예언한다(3:12). 미가는 예루살렘을 해산의 여인으로 그 고통 속에서 생명의 탄생을 기다리며 몸부림치는 것으로 의인화했다(4:9~10). 이 의인화된 예루살렘은 하나님의 심판의 정당성을 인정하고 구원의 날을 고대한다. 미가는 4:9~10의 모습에서 포로로 간 시온의 백성들이 돌아옴을 생명의 탄생으로(5:3) 보고, 미래에 하나님은 이 예루살렘을 이방의 손에서 건져내실 것이라고 보았다(4;11~13). 이사야는 이 예루살렘의 구원이 이방의 고레스로 인해서 구원하실 것이라고 선포한다(이사야 45:1~13).

하지만 미가는 예루살렘의 구원이 남은 자들로 성취되어 질 것을 보았다. 비록 이스라엘 민족은 소수의 남은 자의 존재로 있다 할지라도(미 4:7; 암 6:9~10), 호세아가 보았던 것같이 해변의 모래만큼이나 셀 수 없을 것이고(호 1:10~11) 결국 강한 민족을 이룰 것이다(미 4:7). 그러므로 미가와 이사야는 시온/예루살렘이 구원의 근원이 됨을 분명히 하는 것이다.

여기서 미가는 하나님의 구원은 살아 계시는 하나님으로 말미암아 이루어지는 메시아 왕국이라고 생각한다. 호세아는 이 구원이 하나님의 살아 계심으로 인하여 새로움을 가진다고 보았다(11:10~11). 하나님은 그의 백성을 아간이 죄를 지은 현장인 아골 골짜기를 지나게 함으로써(2:15) 새롭게 거듭나는 소망을 가지게 되고 그들이 다시금 약속의 땅에서 회복 될 때에 살아 계신 하나님의 아들들(호 1:10)이 된다고 선포한다. 이점에서 미가도 4:13에 그 하나님이 적들을 이기게 하시므로 전리품을 하나님에게 올릴 수 있는 것이다.

이 다윗의 통치의 회복을 미가는 호세아와 같이(3:5) 생각했다. 가장 잘 알려진 미가의 예언은 5:2이다. 베들레헴과 더불어 오시는 통치자 그리고 그의 기원에 관한 근거로 다윗 그 자신의 출현이 알려진다는 것을 제시한다. 곧 메시아에 대한 예견으로, 예수 그리스도를 지적하는 것으로 마태는(마 2:6) 분명하게 한다. 미가는 메시아의 오심, 그의 탄생의 정확한 장소, 그의 사역의 본질, 그의 열방에 대한 영향, 그의 적들에 대한 승리를 예언한 선지자였다.

요약하면, 미가의 하나님 구원의 메시지는 동시대의 예언자에게서 영향을 받아서 이스라엘의 남은 자들로 다시금 성취되며, 언약에 바탕을 둔 다윗의 통치의 회복으로 나타난다. 그리고 미가의 독특한 것은 이 남은 자와 다윗의 통치가 궁극적으로는 메시아 곧 예수 그리스도에게서 성취되는 것이다.

3. 열방에 대하여

마지막으로 미가의 열방에 대한 메시지는 8세기의 예언자들과 일치하면서도 그만의 독특성을 가지고 있다. 열방들은 미가에게 하나님의 절대 주권을 나타내는 하나의 방편이었다. 이사야서와 호세아서에서 열방은 하나님의 백성에 대한 그의 심판 도구로 나타난다. 여호와는 열방들 위에 있는 그의 주권을 그의 백성들이 포로에서 건져내는 때에 나타내셨다. 아모스와 이사야는 열방과 이스라엘 그리고 하나님의 관계에 그 관심을 나타낸다. 반면에 미가는 아모스와 이사야에 나타나는 것같이 하나님의 주권은 이스라엘 혹은 유다에게만 제한된 것이 아니라 모든 민족들에게까지 통괄하고 있음을 선포한다. 아모스는 이스라엘을 둘러싸고 있는 열방에 대한 메시지로 시작한다(암 1:3~2:3) 그리고 이사야 역시 그러하다. 미가에 있어서는 모든 민족의 하나님은 여호와 하나님이시다(미 4:13). 결과적으로 미가와 동시대 선지자들은 열방을 여호와 하나님의 주권과 그 권위를 세우는 데 사용하는 것이다.

나오면서

결론적으로 예언자 미가는 여호와 하나님의 주권과 권위를 나타내기 위해 그와 동시대에 같은 남 유다에서 활동한 이사야와 북 이스라엘에서 활동한 아모스와 호세아의 영향을 받으면서 그의 메시지를 전개했다. 그러나 그는 그의 강조에 따라서 자신만의 강한 주장을 가진 선지자로서 나타난다. 그는 이스라엘과 유다에 대한 하나님의 심판과 구원을 선포했다. 미가는 그 심판이 하나님을 예배하는 것을 버리고 가나안의 우상숭배와 국제적인 정세와 개인적인 관계에서 하나님의 인도보다는 군사적 동맹이나 힘을 따르는 이스라엘의 변질된 삶에 원인이 있다고 선포했다. 이 일을 하면서 미가는 분명 다른 예언자들과 교감이 있었음을 알 수 있다. 그러나 한 걸음 더 나아가 미가는 사회 부정과 연결된 측면에서 나타난 하나님의 심판에 강한 자신의 독자성을 나타낸다. 그러나 미가는 하나님의 구원에 관해 선포할 때는 그 사안 별로 선지자들과 같은 목소리를 내는 모습을 보여 준다. 그러나 미가의 메시지에 나타나는 열방에 대한 그의 생각에서는 근본적으로 하나님의 주권과 권위의 측면 즉 여호와 하나님은 "모든 민족의 하나님이시다"라는 명제에서 생각하고 있음을 볼 수 있다.

그러므로 미가 선지자는 그의 이름의 뜻에서도 알 수 있듯이 항상 하나님 절대 주권과 권위를 우선적으로 생각하는 선지자임을 알 수 있다. 그 일을 수행하기 위하여 그는 그와 같은 시대 즉 주전 8세기의 유다와 이스라엘의 시대적 배경에서 활동하는 이사야와 아모스 그리고 호세아의 메시지에 귀 기울여 왔음을 알 수 있다. 그러나 그에게서 느끼는 것은 신앙이 실천으로 옮기는 부분을 강조하고, 항상 약자 편에 서고자 함으로 하나님의 정의와 공평이 서도록 노력하는 것을 볼 수 있다. 그리고 미가의 예언에서 강한 메시아를 바라봄의 신앙이 있기 때문에 우리는 미가의 메시지를 사랑하게 되고 읽고 묵상하게 된다.

II. 본문 연구

01

언약 법정의 역사적 전개 : 사마리아 – 예루살렘

미가 1장 주해와 적용

미가의 예언사역의 전개

미가, 미가야(מִיכָיָה “여호와와 같은 자 누구랴?”)의 사역에 대한 보고는 담백하게 시작한다. 다른 선지자처럼 자신의 소명에 대한 언급을 하지 않는다(사 6장; 렘 1장; 겔 2장; 암 7장). 그것은 아마도 궁극적으로 선지자 자신이 중요한 것이 아니라, 자신의 이름처럼 미가서 마지막인 7:18~20에 잘 요약되어 있듯이 자신이 선포하는 초월하시고 비교 불가하신 하나님이 언약의 하나님이신 것을 나타내는 것이 중요했기 때문이다.

미가는 모레셋 출신(가드–모레셋 1:14)의 선지자였고 그가 활동하던 시대는 유다 왕 요담(주전 740년 등극)에서 아하스를 거쳐 히스기야(주전 680년 사망)까지 긴 시기를 거치고 있으나, 아마도 그의 예언은 거의 히스기야 시대에 집중되어진 것 같다. 왜냐하면 사마리아에 대한 예언이 앞부분에만 한 번 주어졌다는 사실이기 때문이다. 미가 자신은 가난한 자의 선지자로 여겨졌다. 더 정확하게는 핍박받는 중산층의 선지자였다.[1] 그는 약한 자, 너무 약해서 자신의 소리를 낼 수 없는 자의 소리였다.

2. 여호와의 언약법정(1:2~5)

미가가 선포하는 전체 내용의 기초는 이스라엘 백성이 여호와와 맺은 언약에 기초를 놓고 있다. 언약을 맺는 양식은 다섯 가지가 된다 : 1) 언약 당사자의 관계 정의, 2) 언약 당사자의 공적 직접 대면, 3) 언약 관계법의 선포와 수납, 4) 언약 체결 예식(축복과 저주), 5) 언약 체결 축하 피로연. 그런데 선지서에서 주로 나타나는 것은 두 번째, 세 번째, 네 번째다.

1) 직접 대면한 언약 당사자를 향해서 존재의 위엄을 나타내시면서 언약법정을 여심

언약 당사자들의 직접 대면에서 언약의 강한 당사자가 자신의 위력과 능력을 과시하는 현상이 있는데 이것이 출애굽기 19:16~19에서 이루어졌다(비교 신 5:22~27). 이 장면이 단순한 하나님의 나타나심, 즉 신현이 아니라, 그 속에 말하자면 '인현'도 같이 나타나며, 이 둘이 합쳐서 언약 당사자의 직접 대면이 되는 것이고, 결혼에서 서로 맞선을 보는 것으로 쉽게 이해할 수 있다. 그런데 이 면이 선지서에서는 언약의 당사자인 이스라엘이 범죄할 때 그 범죄를 처리하는 하나님의 의지의 표현 -이전에 보여주었던 막강한 권세를 다시 보여주시는 것- 을 소위 선지서에서 학자들이 신현이라고 잘못 부르는 현상이 나타난다. 단순한 신현이 아니라 언약의 강한 당사자가 이미 보여주었던 그 막강한 위력을 과시하면서 언약법을 어긴 것을 국문하기 위해서 다시 나타나시는 것을 의미한다.

그런데 여기에 이런 현상이 재현되는 것이 아니라 그것의 적용, 다시 말하면 언약법을 어긴 이스라엘을 국문하기 위한 언약 법정을 하나님은 전개하신다. 그 언약 법정에 필요한 법적 양식이 여기에 다 묘사되었다: (1) 소환된 피고 : 이스라엘 백성 (1:2), (2) 증인 : 땅과 거기에 있는 모든 것들(1:2), (3) 고발 : 여호와가 증거하심 (1:2), (4) 법정 : 성전 (1:2), (5) 재판관의 위엄있는 등장 : 언약적 공적 대면의 적용 (1:3~4).

피고와 증인과 고발 절차와 법정이 이루어지는 장소와 위엄있는 재판관의 등장까지 다 포함되었다. 여기서 가장 특이하게 제시된 것은 심판을 위한 언약 당사자의 위엄있는 임재다. 첫 번 시내산에서의 모습과 같이 자연 현상이 동반된 것으로 나타났고, 이것이 그 때는 시내산이었으나 이제는 성전에서 출발하는 것이 차이점이다.

2) 언약법을 어김에 대한 정죄

언약 관계법을 이스라엘이 어긴 것을 확인하고 그것에 따라서 심판 준비를 한다. 1:5에서 일반적으로 '허물', '죄'라고 표현하였으나, 1:7에서는 더 구체적으로 '우상', '음행', '목상', '기생'으로 나타내었고 2장 이후에 더 구체적인 모습을 소개한다.

3) 언약적 저주로서의 심판의 선포

이어서 네 번째로 언약적 저주로서의 심판을 선언하는 것을 볼 수 있다. 1:6~7에서 근본적인 선언이 사마리아를 향해서 주어졌고 사마리아는 망했다. 그런데 그것이 이제는 남 유다와 예루살렘을 향하게 되었다. 1:8~16은 유다 세펠라 지역이 철저히 유린될 것을 완벽한 문학적인 대조법을 통해서 보여준다. 이것은 단순한 심판이 아니라 언약적 저주의 적용인 것이다.

3. 성취된 예언의 기초 (북 왕국 사마리아의 멸망) 위에 성취될 예언의 선포 (남 왕국 예루살렘의 멸망)(1:6~9)

북 왕국 사마리아의 멸망에 대해서 미가서에서는 오직 1:6~7밖에 없다. 미가는 비교적 긴 기간동안에 예언을 하였고, 그 시작은 틀림없이 북 왕국 사마리아의 멸망과 관계된 것이었을 것이며, 바로 1:6~7이 그것이었다. 그런데 역사는 진행되어서 이제는 남 유다의 차례가 되었다. 이같이 북 왕국 사마리아와 남 왕국 예루살렘의 관계를 명확하게 보여주는 것이 두 절씩 배당된 심판의 모습이다: 1) 성취된 예언의 기초(북 왕국 사마리아의 멸망, 1:6~7), 2) 성취될 예언의 선포(예루살렘과 주위 도시의 멸망, 1:8~9).

여기에 미가의 이중 예언에 대한 고민이 있었을 것이다. 정도의 차이는 있어도 북 이스라엘의 죄악과 남 유다의 죄악의 유사성을 직시했다. 그리고 북 이스라엘을 향하여 선포한 예언이 궁극적으로 성취된 것을 경험했다. 이제는 두려운 현실, 남 유다의 멸망이 남았을 뿐이다. 이런 이중 예언을 담당해야 하는 선지자 미가의 고민과 고통이 반영된 것이 바로 1:8의 선지자의 자의식 속에서 일어나는 애통인 것이다. 미가에게는 현실적인 이유 때문에 나누어진 두 개의 국가였다.

그러나 그에게는 철저히 하나의 하나님의 나라가 있을 뿐이었다. 1:5에 '야곱'/'이스라엘'로 부름을 통하여 두 정치 체제(국가)가 궁극적으로 하나의 정체임을 나타낸다. 그 이후 그는 계속해서 야곱/이스라엘로 언급하면서(3:1, 9), 동시에 그 대상을 시온과 예루살렘으로 표현한다(3:10). 1장 속에서도 이 둘을 동시에 표현한다 : 야곱의 허물 – 사마리아// 유다의 산당 – 예루살렘.

4. 애통하는 선지자(1:8)

이스라엘의 기록 선지자 초기부터 선지자들이 이스라엘의 범죄로 인한 하나님의 심판을 예언하면서 자신들이 고통해 하는 면들을 보여왔다. 그것이 자신의 몸에 나타난 현상을 통해서 예언을 그린 듯이 보여주는 것(예 벌거벗고 다니면서 예언을 드러내는 것 – 이사야), 자신의 육체와 정신에 하나님이 심각한 고통을 주는 것을 경험하는 것(예 예레미야 애가)과, 미가에서와 같이 이스라엘의 심판받을 형편에 대해서 자신이 먼저 정서적인 고통을 받는 것 등이 있다.

이것이 미가에서는 선지자 자신을 일인칭으로 묘사하여서 표현함으로 이루어졌다. 하나님의 말은 오히려 '여호와의 말씀에'라고 도입하고 있다(2:2; 3:5; 4:6; 5:10; 6:1). 이렇게 선지자의 자의식의 흐름을 소개하는 것은 지도자로서의 선지자의 투명한 영성과 하나님 나라를 사랑하는 마음을 그대로 표현한 것이라고 볼 수 있다. 이 시작이 1:8에서 이루어졌고 마지막으로 자신의 이름이 다시 한번 메시지로 표현된 7:18로 마무리되었다.

1) 애통하는 선지자(1:8)

2) 거짓선지자(3:5~7)에 대응한 하나님의 신으로 충만된 선지자(3:8)

3) 자문자답하는 선지자(6:6)

4) 하나님 나라를 향한 사역의 결실이 전무하여서 애통하는 선지자(7:1)

5) 그럴지라도 하나님이 자신의 사역의 의미라는 것을 발견하는 선지자(7:7)

6) 신의 이름(미가-야)의 뜻에서 마지막 영광송을 돌리는 선지자(7:18)

이 모든 것이 이어져서 선지자의 긴 생애 전체 속에서 발견하기 위해 투쟁했던 개인적 삶과 하나님 나라 사역의 의미를 찾아가고 있는 과정을 소개한다. 하나님 나라의 역사의 의미와 그것을 위해서 투쟁하는 자신의 삶의 의미에 대한 이중 투쟁은 선지자의 의식 속에서 이런 우여곡절을 거치면서 승화된 단계로 발전하는 것을 알 수 있다. 즉 애통에서 시작하여 거짓 선지자에 대응하는 하나님의 신으로 충만된 자신에서, 행위로 하나님께 열매를 맺는 선지자, 다시 결실이 없어서 절망하는 선지자, 다시 칠전팔기하여 하나님 자신이 의미임을 발견하는 선지자, 그리고 마지막으로 자신의 이름에 걸맞는 영광송을 하나님께 돌림으로 안식하는 선지자를 보인다. 자신의 이름 미가(여호와와 같은 자가 누구리요)라는 확신에 찬 선포는 자신 전체가 하나님께 드리는 영광송이 되었음을 나타낸다. 7:18~20은 '비교할 바 없는 여호와 하나님'이 바로 '언약의 하나님'임을 보인다. 단지 그의 능력과 힘 때문이 아니라 그의 언약적 행동하심 때문에 그러한 것이다. 출애굽기 34:5~6의 원초적 언약적 자계시를 다시 인용하며, 이어서 사랑과 진실하신 하나님이 열조에게 언약의 하나님으로 표시한 것과 같다는 것을 궁극적으로 선포한다.

5. 유대 세펠라(Shephelah) 도시들의 '파멸을 향한 열병식'(1:10~15)

앞에서 언급한 것처럼 북 이스라엘이 망하고 수도 사마리아가 폐허더미가 될 것을 예언했고 그것이 적중했다. 그리고 이어서 남 유다, 예루살렘 주위의 도시들에 대한 선포 전체를 통하여 소위 냉소적이며 잔혹할 정도로 진리를 나타내는 언어유희(wordplay)를 전체적으로 철저히 적용시킨다.

우선 이것을 1:6에서 사마리아에 대해서 적용했다. 사마리아(שֹׁמְרוֹן)가 비슷한 발음의 다른 단어 파괴 무더기(שְׁמָמָה)가 된다는 언어유희(wordplay)이다. 잔혹한 진리는 이렇게 예언된 그대로 사마리아가 파멸되었다는 것이다. 제법 긴 기간동안 예언한 미가의 활동을 근거로 이제 예루살렘도 궁극적으로는 그렇게 되고 말 것이라는 점을 선포한다(3:12). 그리고 그 궁극적인 결과(주전 586/7년)가 오기 전에, 예루살렘 주위의 도시들이 미리 그러한 형편을 경험할 것이다(8세기).

여기에 언급된 도시들은 대부분 유다 남서부의 세펠라 지역에 속하는 곳으로, 미가의 어린시절의 추억이 묻어있는 곳으로 그에게는 익숙한 도시들이었다. 그런데 이 도시들이 이제는 파멸하게 될 것을 예언해야 했다. 산헤립이 가나안 원정(주전 701년)을 마치고 히스기야의 46개의 성읍을 유린했다고 보고했는데, 미가는 다른 관점에서 동일한 지역의 도시 중에서 그 이름이 선지자의 메시지를 전하기 좋은 도시들을 정하여서 원어유희(wordplay)를 하고 있다. 이것을 두 가지 방법으로 하였는데, 하나는 그 이름 자체의 소리나 의미를 따라서 메시지를 주는 것이고, 다른 하나는 그 소리나 이름의 의미와 정 반대되는 방향의 메시지를 주는 것이다.

1) 도입으로서의 옛 역사의 반전으로서의 가드(도입)

가드(Gath)는 사무엘하 1:20의 다윗의 애통에서 표현되었고 이것을 다시 역설적인 의미에서 인용되었다. 그러나 이것은 사울보다 더 위대한 다윗의 후손들의 붕괴를 나타내는 것이다. 다윗이 애통한 그 표현을 다윗의 후손의 파멸에 대한 애통이 된 아이러니를 여기서 본다.[2]

2) 세펠라 지역의 도시들에 대한 파멸 예언

(1) 베들레아브라(בֵּית לְעַפְרָה)는 쉐펠라(Shephelah) 동쪽에 위치한 도시로 '먼지'(עָפָר아파르)란 단어와 발음상 유사한 점을 이용한 것이다.[3]

(2) 사빌(שָׁפִיר '아름다운')은 구약에서 여기만 나오는 것으로 이 도시가 벌거벗고 행진하는 것을 언급함으로 비참함을 묘사한다.

(3) 사아난(צַאֲנָן)은 아마 '나간다'(יָצָא야짜)와 관련된 것으로 발음이 유사하게 되어서, 이 이름과 반대로 다시 말하면 역설적으로 이 도시의 거민들이 전쟁을 하기 위해 밖으로 나오지 못하며 자신의 성벽 안에만 머물러 있을 것을 예언한 것이다.

(4) 벧에셀(בֵּית הָאֵצֶל)은 도움이 전무할 것을 예언하는데 사용되었다. 그래서 그 도시가 애곡할 것을 나타낼 것이다.

(5) 마롯(מָרוֹת)는 히브리어의 '고통'을 의미하는 것으로 들릴 수 있다.

(6) 그리고 예루살렘은 '샬롬'(שָׁלוֹם 평화)를 암시하는 것과는 정반대의 방향으로 발전될 것이다.

(7) 라기스(לָכִישׁ)는 오랫동안 군사적 요새였다. 르호보암이 애굽과 블렛셋의 공격에 대비하기 위하여 강력한 요새를 건설했다(대하 11:5~12). 이 강력한 군사력 때문에 유다는 안심하고 죄를 짓는 결과를 가져왔다. 그래서 하나님은 이 도시가 시온의 죄의 근본임을 지적하신다. 여기서 미가는 강력한 무기와 병거로 무장한 도시가 그 병거를 공격용이 아니라 후퇴용으로 쓰여야 할 운명을 맞이할 것을 보여주고 있다(비교 사 30:16).[4] 과연 산헤립의 원정 때에(주전 701년), 이 도시가 대표적으로 멸망했고 그 점령 광경은 니느웨의 왕궁의 벽에 부조로 묘사되었다.[5]

(8) 모레셋(מוֹרֶשֶׁת)는 '약혼하다'(מאורסת메오레셋)와 유사하게 들리는 것을 통해서 그 반대의 의미인 파혼되어 이별의 예물을 주는 것으로 예언되었다.

(9) 악십(אַכְזִיב)은 '속이는, 실망스러운'(אכְזָב악잡)와 같은 발음으로 들릴 수 있는 점을 이용해서 이스라엘 왕들을 속이는 자들이 될 것임이 예언되었다.

(10) 마레사(מָרֵשָׁה)는 '소유주, 주인'(יוֹרֵשׁ요레쉬)와 유사한 음이므로 이것을 통해서 장차 그 소유주가 나타날 것을 암시한다.

3) 옛 역사의 반전으로서의 아둘람(마무리)

아둘람(Adullam)은 이 때까지 언급하였던 도시들이 있는 유다 남서부 세펠라에 속한 곳으로 다윗이 숨었던 장소다. 나중에 르호보암이 여기에 요새를 건설했고(대하 11:7), 백성들에게는 아마 이 도시가 강력한 도피처로 인식되었을 것이다.

그 때에는 의로운 자인 다윗의 구원을 위한 장소였으나, 이제는 다윗의 후손들의 죄악 때문에 여기까지 그 소유주의 추적이 임할 것이다. 이것으로 미가는 처음에 다윗과 관련된 가드에서 출발해서 다윗과 관련된 아둘람으로 마치고 있다. 이것으로 다윗 시대와는 정반대로 불행의 미래가 기다리고 있을 것을 예고한다. 이스라엘의 영광 즉 귀족들이[6] 여기, 아둘람까지 피난할 것이나 파멸당할 것이다.

6. 아름다운 머리를 빡빡 밀어 애통할지어다(1:16)

미가는 도시들의 '파멸을 향한 열병식'을 마무리하면서, 유다의 가족들이 슬픔의 선포를 스스로 준비할 것을 선포한다(1:16). 머리를 미는 것은 슬픔을 외적으로 표현하는 방법의 하나였다. 그 결과 마치 독수리의 흰 머리부분과 같은 머리가 되게 할 것을 말한다. 그것도 자식 중에 사랑하는, 기뻐하는 자식에게 그렇게 행하라는 것을 말한다. 그 슬픔의 이유는 자신들이 죽음을 경험할 뿐 아니라, 앗수르의 정상적인 정책과 같이 포로로 끌려갈 것이기 때문이다. 이미 북 이스라엘과 사마리아가 경험한 것이 이제 남 유다를 향해서 덮칠 것이기 때문이다.

02

이스라엘과 유다를 심판하시는 이유

미가 2장 주해와 적용

미가 2장은 미가 시대의 이스라엘 백성들과 유다 백성들의 죄악상에 대한 하나님의 심판과 그 이후에 있게 될 회복에 관해 보다 구체적으로 기록하고 있다. 좀 더 자세하게 말한다면 하나님께서 이스라엘과 유다를 심판하시는 이유들을 소개하고, 그 이후에 하나님의 주권 아래 이루어질 새로운 시대를 소개한다. 안타까운 사실은 미가가 소개하고 있는 당대의 죄악상들이 현재 우리가 속한 사회에서도 비슷한 형태로 나타나고 있다는 사실이다. 그러므로 우리 목회자들은 미가 2장에 언급되는 미가 시대의 죄악상들로 말미암아 하나님께서 그 백성들을 심판하셨다는 사실을 전하는데 그쳐서는 안 된다. 오히려 죄악들에 대해 심판하신 하나님이 우리 사회의 죄악상들에 대해서도 심판할 수 있다는 점을 주지시켜야만 한다.

미가 2장의 내용에 따른 구조

A 하나님께서 이스라엘과 유다를 심판하시는 이유 1 – 경제적 지도자들의 착취 (2:1~2)

B 하나님의 심판 1(2:3~5)

C 하나님께서 이스라엘과 유다를 심판하시는 이유 2 – 거짓 예언자(2:6~7)

D 하나님께서 이스라엘과 유다를 심판하시는 이유 3 – 유괴와 인신매매(2:8~9)

E 하나님의 심판 2(2:10)

F 하나님께서 이스라엘과 유다를 심판하시는 이유 4 – 백성들의 술취함과 방탕함(2:11)

G 이스라엘과 유다의 회복을 주관하시는 하나님(2:12~13)

지도자들의 경제적 착취(2:1~2)

“침상에서 악을 꾀하며 간사를 경영하고 날이 밝으면 그 손에 힘이 있으므로 그것을 행하는 자”(1절)는 이스라엘과 유다에서 지도자의 위치에 있으면서 그 지위를 이용하여 자신들의 이윤을 추구하는 자들을 말한다. 이 무리에는 신도시 개발이나 그린벨트 해제 등과 같은 중요한 정책을 결정하는 정치가들이나 그들과 깊이 유착되어 있는 경제적 지도자들과 재벌들이 포함된다. 그들은 2절에서 언급하는 것처럼 자신들의 지위나 인간관계를 통해 얻게 된 비밀 정보들이나 사전 정보들을 통해 새롭게 개발되는 지역의 땅 주인들이나 농부들을 찾아가 그들에게 땅을 팔도록 강요하거나 권유한다. 물론 그들이 현혹할 정도로 비싼 값에 논밭이나 임야를 사지만, 일단 신도시가 개발되거나 어떤 아파트 단지가 들어서게 되면 그 땅은 몇 십 배나 뛰게 되어 폭리를 취하는 당사자들은 당연히 정치가들이나 재벌들이다. 그들이 “사람과 그 집 사람과 그 산업을 학대하도다”라는 말은 일단 논과 밭을 팔게 된 농부들이 처음 몇 해 동안은 땅을 판 돈으로 생계를 유지하지만, 그 돈을 다 쓰고 난 후에는 삶의 터전만 잃어버린 경우를 말한다.

현재 우리나라에도 재벌들이나 경제적, 정치적 영향력을 지닌 자들이 국토의 요지들을 다 소유하고 있으며 그 소유지들을 통해 폭리를 취하고 있다는 점을 볼 때 이 구절들의 의미가 쉽게 이해가 갈 것이다. 정치적, 경제적 권력을 지닌 지도자들과 땅 주인들이 밤마다 침상에서 생각하는 것이 보다 많은 땅을 가지려는 것이요, 실제 그것을 이루기 위해 폭력까지도 불사하게 되는 현상은 미가 시대뿐만 아니라 현재에도 계속되고 있다. 그래서 공의로우신 하나님이 그들을 합당하게 심판하신다고 미가는 예언하고 있다.

하나님의 심판 1(2:3~4)

이스라엘 사회가 하나님의 주권이 인정될 뿐만 아니라 오경의 가르침들에 따라 하나님의 백성들이 서로 더불어 살기에 좋은 공동체로 유지되는 것이 하나님의 뜻이었다. 그러나 정치적, 경제적 지도자들이나 재벌들이 자신들의 땅이나 재산을 축적하기 위해 그 사회의 힘이 없고 가난한 자들을 억압하는 현상이 팽배하자 하나님께서는 그들을 심판하시겠다고 언급하셨다. 이 땅의 주인이 하나님임에도 불구하고 마치 자신들이 이 땅의 주인이라고 간주하고 있는 사람들을 향해 하나님은 하나의 역설적인 행동을 취하신다.

3절에 의하면 하나님은 그들에게 재앙의 때가 임하게 하신다. 하나님이 내리시는 재앙은 이 땅에서 가난한 자들을 착취한 자들에게 임하는데, 그들의 목에 착고가 메어지게 되는 재앙이다.

4절에 의하면 하나님은 정치가들이나 경제적 지도자들, 그리고 재벌들이 열심히 모아 둔 산업들과 밭들을 옮겨 패역자들에게 나누어주시겠다고 하셨다. 여기에 언급되는 패역자들은 앗수르나 바빌론의 군대들을 의미할 것이다. 가난한 자들을 속이고 착취하여 얻은 땅이 결국은 딴 나라 군대들에게 빼앗기게 된다는 점은 분명히 아이러니하다.

5절은 땅을 차지하려는 사람들이 좋은 땅을 취하기 위해 제비를 뽑고, 순서에 따라 자신의 땅의 지경을 줄로 정하는 모습이 더 이상 존재하지 않을 것이라고 말한다. 이러한 모습들은 자신들의 사회적 지위를 악용하여 가난한 자들의 땅을 빼앗던 악한 자들의 허무한 말로를 연상해보는 독자들로 하여금 자신들은 그러한 삶을 살지 않아야 하겠다는 다짐을 하게 만든다.

거짓 예언자 (2:6~7)

이 구절들의 의미를 보다 쉽게 이해하기 위해 표준새번역 성경의 내용을 소개하고자 한다.

> **"그들의 예언자들이 말한다. 너희는 우리에게 예언하지 말아라. 이 모든 재앙을 두고 예언하지 말아라. 하나님이 우리를 망신시키실 리가 없다. 야곱 족속아, 너희가 어찌하여 주의 영도 분노하시느냐? 주께서 정말 그런 일을 하시느냐? 하고 말하느냐?"**(2:6~7).

미가는 당대의 거짓 예언자들이 하나님으로부터 예언을 받지도 않은 가운데, 죄악에 빠진 백성들을 두둔하는 말이나 하고 있다고 지적하고 있다. 미가 자신이 백성들의 죄악에 대해 하나님께서 심판하신다고 예언하자 주위의 거짓 예언자들은 미가의 예언이 잘못된 것으로 평가하고 있다고 밝힌다. 그들은 공의로우신 하나님의 심판 활동을 내다보지도 못했다. 그래서 하나님은 선민들을 망신시키지 않으시고, 또 노하지도 않으시는 분이라고 가르침으로써 백성들로 하여금 죄악에 더 깊이 빠지도록 만들었다.

미가는 당대의 이스라엘과 유다를 망하게 만든 장본인들 중에는 거짓 예언자들도 포함된다는 점을 분명히 밝히고 있다. 그들은 백성들이 사회 전반적으로 죄악에 빠져 있음을 분명히 알고 있으면서도 그들의 죄악을 두둔했다. 그러는 중에 그들로부터 뇌물도 취했다(3:5, 11). 하나님의 백성들이 걸어가야 할 길을 올바로 제시해야 하는 신앙적 지도자들이 뇌물에 눈이 어둡거나, 하나님의 계시를 받는 일에 무관심하여 죄악을 행하는 백성들을 변호하거나 두둔하는 사역을 감당할 때 그 사회는 망할 수밖에 없다. 그러므로 미가의 이러한 지적은 현재 우리나라에서 교회의 지도자들로 사역하고 있는 모든 목회자들이 자신들의 메시지나 사역을 되돌아보는 계기를 제공한다. 죄악에 빠진 백성들로 하여금 회개하는 사역을 감당하고 있는지, 아니면 그들에게 아부하거나 그들의 죄악을 묵인하면서 생계를 유지하고 살아가는지 되돌아보아야 할 것이다. 그리고 우리 모두 미가처럼 사역에 임해야 할 것이다.

> **"오직 나는 야웨의 신으로 말미암아 권능과 공의와 재능으로 채움을 얻고 야곱의 허물과 이스라엘의 죄를 그들에게 보이리라"**(3:8).

유괴와 인신 매매(2:8~9)

8절과 9절은 미가 시대에 팽배했던 유괴 사건과 인신 매매 사건을 지적한다. 그 당시의 유괴범들은 전쟁터에서 고향으로 돌아가는 사람들처럼 안심하고 지나가는 사람들을 붙잡아 옷을 벗기고 강도짓을 하는가 하면, 부녀들을 잡아 어디론가 사라지곤 했다. 결국 그 여인들은 즐거운 집에서 쫓겨나게 되고, 그 여인들의 자녀들은 더 이상 돌아오지 못하는 어머니를 그리워하며 슬퍼하게 되었다. "그 어린 자녀에게서 나의 영광을 영영히 빼앗는도다"라는 말은 돌아오지 않는 어머니를 그리워하며 눈물로 나날을 지새우는 자녀들의 삶의 비참함을 말한다.

미가 시대에 있었던 이러한 현상이 현재 우리 사회에서도 빈번하게 일어나고 있다. 매스컴에 비추어지지는 않아도 주위에서 유괴와 인신매매를 당한 사람들의 이야기를 쉽게 들을 수 있다. 시골에서 막 상경한 아가씨들이 일자리를 찾다가 거리의 여인들로 전락해버리는 일이나 지나가는 여인들을 봉고에 태워 멸치잡이 섬에 보내어 버렸다는 이야기가 우리의 마음을 아프게 한다. 요즈음 학교 안팎에서 일어나고 있는 폭력 사건들이나 유괴 사건들은 우리 사회에서 도덕성이나 인권 존중 사상이 얼마나 추락해가고 있는지를 증거하는 사건들이다.

하나님의 심판 2(2:10)

유괴와 인신매매가 난무하는 사회를 향한 하나님의 심판은 무엇인가? 그것은 백성들이 그 사회에 대한 자부심을 잃어버리고 그곳을 떠나는 것이다. 그 사회가 쉴 곳이 아니라고 생각하여 딴 나라로 이민을 가려는 사람들이 많이 생기게 된다. 아울러 하나님께서는 이방 국가의 군대를 보내어서 그 땅을 멸하신다. 요즈음 우리 사회에 일어나고 있는 다양한 사회악들 때문에 많은 백성들이 딴 나라로 이민을 가려는 추세를 볼 때마다 미가를 통해 주어진 하나님의 예언이 참 진리임을 실감하게 된다. 이러한 슬픈 현상을 바로 잡는 길은 하나님의 백성들이 먼저 회개하여 우리가 사는 사회를 보다 인권이 존중되는 사회로 만들고, 모든 백성들이 하나님을 의지하게 만들어 그분 안에서 서로가 서로를 배려하는 사회로 만드는 것이다.

백성들의 술취함과 방탕함(2:11)

미가는 이 구절에서 백성들의 죄악된 모습 가운데 하나가 술취함과 방탕함이라는 점을 지적한다. 그 당시 백성들이 가장 듣고 싶어하는 말 중에 하나가 "내가 너희에게 풍성한 포도주와 독주에 대해 예언하리라"였다. 그래서 누구든지 술을 많이 마실 수 있게 하고, 향연을 많이 베풀 수 있게 한다고 장담하면 그들을 예언자나 지도자로 삼을 수도 있는 지경이 되었다. 하나님의 백성들이 행해야 할 참 도리를 전하면 싫어하고, 술취함과 방탕함을 합리화하며 권유하는 사람들을 더 좋아하는 사람들이 모여 있는 사회는 하나님께서 주시는 복을 받을 수가 없다. 오히려 백성들의 방탕함 때문에 나라가 부도덕해지며 결국 어려움을 당하게 된다.

미가 시대의 이러한 현상이 현재 우리 사회의 현 주소를 보여주는 것이라는 점이 안타깝다. 세계에서 술 문화와 향락 문화가 가장 발달한 나라 중에 하나로 비쳐지고 있는 우리나라다. 수년 전에 IMF가 우리의 삶의 스타일을 되돌아보게 했어도 여전히 우리 사회는 술취함과 방탕함으로 흔들리고 있다. 요즈음 많은 기업과 노동자들이 경제적인 어려움에 빠져 있어도 여전히 술집과 향락 업소들은 번성하며 우리 사회를 좀먹고 있다. 사업을 해도, 거래를 해도, 기쁜 일이 있어도, 슬픈 일이 있어도 술취함과 방탕함으로 모든 것을 해결하려 하는 우리의 비뚤어진 문화를 바로 잡아야 한다. 이 일을 위해 그리스도인들이 앞장서야 한다. 그렇지 않으면 우리 사회도 하나님의 심판을 면할 수 없다.

이스라엘과 유다의 회복을 주관하시는 하나님

하나님께서는 죄악에 빠져 회개할 줄 모르는 백성들에게는 합당한 형벌을 내리신다. 그들이 개인이든 공동체이든 상관하지 않고 하나님은 그들에게 공의로 대하신다. 그러나 그러한 형벌을 통해 자신들의 죄를 회개하고 하나님 앞에 바로 서는 자들은 구원하시고 불러 모으셔서 그들을 통해 새로운 사회를 이루어 가신다. 그러므로 12절과 13절에 언급되는 예언들에 중요한 점은 구원의 때가 언제인가 하는 점이 아니라 구원을 베푸시는 주체가 하나님이라는 점이다. 하나님께서 앗수르와 바빌론에 흩어졌던 그 백성들의 무리를 다시 모으신다. 하나님께서 이스라엘의 남은 자들을 모으신다. 13절에 언급되는 바, 흩어졌던 백성들이 하나님의 도성으로 다시 모여드는 상황 속에 왕이 앞서 행하고, 그 앞에 야웨께서 선두로 행하시는 모습은 이 점을 가장 극적으로 소개한다. 이러한 모습은 언젠가 예수 그리스도께서 재림하실 때 온 세상에 흩어져 있던 그리스도인들을 다시 모으실 모습을 연상하게 만든다(고전 15:51~52).

12절에 언급되고 있는 '보스라'(בָּצְרָה)는 맛소라 본문에 근거한 것으로, 에돔의 북쪽 요새 도시이거나 모압 족속의 도시를 지칭한다. 그러나 많은 구약

학자들과 성경 번역가들은 이 단어를 '우리에 있는'이라는 의미로 해석하기도 한다. 12절에 언급되는 '남은 자'는 미가서에서 처음 언급되는 부분이다(2:12; 4:7; 5:7, 8; 7:18). 미가 4:6과 4:7에서는 남은 자가 저는 자, 쫓겨난 자, 환난 받게 한 자 들이라고 밝히고 있다. 그런가 하면 5:7과 5:8에서는 그들의 힘이 강성해져서 "수풀의 짐승 중의 사자 같고 양떼 중의 젊은 사자 같아서 만일 지나간즉 밟고 찢으리니 능히 구원할 자가 없게 될 것이라"고 언급하고 있다. 7:18에서는 남은 자가 죄악을 용서받은 자들이라고 언급한다.

나가는 말

미가서 2장은 미가 시대에 팽배했던 죄악상들과 유사한 죄악들을 범하며 살아가는 우리 백성들에게 우리가 전해야 할 메시지가 무엇인지를 가르쳐 준다. 무엇보다도 먼저, 하나님께서 그의 백성들의 삶을 보면서 싫어하는 것들이 무엇인지를 구체적으로 소개한다. 그러므로 설교자들은 이러한 죄악들이 우리가 속한 교회와 사회에서 사라질 수 있도록 성도들과 백성들을 경고해야 한다. 아울러 하나님을 의지하는 소수의 그리스도인들이 이 사회의 남은 자들로서, 하나님의 구원을 경험하는 자들로 남을 수 있도록 격려해야 한다.

03

이스라엘 지도자들의 죄악상

미가 3장 주해와 적용

미가 3장의 전체 구조

랄프 스미스(1984:30~35)는 3장의 전체 구조를 세 단락으로 나누어 이해하였으며[범죄한 지도자들(1~4절), 평화를 외치는 선지자들과 미가(5~8절), 타락한 지도자와 시온의 멸망(9~12절)], 이 단락 모두가 '심판의 신탁'(judgement oracle)의 형태로 구성되어 있다고 주장한다.

실제로 각 단락은 하나님의 변론과 고소, 그들의 죄악에 대한 구체적 지적, 심판이라는 구조로 반복되어 있다. '하나님의 고소'는 지도자들이 당연히 행해야 할 것들을 행하지 않음과 잘못된 행동들에 대한 것이다(1, 5, 9절).

다음으로 '그들의 실제적인 죄의 목록'들을 열거하고 있는데, 첫 단락(1~4절)에서는 백성들을 착취하는 악행(2~3절), 둘째 단락에서는(5~8절) 자신의 이익을 위해서 사역하는 악행(5절), 그리고 셋째 단락에서는(9~12절) 사회적 지도자와 종교적 지도자들, 모두가 물질적 대가 때문에 행동하는 악행(11절)을 지적한다. 이 모든 악행은 한 마디로 11절의 말씀과 같이 "시온을 피로, 예루살렘을 죄악으로 건축한 것이다."

그리고 각 신탁의 마지막에는 '하나님의 심판'에 대한 구절이 나타나는데, 4절과 6~7절, 그리고 12절에서 밝히 말하고 있다. 이 심판은 하나님이 응답치 않으심(4, 7절)으로 나타난다. 하나님이 그들의 기도에 응답치 않으시니 그들이 수치를 당하게 된다(7절). 그리고 무엇보다도 이러한 지도자들의 문제는 자신들의 모습을 바로 인식하지 못했다는 점에서 기인한다. 자신에 대한 영적 무지는 독단으로 나아가게 되며, '하나님의 임재'와 '자신의 안전'을 맹신하는 잘못된 확신을 초래한다. 바로 이러한 맹신적 확신이 멸망의 지름길이 되는 것이다(11절).

특히 심판의 신탁 구조 속에서 돋보이는 구절이 있다면 그것은 8절이라고 말할 수 있다. 이 구절은 미가서 전체의 주제라고 할 수 있을 정도로 신학적으로 중요하기 때문이다(Hill and Walton 1991:392). 즉 미가는 다른 모든 악한 지도자들과는 상반된 신앙과 자세를 보여주고 있다. 그러므로 이 구절은 미가의 사역과도 직결된다. 이 구절의 강조는 원문에서도 나타난다. 예를 들어, 강조적 대명사, '나는'(אָנֹכִי 아노키)이 삽입되어 있으며, 접속사, '바브'(ו 그러나)도 앞 문맥을 바꾸고 있음을 보여주는 예이다.

본문 주해

1. 두령과 치리자들의 죄악(1~4절)

1절에서, 미가는 야곱의 두령(ראשׁ 로쉬)들과 치리자들(קָצִין 카친)에 대한 죄악을 폭로하고 있다. 지도자들의 자격은 '공의를 아는 것'(1절)이다. 그럼에도 이들은 선을 미워하고 악을 좋아했다(2절). 심지어 백성들의 가죽을 벗겨, 살을 뜯어먹고, 뼈는 부수어 조각내어, 남비와 솥에 있는 고기처럼 백성들을 취급했다(2~3절). 이들에게는 백성들이 한갓 자신의 욕망을 채워주는 대상에 불과 했다. 곧 갖은 착취와 악행을 서슴치 않았으니, 바로 백성들을 잡아먹는 듯한 상징적 표현으로 그들의 모습을 이 단락에서 서술하고 있다. 그들의 죄악을 하나님은 묵과하시지 않으셔서, 그 결과 하나님은 그들의 기도에 응답하지 아니하시며 오히려 얼굴을 숨기신다(4절).

2. 백성을 그릇 인도하는 선지자들의 죄악(5~7절)

선지자들의 이름은 백성들을 '그릇 인도하는 자'(מַתְעִים마트임 개역한글 성경에는 '유혹하는' 이라고 되어 있음)라고 불려진다(5절). 하나님은 이러한 선지자들에게 다음과 같이 말씀하신다.

> **"내 백성을 유혹하는 선지자들은 이에 물 것이 있으면 평강을 외치나 그 입에 무엇을 채워 주지 아니하는 자에게는 전쟁을 준비하는도다"**(미 3:5).

즉 이 선지자들은 '돈과 이익에 좌우되어 사역을 하는 자들'이라는 것이다(5절). 자신에게 뭔가를 던져주면 '평안', 그렇지 않는 자들에게는 '전쟁'인 것이다. '사실과 상관없이 자신을 어떻게 대접해 주는가'에 행동의 반응이 결정된다는 것이다. 그 결과 이들에게 주어지는 것은 '밤', '흑암', '캄캄함' 즉 영적인 어두움뿐이다. 그들은 하나님이 주시는 '이상'(חָזוֹן하죤)을 보지 못하게 된다(6절). 이러한 선견자와 점치는 자(מִקְסָם믹솜 개역한글 성경은 술객)들은 수치를 당하게 될 것인데, 이 역시 하나님이 그들에게 응답치 아니하시기 때문이다(7절).

3. 하나님의 종, 미가의 사명(8절)

'그러나'(וְ버) 이러한 현실적인 어려움에도 불구하고 '진실로'(אוּלָם울람) 하나님의 종인 미가는 '여호와의 영으로 말미암아 권능(כֹּחַ코하)과 공의(מִשְׁפָּט미셔파트), 능력(גְּבוּרָה개부라)으로 충만'하게 된다. 바로 그의 사명은 '야곱의 허물(פֶּשַׁע페샤아)과 이스라엘의 죄(חַטָּאת하타아)를 알리는(נָגַד나가드)' 것이다(8절). 미가의 고백과 신앙은 타락한 지도자들과 상당히 대조가 된다. 지도자들은 인간적이고, 영적으로 무지하고 어두운데 반해서 미가는 성령 충만한 사람의 모습을 보여준다. 성령의 충만한 사람은 곧 영적인 권능을 소유하게 되며, 하나님의 뜻인, 공의를 바르게 행하는 능력을 소유하게 되는 것이다. 나아가서 그는 이 성령의 충만을 통해서 죄악을 말하고 지적할 수 있는 사명을 고백하는 것이다.

4. 지도자와 시온의 멸망(9~12절)

첫 단락(1~4절)에 나타난 1절과 비슷하게 9절에도, "두령과 치리자"들을 언급한다. 그러나 이 단락에서는 첫 단어, "들어라"(שִׁמְעוּ쉬무)로 시작하여 시선을 집중시킨다(9절). 거듭하여 행한 이들의 죄악은 "공의를 미워하고, 정직한 것을 굽게 하는 것"이었다(9절). 그들은 '공의'를 마땅히 알고(1절), 사랑해야 할 자들이었으나, 그들의 행동은 정반대였다. 첫 단락(1~4절)과 비교해 보면 본 단락에서는 내용 중, "정직을 굽게 하였다"라고 죄악을 추가시키고 있다. 특히 '정직'(יָשָׁר야살)이라는 단어는 첫 단락(1~4절)의 '선'(טוֹב톱)과 대조된다.

그들의 죄악을 총체적으로 표현한다면, 하나님의 도시를 '피'(דָּם담)와 '죄악'(עָוֶל아벨)으로 건설하였다는 사실이다(10절). 다음으로 11절에서는 정치 지도자(두령)와 종교 지도자(제사장, 선지자)의 죄악을 구체적으로 지적하고 있다.

이러한 죄악을 반복하는 이유는 무엇인가? 그것은 그들이 가지고 있는 착각 때문이다. 특히 11절에서는 '두령'과 '제사장'과 '선지자'의 악행의 공통점을 지적하는데, 그것은 3번의 반복 문장의 형태 속에서, 전치사, '버'(בְּ in)의 형태로 동일하게 잘 묘사되어 있다:

"두령은 뇌물 때문에(בְּשֹׁחַד버샤하드) 재판하며
그 제사장들은 삯 때문에(בִּמְחִיר빔히르) 가르치며
그 선지자들은 돈 때문에(בְּכֶסֶף버케세프) 점을 치는 도다"(미 3:11).

이 지도자들의 공통점은 다 물질적인 대가 때문에 그들의 사역을 행한다는 것이다. 또한 그들의 두 가지 착각은 "하나님이 그들과 함께 하신다"는 것과, 그들에게 "재앙이 임하지 않는다"는 것이다. 바로 이렇게 생각하는 자들이야말로, 하나님의 징벌을 받아 마땅한 자들이다. 12절의 심판의 예언과 같이 '시온', '예루살렘', '성전의 산'은 미래에 '갈아엎은 들판', '폐허더미', '잡목이 우거진 언덕'이 될 것이다.

적용

1. 영적 암흑기를 사는 교회의 사명

1) 우리 시대에 대한 이해

우리가 사는 21세기는 미가가 경험한 시대와 유사하다. 미가가 경험한 시대는 학자들에 따라서 다르지만, 대략 주전 734~711년으로 이해한다(Bullock 1986:106). 스미스는 그의 주석에서 3장의 예언은 주전 711년 혹은 701년으로 이해하여 미가의 예언이 유다의 멸망(주전 586년)으로 성취되었기 때문에 백 년 정도 걸렸다고 생각한다(1984:35). 그러나 이 예언을 주전 730년경으로 본다면 10년이 되지 않아 바로 북 이스라엘이 멸망하는 예언의 즉각성을 보여 준다. 우리는 이 예언이 북 왕국 이스라엘의 멸망(주전 722년)에서 성취되었든지, 아니면 남 유다(주전 586년)의 멸망 사건을 통해서 성취되었든지 간에 예언은 반드시 성취된다는 것을 보여줌으로 하나님의 말씀의 신실성을 분명히 한다.

이와 같이 우리가 사는 시대는 하나님의 심판을 향해 가고 있다. 최근 수많은 기상이변, 지진, 재앙들은 성경이 말씀하고 있는 말세의 현상(마 24장)과 다르지 않다. 하나님의 종국적인 심판의 때는 수 백 년 후인지 수 천 년 후인지 우리는 알지 못하지만, 예언의 반드시 즉각적으로 성취될 것이다.

2) 백성들의 살을 뜯어먹는 지도자들

미가 선지자가 살던 시대에 지도자들의 죄악도 심각하지만 오늘날 지도자들도 자신의 죄악에 대해서 책임을 통감해야 한다. 사회적 지도자든, 종교적 지도자든, 지도자는 그 책임이 백성들보다 더 크다는 것을 성경은 명백히 가르친다. "내 형제들아 너희는 선생된 우리가 더 큰 심판 받을 줄을 알고 많이 선생이 되지 말라"(약 3:1). 미가 시대에 지도자들의 죄악은 자신을 위해서 백성들을 조종(manipulation)하는 대상으로 취급했던 점이다.

오늘날 한국이 당하고 있는 현실도 심각하다. 기업가들, 정치인들 중에 백성들을 위해서 일하는 사람들이 얼마나 있는가? 한국에 팽배한 의식 중 하나가 "기업은 망해도 기업가는 망하지 않는다", "남이야 어떻게 되든 말든 나만!"하는 의식이다. 우리 시대에도 자신을 위해 치부하는 지도자들이 많이 있다.

교회 지도자도 마찬가지다. 많은 사역자들이 하나님의 교회와 그 몸인 성도들을 위해 헌신하고 있지만, 성도들을 자신을 위해 존재하는 사람처럼 취급하는 지도자들은 없는지 돌아보아야 한다. 생활이 어려운 성도들이 전심 전력하여 하나님께 드린 헌금을, 과연 하나님의 나라를 위해서 얼마나 귀하게 사용하고 있는가 하는 문제도 지도자들의 책임이다. 교회가 헌금을 해야 한다는 것을 가르치는 것도 중요하다. 그러나 그 헌금을 어떻게 바르게 사용해야 하는지 보고하고 보여 주어야 한다. 지도자들이 성도의 헌금을 자신들을 위해서 사용한다면 미가서 말씀과 같이 치부하고 착취하는 모습과 다르지 않을 것이다.

이렇게 되지 않기 위해서는 교회 지도자들이 사역자들은 성도들을 위해 존재한다는 의식을 늘 잊지 말아야 할 것이다. 참 목자이신 예수님은 자신의 살과 피를 우리를 위해 주셨는데(요 10장), 왜 미가 시대 지도자들은 백성들의 살을 뜯어먹었을까 하는 문제를 깊이 생각해야 할 것이다. 그리고 그 말씀에 우리들의 모습을 비추어 보아야 할 것이다.

3) 영적인 어두움으로 가는 지름길

지도자들이 영적으로 어두워질 때 이것은 심각한 문제가 된다. 그들을 따라가는 백성들, 그리고 그 시대가 어두워질 수 있기 때문이다. 미가 시대의 선지자들(5절)은 백성들을 '그릇 인도하는 자들'이었다. 그 이유는 그들이 영적으로 어두워졌기 때문이다. 여기서 우리는 영적으로 어두워지는 방법을 발견해 볼 수 있다.

첫째로, 영적으로 어두워지는 데 지도자 '자신의 대접받기 위주의 행동이

지름길'임을 보여 준다(5절). 예수님은 "대접받기보다도 대접하며, 섬김 받기보다는 섬기라"고 말씀하셨다. 그러나 선지자들은 자신들에게 뭔가 좋은 것을 주면 '평안'을 선포하고, 그렇지 않은 자들에게는 그 반대였다. 사역자들의 갈등은 자기 개인에게 도전하고 반대하는 사람들을 마치 그리스도에게 반대하는 사람으로 여기는 반응을 일으킬 수 있다는 점이다. 지도자에 반대한다고 해서 하나님에 대해서 반대하는 것은 아니다. 지도자들은 자신에 대한 대접에 너무 지나친 관심을 두지 말아야 한다.

두 번째로, 영적으로 어두워지는 지름길은 '돈과 물질을 위해 사역하는 것'이다(11절). 예수님은 '그의 나라와 그의 의를 구하는 것'(마 6:33)이 먼저 구할 것이요, 그 다음에 생활에 필요한 문제의 해결은 자연히 다 따라 온다고 약속하셨다. 그런데 우리는 물질을 위해 사역하고 있지 않는지 자문해 볼 필요가 있다. 돈을 위해 사역할 때, 이것은 자신과 남을 죽이는 길이 될 수 있다. 오늘날 우리의 현실이 그 사람이 받는 연봉으로 능력을 인정하기 때문에 자연스럽게 물질은 각 사람의 평가 잣대가 되기도 한다. 그러나 하나님의 사역자는 돈에 대해서 자족하는 법을 배워야 한다. 이런 점에서 설교자, 부흥사, 목회자는 전임으로 섬기는 교회가 있을 때, 부수입으로 주어지는 강의, 부흥회, 설교 등의 사례를 다 받아야 하는지 생각해 보아야 한다. 주위에 훌륭하신 분들은 과감히 다 거절하는 분도 계시고, 상황에 따라서 행동하는 분도 보았다. 비록 그런 사례를 받을지라도 헌금하거나 일부를 어려운 교회나 선교를 위해 다시 헌금하는 등 여러 가지 청렴한 생활을 해야 할 것이다.

필요이상으로 가지는 것은 영적으로 어두워지는 지름길이다. 혹 생활이 어려운 목회자의 상황은 다르겠지만, 생활이 충분한 지도자들은 사례를 마다하고, 값없이 초청 받아, 사역하고, 설교해야 할 것이다. 그래서 그리스도가 가르치신 "값없이 받았으니 값없이 주어라"라는 말씀을 좇아 복음의 초심으로 돌아가야 할 것이다. 필자는 미국에서 공부할 때, 어떤 담임 목회자가 1년 동안 부교역자들에게 일체 사례를 주지 않는 것을 보았다. '너무하지 않는가?', '생활은 어떻게 하는가?'라고 생각할 수도 있지만, 목회는 사례를 위해서, 생활 자체를 위해서 하는 것이 아니라는 사실을 분명하게 가르쳐 주려는 목적이었다면 가능한 이야기라고 본다.

세 번째로, 영적으로 어두워진 사역자의 특징은 "이상을 보지 못한다"(6절)는 것이다. 이상은 하나님이 보여주시는 비전이다. 지도자는 기도와 하나님과의 친밀한 교제를 통하여 그 시대를 향해서, 그 시대의 백성들을 향하여 비전을 제시해 주는 사람이다. 비전이 없고 현실에 안주하며, 자신을 치부하는 지도자는 더 이상 하나님이 응답해 주는 사람이 아니다(4, 7절).

4) 안일 무사한 태도

하나님의 말씀 앞에 자신을 늘 돌아보는 것은 성도의 기본적인 도리다. 그러나 정말 문제가 있는 사람은 '자신은 문제가 없다'고 안일 무사하게 생각한다. 안일 무사한 자세는 자신의 신앙에 도전을 주지 못하기 때문에, 그 사람을 더 긍정적으로, 발전적으로 성숙케 하지 못한다. 우리는 다 사람이며, 죽을 때까지 '푯대를 향하여' 가며, 그리스도를 닮아서 성숙을 이루는 성화의 과정 속에 있다. 예를 들어, 지도자들이 가진 안일한 생각은 '하나님이 우리와 함께 하신다'는 것이었다. 이것은 하나님의 분명한 약속이다. 그럼에도 하나님이 우리와 함께 하시기 때문에, 우리가 우리 행동에 책임이 없다는 것을 말씀하시는 것은 아니다.

구약의 예를 들어보자. 엘리 제사장의 영적 어두움으로 인해, '이카보드'(אִי־כָבוֹד 영광이 떠났다, 삼상 4:21)라는 사건을 경험하며, 이스라엘 백성들은 자신들이 하나님 임재의 증거라고 생각하는 '언약궤'까지 블레셋에게 빼앗긴다(삼상 5장). 선지자 에스겔은 하나님의 영광이 성전에서 떠나는 장면을 보았다(겔 11:22~25). 그렇다고 해서 죄악을 지으면 "하나님이 우리를 떠나신다"고 말하는 것은 아니다. 신학적으로, 분명히 "과연 너희를 떠나지 아니하리라"(히 13:5) 말씀하시며, 한번 오신 하나님은 떠나지 않으신다고 약속하신다(마 28:20). 그러나 이 약속은 우리가 죄악을 저질러도, 하나님의 심판이 없다거나 성령을 근심케 하는 일이 없다고 확증해 주는 말씀은 아니다(엡 4:30).

이런 면에서 신명기의 말씀은 우리의 책임에 대해서 강조한다(신 26~28장). 하나님이 함께 하시는 자들에게도 책임에 대한 처벌과 징계를 하신다. 실제로 이스라엘 백성들은 그들의 죄악을 인해 이방인들에게 '포로가 되는' 심판을 경험했다.

다음의 문제는 '재앙이 임하지 않는다'는 것이다. 성경은 하나님의 심판이 하나님의 백성에게도 임한다는 것을 가르친다(벧전 4:14). 물론 믿지 않는 자들에 대한 심판은 더하다(계 20:12~15). 우리의 사역과 우리들의 모든 행동은 하나님의 심판대 앞에서 판단을 받고, 심판을 받을 것이다. 종말론적 삶은 바로 하나님의 심판 앞에서 행동하고 살아가는 것이다. 이스라엘 역사, 특히 구약이 우리에게 보여주는 신앙의 역사가 바로 이것이다. 하나님의 백성에게는 '심판이 없다'고 착각하고 불의를 행했을 때, 그것은 오히려 북 이스라엘의 멸망과 남 유다의 멸망을 자초했다. 시대가 어려울 때 거짓 선지자들은 늘 거짓 평안을 전파했다(렘 8:11). 죄악 가운데 평안한 것은 참 평안이 아니다. 그리고 죄악을 범한 후에 평안하다는 것은 분명한 거짓 예언이다. 죄에 대해서는 심판과 구원을 외쳐야 한다. "회개하라, 천국이 가까웠느니라"(마 4:17).

5) 선지자적 사명

남의 죄악을 지적하는 사명을 감당하는 것은 쉬운 일이 아니다. 그러나 이것이 선지자적인 사명이다. 에스겔도 패역한 백성들에게 파수꾼의 사명을 감당했고(겔 3, 33장), 예레미야도 열방을 향한 심판을 외쳤다(렘 1:10). 그러나 인간적인 면으로 본다면, 그 누가 죄 없는 자가 있겠는가(롬 3:23). 그러나 죄 없어서, 돌로 치는 자가 아니라(요 8장), 자신의 죄악 때문에 고민하며 회개한 자는 그리스도를 통하여 새롭게 사명을 감당할 수 있다. 미가 역시 7:9에, "내가 여호와께 범죄하였으니 주께서 나를 위하여 심판하사 신원하기까지는 그의 노를 당하려니와 주께서 나를 인도하사 광명에 이르게 하시리니 내가 그의 의를 보리로다"라는 분명한 사죄와 그리스도의 대속을 경험한 자였다(이학재 2001:462).

우리 교회도 성령의 충만함을 입어 이 시대의 죄악을 지적하여, 사람들이 하나님과 관계를 회복하도록 하는 선지자적 사명이 있다. 자신이 죄악 속에 있다면 이런 어떤 사명도 감당하기 힘들다. 자신이 사기 치면서 어떻게 남들에게 사기 치지 말라고 할 수 있으며, 자신은 뇌물 받으면서 다른 사람들에게 어떻게 뇌물을 받지 말라고 할 수 있겠는가?

삶으로 정결하고 거룩하며 성령의 충만한 능력을 입은 자만이 하나님의 공의를 외치는 능력의 사명을 감당할 수 있다. 하나님은 미가와 같은 사명을 교회에게 주셨다. 이 사명을 이루기 위해서는 오직 성령의 충만함을 통해서만 가능하다. 예레미야가 하나님의 심판을 외쳤기 때문에, 심문을 받고 죽음의 위기에 처했을 때 이 말씀을 장로 몇 사람이 백성들에게 인용했다(렘 26:18~19). 심판과 죄악을 지적하는 사역은 바로 이 세대에, 교회가 죽어 가는 영혼들을 살리는 구원 사역으로 적용해 볼 수 있을 것이다.

04

심판의 먹구름 사이로 비추는 구원의 서광

미가 4장 주해와 적용

들어가는 말

미가는 이사야와 동시대에 사역했고 비슷한 내용의 메시지를 남겼기에, 간혹 미가서를 작은 이사야서라고 말하기도 한다. 뿐만 아니라 책의 진행에 있어서도 비슷한데, 심판과 회복의 메시지가 번갈아 제시되는 것이 경우에 따라서는 해석자들을 당혹하게도 하지만 이러한 구조는 그 특성상 분명한 메시지를 전하기도 한다.

선지자 미가에 의하면 하나님께서 주의 백성들을 심판하시는 것은 결코 그들을 멸망에 이르게 하려는 것이 아니라 그들의 구원과 회복을 이루어내려는 데 목적이 있다고 한다. 주의 백성의 영광스러운 미래를 위해서는 먼저 그들의 죄 문제를 해결해야 하고 심판은 하나님께서 그들의 죄를 해결해 나가시는 한 방법인 것이다. 그러므로 심판은 곧 구원의 초석이라 할 수 있다. 미가 1~3장은 하나님의 백성에 대한 혹독한 심판을 중심으로 구성되어 있다. 아마도 청중들이 선지자의 메시지를 귀담아 들었다면 그들은 이제는 모든 것이 끝났고 모든 것을 포기해야 하는 순간이 왔다고 마음을 정리하고 있었을 것이다.

그러나 바로 그 순간에 4장 전반부의 놀라운 구원과 회복의 메시지가 울려 퍼진다. 걷잡을 수 없는 환희와 감격이 몰려왔다. 미가 4:1~8의 아름다움이 바로 여기에 있다. 1~3장에 묘사되어 있는 주의 백성이 당면하고 있는 절망적인 현실과는 매우 대조적이면서도 동시에 그들이 아픈 현실 속에서 갈망하는 대체(alternative) 사회와 너무나도 많이 일치한다는 것이다. 미가 시대에도 여느 때와 같이 주의 백성들을 괴롭게 하는 많은 문제가 있었다. 따라서 주의 백성들의 평화에 대한 갈망은 결코 꺼질 수 없는 등불이었다. 이런 면에서 미가서의 메시지는 시간과 장소를 초월하여 어지러운 시절을 살아가는 주의 백성들에게 큰 위로와 도전이 된다. 그러나 이 감격이 채 가시기도 전에 4장 후반부는 다시 주의 백성의 미래에 어두운 그림자를 드리운다. 전반부의 밝은 미래에 대한 메시지는 머지않아 심판을 받아야만 하는 백성에게 혹독한 시련을 이겨내는 동기만 부여하고 있을 뿐, 그들이 당장 누리게 될 현실은 결코 아니었던 것이다.

미가 선지자는 4장의 이러한 구조를 바탕으로 이렇게 외치고 있다. "훗날 여호와의 통치가 이 세상에 화평을 가져오고 주의 백성을 회복하실 것을 기대하며, 당신들 목전에 와 있는 환난을 견디어 내십시오."

본론

1. 여호와께서 세상을 통치하시는 그날(1~5절)

미가 4:1~3은 이사야 2:2~4와 거의 흡사하다. 누가 누구를 인용한 것일까? 학자들마다 의견이 분분하지만, 대체적으로 이사야가 미가를 인용하고 있든지 아니면 두 선지자가 우리에게 전수되지 않은 제3의 출처를 인용하고 있든지 둘 중의 하나라고 생각된다. 누가 누구를 인용하고 있는지는 해석적으로 중요한 영향을 미치지 않는다. 또한 두 선지서에서 이 비전이 감당하는 역할이 확연히 다르다는 것을 우리는 알 수 있다. 이사야서의 말씀(사 2:2~4)이 하나님의 백성으로서 바르게 살지 못하는 이스라엘을 책망하는데 사용이 됐다면, 미가서의 말씀은(4:1~3) 앞으로 형성될 메시아 왕국이 시온에 자리 잡을 것을 선언하는 데 사용된다.

이 단락은 바로 앞에서 선포된 메시지(3:9~12)로부터 매우 다른 극적인 전환을 보여 주고 있다. 매우 가혹하기만 했던 분위기에서 구원에 대한 기대로, 메시지를 듣는 대상이 부패한 예루살렘의 지도자들이었던 것으로부터 신실한 남은 자들로 변환되고 있는 것이다.

그러나 동시에 구체적인 연결 고리들도 있다. 첫째, 앞의 메시지에서는 시온이 죄로 물들었으므로(3:10) 완전히 파괴될 것(3:12)이 선포되었지만, 이 단락에서는 시온이 여호와의 말씀과 율법으로 가득한 곳이 될 것이다(4:2). 둘째, 성전의 산은 광야와 같이 되었지만(3:12), 그날이 오면 여호와의 전의 산이 세상에서 가장 으뜸이 될 것이다(4:1). 셋째, 이스라엘의 지도자들(ראשׁ로쉬)의 악행은 세상의 으뜸이었지만(3:9, 11), 시온은 세상의 모든 산들의 꼭대기(로쉬)가 될 것이다(4:1). 넷째, 비록 이스라엘은 시온을 죄인들의 소굴로 만들었지만(3:10), 하나님께서는 시온을 자신의 가르침의 중심지로 삼으실 것이다(4:1~2). 다섯째, 이스라엘의 지도자들은 뇌물을 수수하여 부당한 판결을 일삼았지만, 여호와의 통치는 공평하고 합리적이어서 모든 사람들을 만족시킬 것이다(4:2~3).

이러한 대조는 주의 백성이 갈망해야 할 진정한 통치자는 오직 여호와이심을 강조하고 있다. 본문이 예언하는 여호와의 통치는 선지자의 메시지를 듣고 있던 자들에게는 아득하게만 느껴지는 먼 미래의 말일에 있을 일이다(1절).

그렇다면 과연 이 일은 누구를 대상으로, 어느 범위에서 행해질 것인가?

1) 온 세상 만백성을 위한 세상

메시아의 통치가 이루어지는 시온은 세상 모든 백성들의 선망의 대상이 될 뿐만 아니라 그들의 영적, 정치적 중심지가 된다. 저자는 시온이 세상의 모든 일의 중심지가 될 것을 전체성(totality)을 의미하는 한 쌍의 단어들을 사용해 강조하고 있다. 산과 언덕(작은 산), 민족과 이방, 도(道)와 길, 칼과 창이다.

시온이 세상의 중심이 되는 것은 곧 여호와의 통치가 세상의 중심이 될 것임을 시사한다. 시온이 무엇 때문에 세상의 중심이 되는가? 세상에서 가장 높은 산이기 때문인가? 아니다. 가나안 지역에는 예루살렘 성보다 훨씬 더 높은 산들이 많다. 그럼에도 불구하고 시온이 가장 높은 산으로 군림하는 것은 하나님이 그곳에 계시기 때문이다. 즉 누가 계시는가가 그곳을 으뜸이 되게 만들었던 것이다.

그리스도인의 삶도 마찬가지가 아닐까? 그리스도인의 삶이 매력적이고 선망의 대상이 되는 것은 그와 함께하시며 그의 삶을 통치하시는 하나님이 매력적이시기 때문이다. 또한 하나님께서 시온에 계시기 때문에 시온이 영화롭다는 것은 믿는 자들의 정체성과 가치가 그들 자신에서 비롯되는 것이 아니라 그들과 함께하시는 하나님에게서 비롯되는 것을 의미한다. 그러므로 아무리 자신을 죄인 중 괴수라고 생각하는 사람이라도 하나님이 함께하시는 자라면 그는 하나님께서 영화롭게 하신, 하나님께서 소중하게 여기시는 그분의 형상인 것이다. 크리스천의 가치는 그분의 영광에서 비롯되기 때문이다.

여호와께서 통치하실 백성은 결코 이스라엘 사람들만이 아니다. 세상의 모든 민족들이 하나님의 백성들이 될 수 있다. 선지자들이 누누이 선포하는 것처럼 미래에 형성될 하나님의 백성은 국경과 민족을 초월하여 누구든지 여호와를 경외하고 사랑하는 자들이다. 이사야에 의하면 심지어 고레스와 같은 이방인 왕도 이 부류에 속할 수 있다. 선지자 미가 역시 온 세상 민족들을 초청하고 있다. 이제 초청에 임하는 것은 열방의 선택이다. 초청을 받아들이면 그들은 하나님과 복된 삶을 누리게 될 것이며, 초청에 임하지 않으면 자신들만 손해인 것이다.

열방이 초청에 임한다는 것은 무엇을 의미하는가? 이 일을 위하여 그들은 예루살렘으로 순례를 와야 한다. 열방이 순례의 길에 오른다는 것은 자신들의 본거지를 떠나야 한다는 것을 전제한다. 떠나지 않고는 얻을 수 없는 것이다. 성도의 삶도 그렇지 않은가! 때로는 그가 가장 익숙해져 있는 자리를 떠나야 한다. 그리고 이러한 변화가 하나님을 사랑하기 때문에 치러야 할 대가로 느껴질 때도 있다. 그러나 모든 것이 끝나서 얻은 것과 잃은 것에 대한 정산을 하게 될 때, 잃은 것에 비하여 얻은 것이 너무나도 많다는 것, 즉 넘치게 부어 주신 하나님의 은혜를 의식하게 되는 것이다. 이처럼 열방도 자신의 거주지를 떠나 여호와의 산으로 순례를 오지만, 돌아갈 때는 그들이 치렀던 대가보다 몇 십 배 많은 축복을 누리게 되는 것이다.

열방이 어떠한 열심을 가지고 하나님께 나아오는가는 '몰려가다'(נָהַר나할 1절)라는 표현에서 역력하게 드러난다. 이 동사는 물이 흐르는 것을 묘사하며 파생 명사는 강을 뜻한다. 이러한 표현은 가나안 지형에 잘 어울리지 않지만, 열방이 어떠한 각오와 열심을 가지고 하나님께 나아오고 있는가를 적절하게 묘사한다. 그들은 마치 범람하는 강물이 밀려오듯 예루살렘으로 오고 있다는 것이다. 하나님의 말씀과 가르침에 대한 갈증이 그들로 하여금 단숨에 예루살렘으로 몰려오게 하는 것이다. 또한 '올라가다'(עָלָה알라 2절), '야곱의 하나님'(2절) 등은 이스라엘 백성이 성전으로 순례를 가며 자주 사용하던 제사적(cultic) 표현들이다. 열방은 이스라엘 사람들처럼, 그들의 길을 따라 여호와의 전이 있는 곳으로 순례의 길을 가고 있는 것이다. 한때는 이스라엘에게만 제한되었던 특권이 이제 온 열방에게 주어지고 있다. 선지자는 누구든지 하나님을 경외하면 옛날 이스라엘 백성이 누리던 특권을 누릴 수 있게 될 시대를 예시하고 있는 것이다.

2) 공의와 정의가 통치하는 세상

편안하고 익숙해져 있던 자신들의 거주지를 떠나 시온으로 순례를 온 민족들이 하나님의 도를 배우고 주의 길로 행하는 것에 대하여 가르침을 받았다(2절). 열방은 시온에 머물지 않고 하나님의 말씀과 '율법'(תּוֹרָה토라)을 가지고 세상을 향해 간다. 즉 "율법이 시온에서 나오며 여호와의 말씀이 예루살렘에서 나온다(2절)." 시온은 그들을 양육하고 훈련하는 장소였으며, 세상이 그들의 사역지였던 것이다.

예수님께서는 믿는 자들을 세상의 소금과 빛이라 부르셨다. 문제는 상당수의 그리스도인이 교회의 소금과 빛은 될지언정 세상의 소금과 빛은 되지 못한다는 것이다. 주변에서 종종 일주일 내내 교회 중심으로 생활하고 교회 행사를 중심으로 삶을 꾸려나가는 성도들을 목격하게 된다. 이들은 교회 생활에 너무 바빠서 세상 사람들에게 하나님의 말씀을 전할 시간이 없다. 교회 생활이 너무 보람 있고 재미있어서 그렇다고 한다. 일종의 교회 중독증을 앓고 있는 것이다. 물론 교회 생활을 즐기는 것 자체를 문제 삼을 수는 없다. 그러나 교회 생활이 현실에서의 도피나 성도가 이 세상에서 감당해야 할 일을 대처하는 것이 되어서는 안 될 것이다. 우리말에 "배워서 남 주냐?"라는 말이 있다. 그러나 그리스도인은 배워서 남에게 주어야 한다. 또한 사도행전에 의하면 예루살렘교회의 성도들이 세상에 대한 의무를 감당하지 않고 자신들의 신앙생활에만 치중할 때, 하나님께서는 교회를 흩으셨던 점을 기억해야 할 것이다.

시온에서 훈련받은 열방은 가는 곳마다 사람들에게 하나님의 말씀과 율법을 가르친다. 그들의 사역은 하나님의 말씀이 온 세상에 충만하게 하며, 세상을 가득 채운 하나님의 말씀은 여호와께서 세상을 통치하는 여건을 조성하고 있다. 그렇다면 하나님의 말씀이 통치하는 세상은 과연 어떤 곳인가?

무엇보다도 공평과 정의가 다스리는 세상이다. 하나님께서 말씀으로 많은 민족 중에 심판하시고 판결하시니 그의 판결을 받은 모든 민족이 하나님의 심판에 매우 만족해하며 스스로 전쟁 무기를 쳐서 농기구로 만든다(3절). 하나님의 통치에 대하여 이보다 더 확실한 신임 투표는 없을 것이다. 대체적으로 국가들이 서로를 대적해서 싸우는 것은 무언가 욕구 불만이 있기 때문이다. 그러나 하나님의 말씀이 세상을 통치하게 되는 날, 말씀에 의한 그분의 판결이 얼마나 공정하고 공평한지 세상의 모든 나라들이 더 이상 전쟁의 필요성을 느끼지 못하는 것이다. 그러므로 그들은 자발적으로 무기들을 농기구들로 변환하고 있는 것이다. 공평과 정의는 선지자들이 예언하고 있는 메시아의 통치의 가장 기본적인 주춧돌들이다.

이러한 사실이 교회에 대하여 시사하는 바는 무엇인가? 만일 교회가 하나님의 나라를 이 세상에서 실현하려고 노력하는 곳이요 예수 그리스도의 통치를 갈망하는 곳이라면, 교회의 가장 기본적인 바탕은 공평과 정의이어야 한다. 가장 연약하고 소외되기 쉬운 자들이 결코 무시되지 않는 곳이 바로 영적으로 성숙한 교회요 하나님이 인정하시는 교회인 것이다. 교회의 행정과 성도의 교제가 공평과 정의에 기초를 둘 때 그 교회는 건강한 교회, 하나님께서 기뻐하시는 교회가 될 수 있다.

본문이 묘사하고 있는 메시아 시대에 세상에 임할 참 평안은 우리에게 한 가지 교훈을 주고 있다. 하나님의 말씀이 이 세상에 하수처럼 넘칠 때까지 진정한 평안은 오지 않을 것이라는 점이다. 간혹 우리는 UN, 혹은 어느 특정한 NGO가 마치 이 세상에 참 평안을 안겨줄 것이라는 착각에 빠진다. 그러나 성경은 분명히 선언하고 있다. 하나님의 말씀이 온 세상을 지배하지 않는 한 참 평안은 없다는 것을 말이다. 세상의 여러 기관들에게 기대하지 말자. 오히려 이 세상에 참 평화가 임할 것을 갈망한다면, 더욱 더 열심히 전도하고 더욱 더 열심히 하나님의 말씀을 가르침으로써 온 세상에 그분의 말씀이 소용돌이치도록 해야 한다. 그때에야 비로소 진정한 평화가 이 세상에 임할 수 있다.

3) 검소한 풍요로움이 있는 세상

하나님의 통치 아래 거하게 되면 더 이상 전쟁이 없으므로 온 세상이 평화롭다. 그러므로 "사람이 각자 자기 포도나무와 무화과나무 아래서 평안을 누리게 된다(4절)". 포도나무는 팔레스타인 지역에서 매우 흔한 과일 나무였다. 포도나무는 이스라엘을 상징하였으며(사 3:14; 5:1~7; 27:2~6; 렘 2:21; 호 10:1; 시 80:8) 훗날 유태인들의 동전에 자주 새겨졌던, 이스라엘과 떼어놓을 수 없는 이미지였다. 또한 앗시리아가 남긴 기록에도 이스라엘은 포도나무로 묘사되어 있기도 하다. 무화과나무 역시 이스라엘의 삶에서 매우 중요한 자리를 차지했으며 보통 포도나무 사이에 심어졌던 과실 나무였다. 이 두 가지는 함께 땅의 풍요로움을 상징했던 것이기도 하다.

그러나 이들이 즐기게 될 풍요로움은 일종의 검소한 것이라 할 수 있다. 포도나 무화과는 비싼 과일이 아니다. 평범한 사람들의 기본 식품에 불과했다. 이 두 과실의 풍성함은 백성들이 충분히 먹고 마실 수는 있겠지만 결코 호의호식(好衣好食) 할 것은 아니라는 것을 의미하는 것이다. 그러므로 이 두 과일은 경제적으로 검소해진 생활 수준을 암시하기도 한다. 이러한 의미에서 메시아가 통치하는 시대에는 사람들을 휘어잡는 소비주의 성향이 멈추게 되는 것이다(브루그만). 메시아의 나라에는 선망의 대상이 되는 유명 브랜드도, 상상할 수 없이 엄청나게 값비싼 사치품도 없을 것이다. 모두 다 실용적인 풍요로움 안에서 삶을 즐기게 될 것이다. 또한 그리스도인이 이 세상에서 하늘나라를 맛보며 사는 것에도 이러한 소비주의와 사치스러운 것들에서 자유함을 누리는 것이 포함되어 있지 않을까? 세상에 나그네로 와 있는 사람들로서 우리는 검소하게 살수록 그만큼 천국과 가까워져 있는 것이다. 그리스도인이 궁상을 떨며 살 필요는 없지만, 검소하게 살아갈 의무는 있다. 물론 사업상의 이유로 어쩔 수 없이 고가(高價)의 제품들을 사용해야 하는 그리스도인도 있다. 그러나 대부분의 그리스도인은 이러한 위치에 서 있지 않다. 검소하게 사는 것은 아름답다.

4) 여호와의 통치를 기대하며

성도들이 본문에 묘사되어 있는 평화롭고 풍요로운 메시아의 나라를 기대한다면 어떠한 자세로 오늘을 살아가야 하는가? 미가는 분명히 말하고 있다. "만민이 각각 자신의 신의 이름을 빙자하여 행하되 오직 우리는 우리 하나님 여호와의 이름을 빙자하여 행하리로다(5절)." 미래에 임할 하나님의 통치에 대한 기대가 오늘 이 순간 그분에게 더욱 더 신실할 수 있도록 해야 한다는 것이다. 비록 온 세상이, 심지어는 바로 옆에서 함께 신앙생활을 하고 있는 주의 백성마저도 하나님께서 주신 가치관과 세계관대로 살아가기를 꺼려하더라도 메시아의 통치를 기대하는 우리 자신만은 하나님을 섬기고 그분에게만 순종하며 살아가야 하는 것이다. 많은 성도들은 다른 사람들의 삶에 자신의 삶을 비교해서 상대적인 경건을 지향하며 무난하게 살아가려 한다. 그러나 문제는 그들이 눈여겨보는 예들도 형편없이 부패해 있기 때문에 그들이 지향하는 상대적인 경건 역시 하나님의 기대에서 멀어져 있다는 것이다. 개혁이란 결코 옆에 있는 사람에게 비교해서 이룩할 수 있는 것이 아니다. 옆 사람과 상관없이 오직 하나님께서 주신 가치관과 신념에 근거하여 확고히 추진해 나가는 것이다.

하나님의 은혜란 바로 이런 것이다. 은혜를 체험한 사람은 결코 옛날처럼 죄 속에 거할 수 없다는 것이 성경의 가르침이다. 하나님의 은혜가 놀라운 만큼 그 은혜를 체험한 우리의 삶도 놀랍게 변화될 수 있도록 노력해야 하는 것이다. 물론 행위가 결코 이미 이루어진 구원에 어떠한 영향을 미칠 수는 없다. 그러나 한 가지 확실한 것은 하나님의 구원을 체험한 사람은 결코 부패와 타락의 삶을 계속할 수 없다는 것이 성경의 가르침이다. 주변에서 간혹 구원을 체험했다며 한번 구원을 영원한 구원이란 사실을 마치 죄를 짓는 허가증 정도로 간주하며 특별한 도덕적, 윤리적 의무를 느끼지 않고 살아가는 사람들을 목격한다. 이러한 자들을 볼 때마다 질문을 해본다. “저들이 정말 복음이 무엇인가를 아는가? 저들이 하나님을 아는가?” 물론 하나님을 경험해 본 사람도 시행착오를 할 수 있고 순간적으로 타락할 수도 있다. 그러나 그의 삶은 이미 본질적으로 바뀌어 있다. 복음을 아는 사람은 예전 방식대로 살수 없기 때문이다. 이 말씀은 또한 우리가 하나님께로부터 좋은 것을 기대한다면, 달갑지 않은 것도 감수할 각오가 있어야 한다는 의미를 포함하고 있다.

2. 하나님이 통치하시는 나라의 백성(6~8절)

그 날로 시작되는 본문은 1~5절의 말일을 상기시킴으로써 같은 주제에 대한 이야기를 진행해 나가고 있음을 암시한다. 즉, 6~8절은 1~5절에 묘사된 하나님의 나라에 거하게 될 사람들에 대하여 설명하고 있다. 과연 메시아 왕국의 백성들은 어떠한 사람들이 될 것인가? 여호와께서는 저는 자, 쫓겨난 자, (하나님께서) 환난 받게 한 자 등 세상에서 가장 소외당하기 쉽고 보잘것없는 자들을 불러 모아서 남은 백성이 되게 하시며 강한 나라가 되게 하실 것을 선언하신다(6~7절). 하나님께서 보잘것없는 자들을 모아서 세상의 강대국이 넘볼 수 없는 막강한 민족으로 만드실 것이다. 연약한 자들을 모으신다는 것은 강한 자들을 배척한다는 뜻은 결코 아니다. 강한 자들은 언제든지, 어느 사회에서든지 남의 도움 없이 살 수 있다. 반면에 연약한 자들은 언제든지, 어느 사회에서든지 가장 쉽게 희생당하고 소외당하게 된다. 그러므로 여기서 메시아의 나라는 저는 자, 쫓겨난 자, 환난 받게 한 자 등으로 구성되어 있다는 것은 이렇게 소외되기 쉬운 사람들도 그 나라에서는 결코 소외되지 않을 것이라는 포괄성을 역설한다. 새로이 구성될 남은 자들은 과거 사회의 생존자들일 뿐만 아니라 새로이 형성될 세상의 선구자들이자 주도자들이 될 것이다.

선지자의 예언은 7절 마지막 부분에 이르러서야 절정에 이른다. 하나님께서 말씀하시기를 “이제부터 영원까지 그들을 치리하리라”라고 선포하신다. 하나님께서 백성들을 과거의 곤경에서 구속하실 뿐만 아니라, 그들의 미래에도 간섭하실 것이다. 하나님께서는 결코 인간을 죄에서 구원하신 후 고아처럼 홀로 살아가도록 버려두시지 않는다. 왜냐하면 그렇게 하기에는 인간을 너무도 사랑하시기 때문이다. 그분은 자신이 구원한 사람의 삶에 꾸준히 개입하시고 그들을 인도해 나가시는 것이다. 하나님께서는 구원한 인간을 끝까지 보호하시고 인도하신다. 칼빈주의에서 이러한 것을 성도의 견인(preservation of the saints)이라고 하기도 한다.

또한 주의 백성의 회복은 시온의 회복과 직접 연관되어 있다. 7절이 미래에 임할 영원한 여호와의 통치를 노래하고 있다면, 8절은 시온이 새로이 형성될 백성의 중심지가 될 것을 선언하고 있다. 시온의 처참한 때인 지금(선지자의 시대)과 영광스러운 그 때(미래)가 극적인 대조를 이루고 있다. 하나님의 백성으로 이 세상을 살다 보면 좋은 일도 있지만, 힘든 일도 많이 겪게 된다. 어떤 때는 그 순간이 너무 힘이 들어서 버겁게 느껴질 때가 있다. 이러한 순간에는 하나님의 백성답게, 흐트러지지 않은 신앙인의 자세로 그 어려운 순간을 이겨내야겠다는 생각은 사치품에 지나지 않는다. 아주 소박한 기도를 한다. 오직 그 순간의 아픔만이라도 멈추게 해 달라고. 그러나 이 소박한 기도마저도 하나님께로부터 거부당했다는 느낌이 들 때, 성도는 걷잡을 수 없는 슬픔에 잠기게 된다. 이러한 순간에 기억하자. 마치 황폐해진 시온이 영화롭게 될 때가 있었던 것처럼, 탄식과 좌절로 휩싸여 있는 우리의 삶 또한 하나님의 영광으로 가득 찰 날이 있다는 것을 말이다.

선지자가 묘사하고 있는 이 놀라운 하나님의 구속 사역은 그분의 강력한 의지에 의하여 진행되고 있다. 저자는 이 점을 강조하기 위하여 6절에서 (내가) 모으다(אָסֹף아삽)/(내가) 모으다(קַבֵּץ카바츠)의 평행을 사용하고 있다. 죄 속에서 헤매는 백성들의 유일한 소망은 바로 자신들의 내부가 아닌 외부에서 오는 하나님의 구속의 손길이다. 그분이 결정하시고 행동하셔야만 인간의 구원은 가능한 것이다. 세월이 흐르면서 끊임없는 백성의 반역이 하나님의 가슴을 멍들게 했지만, 자신의 백성에게 구원을 베푸시겠다는 의지에는 변함이 없으셨다. 여기에 바로 세상의 소망이 있는 것이 아니겠는가!

3. 포로가 되어 가거라, 내 백성아!(9~13절)

이 텍스트의 근원과 의미에 대하여 많은 해석이 있다. 그러나 문맥을 해석하면 그렇게 어려운 부분이 아니다. 지금까지 하나님께서는 먼 훗날 이스라엘에게 임할 영광스러운 회복에 대하여 말씀을 선포하셨다. 곧 그들이 맞이할 미래가 아무리 암울하다할지라도, 심지어는 하나님께서 직접 그들을 징계하신다 할지라도 좌절하지 말라는 것이다. 가까운 미래에 그들에게 임할 연단과 징계 후에 회복과 구속이 올 것을 생각하며 견디어내라는 것이다. 이제부터는 이러한 권면을 아예 그들의 현실에 적용하여 훈계하신다.

1) 바빌론 포로 생활은 구원의 단계(9~10절)

그 동안 선지자들의 한결같은 경고와 심판 선언을 들어오던 이스라엘 사람들 중에 의식이 있는 사람들은 민족의 미래를 생각하며 슬퍼할 수밖에 없었을 것이다. 선지자 미가의 메시지를 듣고 있던 사람들 중에서도 앞으로 150여 년 후에 있을 바빌론 포로 생활을 피부로 느낄 수 있는 사람들도 있었을 것이다. 포로 생활을 상상할 때마다 이스라엘은 해산의 진통을 겪고 있는 여인처럼 괴로워해야 한다. 그러나 이스라엘의 해산의 고통은 근거가 없다는 것이 하나님의 책망이다. "너희 중에 왕이 없어졌고 네 모사가 죽었느냐?(9절)" 왕과 모사가 단수인 것에 근거하여 대부분 학자들이 이 단어들이 하나님을 뜻하는 것으로 해석한다. 즉 이 말씀은 너희들이 우는 것은 마치 하나님께 무슨 일이라도 생긴 것처럼 들린다는 책망인 것이다. 비록 이스라엘의 미래가 밝지 않더라도 결코 그들이 좌절할 이유는 없다는 것이다. 왜? 임마누엘! 하나님께서 이들과 함께하신다면, 그들이 어디에 간들 무엇이 문제가 되겠는가! 비록 바빌론으로 가는 길이 험난한 길이지만, 하나님께서 그들과 함께하실 것이기 때문에 너무 절망하지 말고 가라는 것이다. 하나님께서 함께하신다면 사망의 음침한 골짜기를 지날지라도 해를 두려워할 필요가 없다. 그분과 동행하면 그 어디라도 천국화될 수 있기 때문이다.

선지자는 9절에서 해산하는 여인처럼 괴로워하는 시온을 책망했다. 그는 이제 10절에서 시온에게 진통하라고 권고하고 있다. 새 시대를 맞이하는 과정에서 해산의 고통이 요구되고 있는 것이다. 그러나 10절에 묘사된 해산의 고통은 9절의 해산의 고통과는 질이 다르다. 선지자는 좌절과 절망의 부르짖음(9절)을 구원의 희소식을 알리는 부르짖음(10절)으로 바꾸라고 권고하고 있다. 부르짖음의 목적이 다르다. 하나는 아픔과 절망을 표현하기 위함이고, 다른 하나는 좋은 소식을 전하기 위함인 것이다.

그렇다면 1~8절에 묘사된 회복과 구원을 해산하는 이스라엘은 어떠한 진통을 거쳐야 하는가? 저자는 세 단계로 묘사하고 있다. 첫 번째, 딸 시온은 예루살렘의 보호를 떠나게 된다(참고 왕하 25:2~7; 렘 52:7). 두 번째, 그들은 생각하지 못했던 광야에서 잠시 머물게 된다. 세 번째, 그들은 바벨론에 입성해야 한다(10절). 이러한 과정은 유다 사람들이 본국을 떠나 바벨론까지 가는 여정을 순서적으로 정리하고 있다고 생각할 수 있다. 저자는 분명히 밝히고 있는 것이다. 너희들이 바벨론까지 끌려가야만 밝은 미래와 구원을 기대할 수 있다!(10절) 이스라엘이 결코 바벨론 포로 생활을 환영했을 리 없다. 그들에게 바벨론 생활은 쓴 잔이요 죽음으로 느껴졌을 것이다. 그러나 하나님의 관점에서 바벨론 포로 생활은 주의 백성에게 진정 필요한 약이었다. 그렇다면 이러한 사실이 이스라엘의 역사에 어떻게 드러났는가? 한 가지 예를 생각해 보자. 비록 이스라엘에게는 바벨론으로 끌려간 것이 매우 감당하기 어려운 충격이요, 아픔이었지만 훗날 이 사건을 돌아볼 때 한 측면에서는 매우 유익한 경험이었다. 그들이 예루살렘으로 돌아와 다시 나라를 재건했을 때 우상 숭배 문제는 완전히 해결이 되었던 것이다. 이스라엘은 포로 생활에서 돌아온 후로는 다시 우상을 섬기지 않았다. 그러므로 우상 문제에 있어서 만큼은 주의 백성들에게 바벨론 생활보다 더 확실한 약은 없었던 것이다.

2) 시온의 전화위복(11~13절)

상당수의 학자들이 여기에서 묘사되는 상황을 두고 주전 701년에 앗시리아의 산헤립이 많은 용병을 이끌고 유다를 공략하여 그곳을 차지하고 예루살렘을 포위한 사건을 반영하는 것으로 해석한다. 열방이 모여 시온을 멸하기를 원한다. 그들은 하나님의 백성을 짓밟기를 원하는 것이다. 그러나 그들의 주의 백성의 멸망을 목적으로 한 행동이 주의 백성의 회복을 가속화할 줄이야! 예루살렘의 수난이 여호와의 계획의 일부였으며, 시온의 위기는 하나님의 기회가 되었던 것이다. 하나님은 역전의 명수이시요 필요에 따라서는 원수들의 악행을 자신의 계획이 진행되는 계기로 사용하시는 능력을 지니고 계신다. 요셉의 삶은 이러한 원리의 연속으로 구성되어 있지 않은가! 특히 그가 억울한 누명을 쓰고 감옥에 갇혔을 때, 그 일이 바로에게 나아가는 지름길이 될 줄을 누가 상상이라도 했겠는가! 또한 사탄이 예수님을 십자가에 못 박을 때, 그 일로 인하여 하나님의 구원 사역이 이루어질 줄을 상상이나 했겠는가!

그 동안 열방의 손에 당하기만 하던 시온이 마치 타작마당을 누비는 젊은 소(牛)가 되어 곡물을 짓밟듯이 열방을 짓밟고 있는 것으로 묘사되고 있다(12~13절). 철 뿔과 놋 발굽은 소(牛)로 묘사되고 있는 시온의 무적성(無敵性)을 강조한다. 결국 주의 백성들에 의하여 원수들은 바람에 날리는 가루가 된다. 이 일이 있은 뒤, 세상은 시온에 의하여 정결하게 되고, 세상을 가득 채우던 불경건하고 불순한 것들이 모두 사라지게 되는 것이다.

나오는 말

선지자는 본문에서 먼 미래에 있을 구원과 영광을 소망으로 삼고 잠시 후에 다가올 시험과 환난을 이겨내라고 당부한다. 또한 그 영화로운 미래를 생각하며 현실의 어려움도 이겨내라고 권면한다. 이 모든 일이 가능한 것은 세상이 혼란스럽고, 주의 백성에게 혹독한 일이 임하더라도, 심지어는 하나님께서 그들을 치시더라도, 주님께서는 그들과 꾸준히 함께하실 것이기 때문이다. 하나님께서 함께하시고, 그분의 통치 아래 있다면 무엇이 두렵고 어느 곳을 꺼리겠는가? 또한 환난이 임할 때 우리는 좌절할 필요가 없는 것이 그 환난 뒤에는 위로와 구속이 기다리고 있기 때문이다. 환난과 고통은 성도들의 구원을 재촉하는 촉진제다.

05

우리에게 소망이 있습니다

미가 5장 주해와 적용

서론

5장은 '들으라'(1:2; 3:1; 6:1)로 시작되는 미가서의 두 번째 설교 마지막 부분으로, 주제에 있어서 그리고 문학적으로 4:9~13과 밀접하게 연결되어 있다(개역한글 성경 5:1이 히브리어 성경에서는 4:14로 되어 있다).

4:9~13에서 심판(또는 징계)과 구원(또는 회복)의 메시지가 반복된다. 이를 세부적으로 분석하면 다음과 같다. 4:9에서는 이스라엘의 징계가 10절에서는 회복이 선포되며, 다시 11절에서는 심판이 그리고 12~13절에서는 구원이 선포된다. 그리고 이것은 5장까지도 연결된다. 5:1은 심판의 메시지이고 2~15절은 구원의 메시지다.

또한 문학적인 면에서도 심판을 언급하는 4:9와 4:11 그리고 5:1은 '이제'(Now)로 시작하고(「우리 말 성경」은 5:1에서 '이제'가 번역되지 않았다), 예루살렘을 딸로서 표현한다(4:10, 13; 5:1). 그러니까 4:9부터 선포되는 메시지의 핵심은 하나님의 백성으로서 현재(Now)는 어려움과 고난 가운데 있지만 이스라엘이 결국은 회복된다는 것이고 미가 5장은 그 메시지의 정점을 이룬다고 할 수 있다.

주해

미가 5장은 크게 네 부분으로 나누어진다. 1절은 '이스라엘을 향한 하나님의 심판,' 2~6절은 '새로운 왕(메시아)을 통한 이스라엘의 회복,' 7~9절은 '남은 자의 역할' 그리고 10~15절은 '이스라엘의 정화'에 대해서 언급한다.

1. 이스라엘을 향한 하나님의 심판(징계)(1절)

먼저 이스라엘이 수치를 당할 것을 말씀한다['빰을 맞는 것'은 수치를 당하는 것을 의미하고(참고 욥 16:10; 애 3:13), '재판자'는 통치자 또는 왕을 의미한다]. 그런데 그들이 수치를 당하는 이유는 미가서에서 거듭 언급되는 대로 그들의 '죄' 때문이었다. 그러니까 그들이 수치를 당하는 것은 우연한 일도 아니었고 군사력이 약해서도 아니었다. 그것은 오직 하나님의 심판과 징계의 결과였다.

특별히 하나님께서 이스라엘을 징계하는데 사용하는 막대기는 앗수르인 것으로 판단된다(어떤 학자들은 바빌론이라고 주장하기도 한다. 참고 5:5~6).[1]

2. 새로운 왕(메시아)을 통한 이스라엘의 회복(2~6절)

앞에서 거듭 선포된 것처럼 하나님의 심판은 마지막이 아니고, 종국에는 하나님께서 이스라엘을 회복시킬 것을 말씀한다. 여기에서 특별한 것은 하나님께서 그의 백성을 통치할 새로운 왕을 보내셔서 이스라엘을 회복시키신다는 것이다.

그런데 그의 출생지는 베들레헴 에브라다라고 한다. 창세기 35:19; 48:7에 보면 에브라다가 베들레헴과 동일시되고 있다. 아마 에브라다는 베들레헴을 둘러쌓인 지역이라고 할 수 있을 것이다. 이것은 그 왕이 다윗의 후손임을 말씀하는 것이다. 왜냐하면, 다윗의 아버지 이새는 베들레헴 사람이고(삼상 16:1,18) 다윗도 에브랏 사람이기 때문이다(삼상 17:12). 그러니까 본문에서 새로운 왕에 대한 약속은 사무엘하 7장에 있는 소위 '다윗 언약'의 확인이요 재선포라고 할 수 있다.

또한 그 왕이 유다의 지파 가운데 크고 강한 족속에서 탄생할 것이 아니라 가장 작고 미약한 마을인 베들레헴에서 탄생한다는 것은, 그 왕의 탄생이 하나님의 초자연적인 개입과 역사와 관계가 있음을 보여 준다(실로 나중에 메시아는 하나님이신 분이 하나님과 동등됨을 취하지 않으시고 낮아지신 분이시다). 또한 우리 하나님은 낮고 천한 자를 들어 쓰시는 분이시다는 것을 다시 한 번 드러내고 있다(참고 고전 1:26~30).

그리고 이 통치자의 근원이 오래 전임을 말씀한다(우리말에 '태초'라는 말은 '아주 오래 전'으로 번역하는 것이 옳다). 그가 우연히 오시는 왕이 아니고 하나님께서 오래 전부터 계획하신 왕이라는 것이다. 이것은 하나님께서 이스라엘을 회복하심이 하나님의 섭리와 역사에 개입하심을 의미한다. 그러니까 본문은 이스라엘의 심판과 구원이 모두 우발적으로 발생하는 것이 아니라, 하나님의 뜻과 계획안에서 이루어지고 있음을 분명히 보여주고 있다.

그리고 그 왕의 탄생의 결과가 3~6절에 언급된다(3절의 접속사 '그러므로'는 새로운 왕의 탄생의 결과를 말씀한다).

왕의 오심의 결과는 먼저 3절에 언급된 대로 그 형제 남은 자가 회복되는 것이다. 여기에서 '그 형제 가운데 남은 자'는 7, 8절의 '야곱의 남은 자'와는 개념이 다르다. 7, 8절의 남은 자는 끝까지 하나님을 의지하면서 신실하게 믿음을 지킨 자를 말하는 것이고, 3절에서의 남은 자는 부정적 의미에서 죄 때문에 하나님의 심판을 경험한 자를 말한다[히브리어 성경에서 3절의 남은 자는 '예테르'(יֶתֶר)이고 7, 8절의 남은 자는 '슈에릿'(שְׁאֵרִית)이다]. 또한 '돌아온다'는 것은 원래 상태로의 회복을 의미한다.

그런데 그 회복은 마치 임산한 여인이 해산의 고통을 경험하는 것과 같은 고난을 겪은 후에 일어난다(참고 4:10). 결국 이스라엘은 고난을 겪은 후에 새로운 왕이 지배하는 진정한 의미에서의 하나님의 백성으로 회복된다는 것이다.

4절에서는 그 새로운 왕의 능력의 근원과 역할을 말씀한다. 그것은 다음과 같이 요약될 수 있다. 첫째, 그 왕의 능력이 하나님으로부터 기원한다. 둘째, 그 왕은 새로운 리더십을 세울 것이다('서다'는 리더십의 세움을 의미한다). 셋째, 그 왕은 목자와 같이 자기 백성을 돌보고 인도할 것이다(참고 겔 34:23~24). 그래서 그 왕 때문에 그의 백성들의 안연히 거할 것이다. 넷째, 그의 권세는 땅 끝까지 이를 것이다. 이것도 역시 사무엘하 7:9에 있는 "내가 너의 이름을 크게 할 것이다"라는 말씀과 관련되어 있다. 그 왕의 통치와 권세가 이스라엘에만 국한되지 않고 전 세계의 모든 민족에게까지 확대된다는 말씀이다.

그리고 5~6절에서는 그 새로운 왕이 이스라엘을 괴롭히고 도전하는 모든 대적들을 격파하고 그들에게서 건져주실 것을 말씀한다. "그가 우리의 평강이 될 것이다"는 4절의 "안연히 거할 것이다"와 같은 맥락이다. 그래서 그는 그가 선택한 백성들의 지도자들을('일곱 목자와 여덟 군왕' – 일곱과 여덟은 상징적으로 많은 수를 의미한다) 통해서 앗수르의 침략과 니무룻(바빌론)의 손에서 이스라엘을 건져낼 것을 말씀한다(앗수르와 바빌론은 하나님께서 이스라엘을 징계하시기 위해서 사용하셨던 대표적인 도구들이었다).

결국, 3~6절에서는 새로운 왕(메시아)으로 인해 이스라엘이 회복되고(또는 새로운 이스라엘이 형성되고), 또 그 왕이 회복된 하나님의 백성을 다스리심으로 하나님의 백성을 모든 대적들로부터 보호하시고 승리케 하실 것을 말씀한다. 그래서 그 왕의 권세와 능력과 위엄이 온 땅에 미칠 것을 선포하고 있다.

3. 남은 자(the remnant of the Jacob)의 역할(7~9절)

이제 주제는 새로운 왕(메시아)에서 신실하게 믿음을 지켜온 '야곱의 남은 자'로 전환된다. 그들은 하나님께서 그의 역사를 이루어가기 위해서 많은 민족 가운데 남겨 놓은 자들이었고['많은 백성 중에 있으리니(7절), 열국 중과 여러 백성 중에 있으리니(8절)'], 특별히 선택된 사람들이었다('여호와에게로서').

그들의 역할은 크게 두 가지로 선포된다.

먼저, 7절에서 남은 자들은 "여호와에게로서 내리는 이슬같고 풀 위에 내리는 단비 같다"고 한다. 이 말씀은 마치 '이슬'과 '단비'가 식물에 생명을 주고 새롭게 활기를 주는 것처럼 남은 자들이 하나님의 복의 중계자 역할을 할 것을 의미한다.

4:1~4에서 말씀하는 바와 같이, 모든 민족이 구원을 얻는데 예루살렘이 중심지가 되는 것처럼 이스라엘의 남은 자들은 만민의 구원을 위해서 중심적 역할을 한다는 것이다. 사실 남은 자들은 이스라엘의 멸망으로 작고 보잘것 없는 자들이 되었지만 하나님의 주도 하에서 그들이 위대하게 쓰임 받는다는 것이다. 또한 남은 자가 사명을 감당하는 과정에서도 그들의 능력의 근원은 하나님이심을 말씀한다('인생을 기다리지 아니하며').

다음으로, 8절에서 남은 자들은 "사자와 같이 그의 대적들을 진멸할 것이다"고 한다[사자는 모든 짐승 가운데 대적할 자가 없는 가장 강함을 상징한다(잠언 30:30)]. 다시 말하면, 끝까지 신실하게 믿음을 지킨 진정한 하나님의 백성들이 하나님을 대적하고 반역하는 자들을 정복하고 그들에게서 승리할 것을 말씀한다. 어느 민족도 남은 자들에게 대적할 수 없다는 것이다.

그러면서 선지자는 9절에서 하나님께서 손을 들어 하나님의 대적을 직접 진멸할 것을 간구한다. 하나님께서 손을 높이 드는 것은 그의 적을 격파하심을 나타내는 상징적인 모습이다(시 89:13; 사 26:11). 또한 이 간구는 남은 자들이 하나님의 대적을 심판하는 도구로 사용될 때에 절대적인 하나님의 도움으로만 가능함을 다시 확인시켜 주고 있다.

결국, 남은 자들은 모든 백성을 구원하는 중매자의 역할뿐 아니라 악한 사람들을 심판하는 대리자로서 역할도 할 것을 말씀한다. 그리고 새로운 왕의 기원이 하나님으로부터였고 그 왕의 능력의 근원이 하나님이었던 것처럼 남은 자의 기원도 하나님이시고 남은 자들이 사명을 감당하는 것도 하나님의 능력과 역사하심으로 가능함을 말씀한다.

4. 이스라엘의 정화(10~15절)

이제 결론으로서 하나님께서 자기 백성이 하나님을 의지하고 섬기는데 방해되는 것을 제거하실 것을 말씀하고 있다. 그런데 하나님께서 친히 그것을 이루심을 계속 강조되고 있다[10, 12, 13, 14, 15절에 주어는 하나님이다("내가–할 것이다")].

먼저, 10~11절에서 하나님께서는 전쟁에서 이스라엘이 의지하는 모든 것을 제거하실 것이라고 한다. 10절의 말이나 병거는 공격용이고 11절의 성읍과 견고한 성은 방어용이다. 그런데 이스라엘이 전쟁을 할 때 하나님 외에 다른 나라를 의지하는 것은 큰 죄였고, 그것은 그들의 심판을 자초하는 것이었다(사 31:1~3). 그러니까 이스라엘이 전쟁을 하면서 하나님만을 의지하도록 함으로 그들을 온전한 하나님의 백성으로 만드시겠다는 것이다.

다음으로, 12~14절에서 하나님께서는 그들이 하나님과 함께 섬겼던 모든 우상들과 신들을 제거하실 것이라고 한다. 이스라엘의 전역사를 통하여 이스라엘의 가장 큰 문제는 그들이 늘 하나님과 함께 우상을 섬기는 것이었다. 그래서 하나님께서는 자기 백성이 하나님과 언약관계를 파괴하는 모든 것을 직접 제거하심으로 이스라엘이 온전한 언약 백성이 되도록 만드시겠다는 것이다.

그러나 마지막은 '경고'로서 끝난다. 하나님께서 회복시키시고 만방에 구원을 허락하실 때에도 하나님을 거역하는 사람들이 있을 것인데, 그들을 하나님께서 직접 '진노와 분한'으로 갚으신다는 것이다(15절).

결국, 메시아와 남은 자의 기원이 하나님이셨던 것처럼 이스라엘의 정화의 주체도 하나님이심이 강조된다. 인간의 능력으로 그리고 어떤 인간적인 수단과 방법으로 그들의 불신이 사라지고 그들의 부정한 모습이 정결케 되는 것이 아니다. 단적인 예로서, 이 말씀의 선포와 밀접하게 연관되었던 히스기야 왕의 개혁은 부분적이고 일시적이었다. 그의 개혁이 하나님의 진노로부터 이스라엘을 온전히 그리고 영구히 구하지 못하는 것이다. 그러므로 10~15절은 전적으로 하나님의 역사하심과 은혜로만 그들이 온전히 정결해지고 하나님의 진노의 심판으로부터 보호하심과 구원을 얻는 것임을 말씀하는 것이다.

신학적 묵상

예언서를 읽을 때 가장 대표적으로 잘못 해석하거나 오해하는 것은 두 가지라고 생각한다. 그런데 미가 5장은 그 잘못된 이해를 바로 잡아줄 수 있는 좋은 본문이다.

먼저, 예언서를 읽을 때 주의해야 할 것은, 메시아의 탄생과 역할에 관한 본문을 접할 때 그 본문이 기록된 당시의 역사적 상황을 전혀 고려치 않은 채 무조건 예수님의 탄생과 사역과 연결시켜서 해석하고 적용하는 것이다. 물론 우리가 예언서에 있는 예수님의 예언에 대한 말씀들이 어떻게 실제적으로 성취되었는가에 대해서도 관심을 가져야 하지만, 예언서를 읽을 때 우리는 우선적으로 그 말씀이 기록된 시대적 상황과 함께 살펴보아야 한다는 것을 명심해야 한다. 왜냐하면 예언서에 있는 메시아를 통한 소망의 메시지는 역사적으로 선지자들이 살았던 때의 민족적 이스라엘과 일차적으로 관련되어 있기 때문이다.

앞에서 살펴본 것처럼 오늘 본문에서도 새로운 왕(메시아)을 통한 회복과 구원의 메시지는 당시에 고난 가운데 있었던 이스라엘의 회복과 이스라엘에게 어려움을 주었던 이방 나라들로(앗수르, 바빌론 등의 이스라엘의 적)부터의 보호와 일차적으로 관련되어 있다. 그리고 그 메시지는 온 인류와 우주의 구원으로 연결되고 확대된다.

그렇기 때문에 우리는 예언서을 읽을 때 역사적 상황을 무시하고 무작정 예언서의 메시지를 예수님으로 연결해서는 안 되고, 먼저 당시의 역사적 상황 속에서 그 의미를 파악하고, 그 다음에 예수님의 탄생과 사역에 연결시켜야 할 것이다. 그것은 또한 예수님에 대한 예언의 의미를 좀 더 깊고 명확하게 알려줄 수 있는 것이다.

다음으로 예언서를 읽을 때 우리가 주의해야 할 것은 예언서의 주 메시지가 저주와 심판이라고 오해하는 것이다. 그러나 우리는 예언서의 주 메시지는 구원과 회복이라는 것을 명심해야 한다.

주전 8~5세기의 후기 선지자들이 살았던 시대의 이스라엘은 전쟁 때문에 땅이 황폐해지고 백성들은 포로로 잡혀갔던 때였다. 그 때는 또한 도덕적, 윤리적 타락이 극을 달하고 있었을 때였고 신앙에 있어서도 심각한 문제를 안고 있었던 때였다. 요즈음에 흔히 하는 말로 나라가 총체적인 위기에 있었던 것이다. 그래서 그러한 암흑의 시대에 선지자들은 하나님의 심판과 징계의 메시지를 단호하게 선포했다.

그래서 오늘날 많은 사람들은 선지자들이 혼탁한 시대적 상황에서 예언서 여러 곳에서 심판의 메시지를 선포하는 것을 보면서 선지자의 핵심 메시지는 심판 메시지라고 한다. 그래서 하나님을 향한 믿음이 식어지고 사회의 윤리와 도덕이 무너질 때 불의를 꾸짖고 심판을 선포하는 것이 선지자적 사명을 감당하는 것이라고 주장하기도 한다.

물론 그것은 틀린 말이 아니다. 그러나 우리는 선지자들이 심판과 징계의 메시지를 선포하였지만 그것은 결코 선지자들의 마지막 메시지가 아니었다는 것을 명심해야 한다. 하나님의 채찍은 항상 구원을 위한 서막에 불과하고 그들의 고통은 마치 여인이 해산하기 위한 고통과 같은 것이었다. 비록 그들이 잘못해서 어렵고 암울한 시대를 살았지만 심판은 그들을 향한 하나님의 진정한 바람이 아니었고 하나님의 궁극적 목적은 그들의 회복이었다. 그래서 선지자들은 그러한 암울한 상황에서도 마지막에는 항상 구원과 회복의 메시지를 선포하였던 것이다. 그러니까 심판은 진정한 회복을 위한 과정이었던 것이다.

이것은 오늘 본문을 통해서도 확연히 드러난다. 오늘 본문이 선포된 주전 8세기의 이스라엘은 신앙적으로 도덕적으로 타락의 극을 달리고 있었다. 그래서 그러한 암흑의 시대에 선지자는 단호하게 심판과 징계의 메시지를 선포했다(1~3장). 그러나 그것은 끝이 아니었다. 결국은 하나님께서 이스라엘을 회복시키시고 구원하신다는 소망의 메시지가 심판의 메시지의 뒤를 잇는다. 미가 선지자는 하나님께서는 메시아를 보내실 것이고 그가 진정한 하나님의 나라를 세우실 것을 선포한다. 하나님의 궁극적 목표는 구원과 회복이었다.

이것은 또한 여러 방면에서 다양하게 증거할 수 있지만 대표적인 예언서로 인정되고 있는 이사야서를 통해서도 확인될 수 있다. 이사야서 전체의 구조를 보면 이사야서는 40~66장 소망과 회복의 메시지를 결론으로 선포하면서 이사야서를 끝내고 있다. 또한 대개 이사야서의 전체의 요약이라고 하는 이사야 1장을 보면 이스라엘이 비록 지금은 어려움 가운데 있지만 하나님께서 결국은 이스라엘을 회복시키시고 구원할 것이라는 소망의 메시지를 결론으로 선포한다. 그리고 많은 사람들이 이사야 1~12장을 심판의 메시지라고 하지만 1~12장의 결론이라고 할 수 있는 12장을 보면 구원과 회복의 메시지가 선포되고 있다. 이러한 이사야서의 구조와 메시지의 흐름을 볼 때 우리는 예언서의 마지막 메시지와 핵심 메시지가 다름 아닌 소망의 메시지인 것을 자연스럽게 발견할 수 있다.

결론적으로 이야기하면, 선지자들이 암울한 시대에 심판을 선포하기는 했지만 그것은 선지자들의 최종적인 메시지가 아니었고 선지자들의 핵심 메시지는 하나님께서 결국에는 구원과 회복을 주실 것이라는 소망의 메시지였다.

적용

미가 5장을 통해서 우리는 크게 두 가지를 교훈 받을 수 있다고 생각한다.

먼저, 우리는 예수님께서 오시기 700여 년 전에 미리 예수님의 나실 장소가 예언되었다는 사실에 감격하지 않을 수 없다. 예수님께서는 하나님의 계획하심과 꾸준히 준비하심의 과정을 통해서 때가 차매(막 1:14) 역사의 한 결정적인 순간에 우리에게 오신 것이다. 이것은 하나님께서는 결코 우발적으로 어떤 일을 행하시는 것이 아니라 섭리와 계획 속에서 모든 일을 추진하시고 이루신다는 것을 말씀하는 것이다.

그렇기 때문에 우리는 이 우주와 역사를 향한 하나님의 뜻이 있다는 것을 항상 기억하며 살아야 한다. 우리 주위에서 일어나는 모든 일들이 우연히 또는 의미 없이 발생하는 것 같지만 그 안에는 창조주 하나님의 간섭과 섭리하심이 있고 그것들을 통하여 하나님께서 정하신 뜻과 목적을 이루어 가고 있다는 것이다.

요즈음의 어떤 사람들은 여러 가지 불의가 득세하고 죄악의 밤이 깊어진 현실을 비관적으로 바라보면서 "하나님께서 살아 계시다면 어찌 이런 일들이 일어날 수 있겠는가"라고 의아해 하기도 한다. 마치 하나님께서 침묵하시는 것과 같이 느껴질 때가 있는 것도 사실이다. 그러나 우리가 알아야 할 것은 하나님께서 잠잠한 것같이 느껴지고 칠흑같이 캄캄한 시대가 계속되는 것 같아도 하나님께서 계획하시고 목표하신 천지만물의 완전한 회복을 위한 주님의 경륜은 계속되고 있다. 그리고 때가 찰 때 주님의 뜻과 계획은 실현될 것이다.

하나님께서 계획하신 복음이 최종적으로 실현되기 바로 전 400년 동안도 하나님께서는 침묵하셨고 이스라엘은 암흑의 시간을 경험했다. 인간적인 관점에서 볼 때 하나님께서는 잠잠하신 것 같았지만 그러한 침묵의 때에도 결코 하나님은 잠잠히 계시지 않았다. 하나님께서는 그의 계획하신 것을 잊어버리시지 않고 계속해서 일하셨고, 때가 차매 하나님의 복음을 드러나게 하셨다.

두 번째, 우리 각자를 향한 하나님의 계획과 섭리하심이 있음을 명심해야 한다.

역사를 주관하시고 생사를 주관하시는 하나님께서는 결코 우연히, 기분 내키시는 대로 우리에게 역사하시지 않고 우리 각자를 향해 가지고 계시는 하나님의 뜻과 섭리 안에서 우리의 모든 것을 인도하신다는 것이다. 그래서 때로는 가장 적절한 때가 아닐 때 하나님께서는 우리의 길을 막으시기도 한다. 전도서 3:1에 말씀한 것처럼 "천하에 범사가 기한이 있고 모든 것이 목적을 이룰 때가 있기" 때문이다.

그러나 우리는 우리의 생각과 계획대로 일이 진행되지 않을 때 너무 조급해하고 서두르는 경향이 있는 것 같다. 그래서 억지로, 무리하게 어떤 일을 추진하고, 급기야는 하나님께서 기뻐하시지 않는 방법으로 우리의 삶을 이끌어 갈 때도 많다. 믿음으로 살고 하나님의 뜻대로 산다는 것은 하나님의 주권을 인정하고 하나님의 때를 분별할 줄 아는 것과 일맥상통하다. 그러므로 우리에게 불가항력적으로 다가오는 모든 일에 하나님의 뜻을 깊이 묵상하고 늘 하나님의 때를 분별하고자 하는 자세가 필요하다. 그리고 잠잠히 주님을 바라보면서 주님의 때를 기다리면 주님의 시간에 우리들의 모든 것이 아름답게 변하게 될 것을 믿어야 할 것이다.

다음으로, 오늘 본문 전체를 흐르는 핵심적인 사상은 구원과 회복의 근원이 바로 하나님 그 분이라는 것이다. 새로운 왕(메시아)의 탄생이 하나님으로부터 말미암고 그의 능력의 근원도 하나님이라고 한다. 또한 구원의 중매자요 심판의 대리자인 '야곱의 남은 자'도 하나님으로부터 말미암고 그들의 능력의 근원도 하나님이시다. 그리고 이스라엘을 정결케 하는 것도 하나님께서 직접 주도권을 가지고 이루실 것임을 말씀하고 있다. 결국 이것은 모든 것을 시작하시고 이루어 가시는 것은 하나님이시고 우리는 단지 도구로 쓰인다는 것을 의미한다.

오늘날 우리도 선지자 시대와 비슷하게 어두운 시대에 살고 있다. 윤리와 도덕이 땅에 떨어져 버렸고 각종 추악하고 잔인한 범죄가 판을 치고 있는 시대에 살고 있다. 그리고 더욱 심각한 것은 교회가 보여 주어야 할 바른 모습을 보여주지 못하기 때문에 많은 사람들이 교회의 앞날을 걱정하기도 한다. 우리 기독교의 본질이 드러나지 않고 세속화되고 이교화된 것이 사실이다. 그러나 우리는 어떤 사람들처럼 결코 모든 것을 냉소적이고 비판적이고 절망적인 시각으로만 바라보지 말아야 한다.

물론 우리가 이 어두움의 시대를 바라보면서 심판과 저주를 선포하면서 각성을 촉구해야 하지만 그것이 우리의 마지막 메시지가 되어서는 안 된다. 미가 선지자가 가장 암울하게 보이고 소망이 없어 보이는 상황에서도 구원과 회복의 메시지를 선포했던 것처럼 우리도 세상과 교회를 향하여 소망의 메시지를 선포해야 한다.

왜냐하면 우리가 아무리 끊임없이 반역하고 하나님을 실망시켜도, 이 세상의 어두움의 세력이 아무리 발버둥을 쳐도 하나님께서 창조하신 이 우주와 하나님께서 세우신 교회는 결코 파멸되지 않을 것이고, 하나님께서 친히 어둠의 세력을 뚫고 들어오셔서 그 어두움을 물러가게 하실 것이기 때문에 그렇다.

뿐만 아니라, 우리는 이 소망의 메시지를 영적으로 어두움 가운데 있는 사람들과 삶의 소망이 없는 사람들에게 선포해야 한다. 우리 주위를 보면 영적으로 어두움 가운데 있는 사람이 얼마나 많은가? 또한 우리가 IMF를 극복했다고 하지만 실제적으로 노숙자와 결식아동과 실직자가 더 늘어나고 있고 부익부 빈익빈의 현상이 갈수록 심각해지고 있지 않는가? 이런 상황 속에서 삶의 고통을 당하고 있는 우리의 이웃이 또한 얼마나 많은가? 우리는 그들에게 소망의 메시지를 선포해야 할 것이다. 왜냐하면 주님만이 우리의 진정한 소망이기 때문이다.

06

여호와께서 구하시는 것

미가 6장 주해와 적용

대통령과 선지자

1977년 1월 20일 지미 카터는 미합중국 대통령 취임선서를 마친 후 행한 연설에서 미가 6:8을 인용했다. "여호와께서 네게 구하시는 것이 오직 공의를 행하며 인자를 사랑하며 겸손히 네 하나님과 함께 행하는 것이 아니냐?" 미가서의 핵심적 메시지를 담고 있는 이 구절은 유대 전통에서는 대표적인 율법의 요약으로, 기독교 전통에서는 참된 종교의 본질을 규명한 것으로 널리 알려져 있다. 카터의 인용은 이 말씀이 2,700년이나 지난 지금에도 변함없는 적실성을 가지고 있음을 잘 보여주는 예다. 특별히 미가 6장은 예배의 강조에 비해 삶의 내용이 빈약한 것으로 지적되는 한국 교회가 마음에 깊이 새기고 힘써 실천해야 할 메시지를 큰 소리로 외치고 있다.

미가 6장의 구조

미가 6장은 '언약 소송'(covenant lawsuit)을 형식적 내용적 배경으로 삼아 다음과 같은 이중적 구성을 보인다. 1~8절은 여호와와 이스라엘 사이의 법정 쟁변을, 9~16절은 선지자의 이스라엘에 대한 고소와 심판의 선언을 담고 있다.

A 하나님과 이스라엘의 쟁변(6:1~8)

a 법정 소환(1~2절)

1) 방청 초청(1상절)

2) 증인 소환(1하~2상절)

3) 피고 소환(2하절)

b 쟁론(3~8절)

1) 하나님의 고소(3~5절)

(1) 고소(3절)

(2) 변론: 은혜의 선물(4~5절)

2) 이스라엘의 반론(6~7절)

3) 하나님의 논고(8절)

B 하나님의 이스라엘 고소(6:9~16)

a 고소의 대상(9절)

b 고소의 내용(10~12절)

c 심판의 선언(13~15절)

d 개괄적 요약(16절)

1) 고소(16상절)

2) 판결(16하절)

비슷한 형식과 내용을 가진 두 부분(1~8절, 9~16절)은 선지자가 수행하는 '언약의 수호자'(guardian of the covenant)로서의 역할을 잘 보여준다. 둘 다 하나님이 선지자를 통하여 이스라엘에게 소송을 걸고 이스라엘의 죄에 대해 고소 · 판결(rib pattern)하는 내용을 담고 있다. 그러나 주안점은 서로 다르다. 1~8절은 제의적 질문에 대한 원리적 선언을 내용으로 하는 반면, 9~16절은 1~8절에서 확립된 원리를 가지고 당시 이스라엘에 횡행했던 사회악을 구체적으로 고발한다. 전자의 원리는 후자의 논리 근거이자 판결 기준이다. 그렇다면 미가 6장 전체는 8절 말씀을 개념적 연결고리로 삼아 구성되어 있다고 해도 과언이 아니다.

해석

1. 하나님과 이스라엘의 쟁변(6:1~8)

하나님이 그의 백성을 법정에 고발한다(1~2절의 '쟁변'). 이스라엘과의 언약이 고소와 판결의 논리적 근거를 제공한다. 언약적 배경은 용어에서도 확인된다: 이스라엘은 여호와의 '내 백성'이요(3, 5절) 여호와는 이스라엘의 '네 하나님'이다(8절).

1) 법정 소환(1~2절)

(1) 방청 초청(1상절)

이스라엘은 언약 소송을 통해 말씀하시는 하나님의 메시지를 들어야 한다.

(2) 증인 소환(1하~2상절)

하나님은 산과 작은 산, 땅의 지대를 증인으로 재판정에 부른다. 이들은 처음 언약을 맺을 때에도 증인이었다(신 31:28; 32:1 등). 증인의 견고함과 항구성은 변하기 잘하고 흔들리기 쉬운 이스라엘 백성의 신뢰할 수 없음을 간접적으로 비판한다.

(3) 피고 소환(2하절)

하나님이 이스라엘을 법정에 고소한다. 원고이자 재판장인 여호와가 선지자 미가를 대리인으로 세워 피고 이스라엘에게 언약 소송을 거신 것이다. '자기 백성'과 '이스라엘'의 평행적 사용은 소송의 언약적 성격과 이스라엘이 심판을 피할 수 없음을 가리키고, '쟁변'과 '변론'의 병행은 소송의 목적이 책망과 징계를 통한 언약에로의 돌이킴임을 보여준다.

2) 쟁론(3~8절)

여호와와 하나님간의 본격적인 쟁론이 벌어진다. 죄목은 언약 정신의 위반이다. 이스라엘도 여호와가 언약을 어겼다고 생각한다.

(1) 하나님의 고소(3~5절)

① 고소(3절)

하나님이 이스라엘을 고소하게 된 계기는 3절에 암시되어 있다. 이스라엘은 하나님이 자기들에게 부당하게 대우했다고('괴롭게 하였다') 불만이다. 여호와의 고소를 유발한 이 불만은 6~7절에서 밝혀진 대로 언약의 요구가 담긴 언약규정의 정신을 제대로 이해하지 못한 데서 온 것이다. 하나님은 '무엇'이란 질문을 반복하심으로써 이스라엘의 부당함과 자신의 신실함을 웅변적으로 표현한다. 하나님은 또한 '나와 너'의 언어를 사용하심으로써 그의 백성이 언약의 의무를 어긴 것을 상기시킬 뿐만 아니라, 이 언약이 인격적인 관계에 기초하고 있음을 보여준다. 이스라엘은 하나님을 신뢰하고 그의 뜻을 실천해야 한다. 이어서 하나님은 이스라엘에게 하나님이 그들을 괴롭힌 증거를 제시하라고 도전한다.

② 변론: 은혜의 선물(4~5절)

하나님은 이스라엘의 증언을 듣기 전에 그들의 태도가 어디에서 잘못되었는지를 지적한다. 4~5절은 고대근동 조약의 소위 '역사적 서언'(historical prologue)에 해당한다. 하나님은 이미 베푸신, 선행하는 은혜를 나열하심으로써 이스라엘에 대한 자신의 요구가 정당함을 변증하신다. 하나님이 이스라엘에게 베푸신 은혜의 선물은 4가지다.

첫째, 구속의 선물이다. 본문이 강조하는 출애굽의 성격은 '종노릇하는 집'에서의 '속량'이다. 하나님은 이스라엘을 괴롭게 하시는 분이 아니라 이스라엘을 괴로운 상황에서 구원하신 분이다.

둘째, 지도자의 선물이다. 하나님은 모세와 아론과 미리암 같은 좋은 지도자를 선물로 주셔서 어려운 광야생활을 인도하셨다. 지금도 미가 같은 신실한 종들을 의지하여 하나님의 인도를 받을 때 당면한 위기를 극복할 수 있다.

셋째, 축복의 선물이다. 하나님은 발람의 저주를 축복으로 바꾸신 분이다. 하나님의 백성인 이스라엘을 해할 복술이 없다(민 23:23). 하나님은 자기 백성을 대적하는 모든 세력에서 그들을 구원하시고 구원의 목적을 이루어 가신다.

넷째, 땅의 선물이다. 싯딤은 이스라엘이 요단 동편을 뒤로 한 마지막 성읍이고, 길갈은 가나안 땅에 들어가 처음 맞은 성읍이다. 하나님은 기업의 땅을 약속하시고 이스라엘에게 선물로 주셨다.

마지막 결론으로 의의 선물이다. 여호와의 의는 내적으로는 여호와의 성품을, 외적으로는 여호와의 능하신 구원활동을 가리킨다. 이는 하나님의 구원의 은혜를 응축하여 표현한 말이다. 하나님의 은혜는 이스라엘이 하나님을 사랑하고 언약 규정을 지켜야 할 언약적 의무를 발생시킨다.

(2) 이스라엘의 반론(6~7절)

이스라엘은 하나님의 요구(3하절)와 논증적 고소(6~7절)를 듣고 반응한다. '내가 …'로 시작되는 표현은 저자가 한 예배자의 입장에서 생각의 궤적을 추적하여 기술하는 방식이다. 하나님은 예배자의 속마음을 꿰뚫어 보고 '마음의 여행'을 적나라하게 보여준다. 이 '모색'은 하나님께 나아가는 은혜의 수단으로서의 제의 자체를 부인하는 것은 아니다. 본문에서 부정되는 것은 다량의(천천, 만만) 값비싼 제물(번제, 일 년 된 송아지, 기름, 맏아들)로서 하나님의 은총을 획득하려는 자세다. 본문은 또한 표현상으로 볼 때 이스라엘의 진지한 모색이 아니다. 예배자의 말은 경건한 용어로 포장되어 있으나 하나님께 나아가는 것은 번거로운 일이라는 불평이 묻어난다. 이스라엘은 하나님과 하나님의 요구, 참된 예배의 본질을 알지 못함으로 오히려 그들이 하나님을 괴롭게 했음을 보여준다.

(3) 하나님의 논고(8절)

하나님이 선지자의 대언을 통하여 '사람아'로 논고를 시작하신 것은 6절의 '내가 …'에 대응하는 말로써 이스라엘 사람 개개인을 염두에 둔 표현이다. 이는 청천벽력 같은 말씀으로 백성들의 잘못된 생각을 순식간에 산산이 흩어 버린다. 이 말씀은 새로운 말씀이 아니다. 이미 수없이 계시하신 말씀이다. 백성은 하나님의 계시를 외면하고, 피상적으로 이해하고, 자기 부당한 목적을 위하여 이용하려고 했을 뿐이다. 그러나 하나님은 여전히 '선한 것'을 요구하신다.

① 공의를 행함

의는 언약 공동체의 행동의 원리다. 의의 요구는 특별히 가진 자가 가지지 못한 자에 베풀어야 할 행동으로 나타난다. 하나님이 압제당한 이스라엘을 위하여 공의를 행한만큼(8절) 백성들도 피차 공의를 행하여야 한다.

② 인자를 사랑함

인자는 언약의 중심 언어다. 형제와 이웃에 대해 가져야 할 근본적인 마음의 자세를 가리킨다. 인자를 사랑함에서 의로운 행동이 흘러나온다. 주님은 제자공동체의 맥락에서 '네 이웃을 네 몸과 같이 사랑하라'고 명하셨다.

③ 겸손히 네 하나님과 함께 행함

'겸손'은 3절과 6~7절에서 보인 자세와는 정반대다. 그러나 책망의 자리에서도 여호와는 '네 하나님'이 되신다. 하나님과의 겸손한 동행은 공의와 인자를 가능하게 하는 원동력이다. 이렇게 보면 위에 열거된 세 가지는 한 가지 사실의 세 측면이다.

2. 하나님의 이스라엘 고소(6:9~16)

약간 다른 형태로 선지자는 하나님을 대신하여 백성들의 죄를 지적한다. 미가 선지자는 거짓 평안을 전하고 언약을 파괴하는 거짓 선지자와 달리 언약을 신실하게 수호한다. 이스라엘 백성들의 구체적인 삶의 자리에서는 공의와 인자, 그리고 하나님과 동행하는 것과는 정반대의 현상이 나타난다.

1) 고소의 대상(9절)

하나님은 성읍에 대하여, 도시에 대하여 말씀하신다. '완전한 지혜는…'은 잘 들으라는 동기유발 구절이다. 개역성경의 '매'는 처벌을 상징하고, '그것을 정하신 자'는 하나님을 가리킨다.[1]

2) 고소의 내용(10~12절)

하나님은 선지자를 통하여 구체적인 죄를 지적하신다: 불의한 재물, 부정한 도량형, 거민들의 거짓(궤사함), 부자들의 강포. 하나님은 불의를 일삼는 악인의 집에서, 지위와 제도를 악용하여 모은 재물에서, 장터의 '관행'에서 공의와 인자의 증거를 찾으신다. 모든 사람이 모든 방법을 동원하여 자기의 이웃을 해하는 악은 여호와 보시기에 '가증한' 것이다(10절). 이것은 8절에 말씀하신 공의롭게 행하여야 하는 원리의 위반이다. 이것은 인자를 사랑하지 않는 것이고, 하나님과 동행하는 삶이 아니다.

3) 심판의 선언(13~15절)

'그러므로 나도.' 하나님은 가난한 자의 친구이자 억압자의 적으로서 언약 저주의 실현을 경고한다. 적의 손에 넘겨 멸망당할 것이다(13절). 발과 감람원과 포도원에 벌을 내리시고 그들의 수고를 헛되게 할 것이다(14~15절; 신 28:40, 51).[2] 결과적으로 이스라엘은 젖과 꿀이 흐르는 약속의 땅에서 약속된 부요 대신 궁핍을 경험할 것이다. 이스라엘의 정치적, 경제적 추락의 원인은 죄 때문이다(24절: '네 죄를 인하여'). 약속의 땅에서 이스라엘은 죄로 말미암아 저주를 경험한다. 그러나 이것은 기계적 인과응보가 아닌 인격적 하나님의 언약 저주의 실현이다. 언약의 저주는 일반 은총으로 당연히 누려야 할 것도 누리지 못하게 한다.

4) 개괄적 요약(16절)

(1) 고소(16상절)

이스라엘은 잘못된 모델을 따른다. 그들은 하나님과 동행하는 대신, 거침없는 악행과 바알 숭배로 유명한 오므리와, 선지자를 죽이고 여호와의 언약을 무시한 배도의 전형 아합을 좇아간다. 오므리와 아합의 언급은 그들의 죄의 심각성과 심판의 불가피성을 강조한다.

(2) 판결(16하절)

하나님의 심판의 결과가 비통한 어조로 예언되고 있다. 이스라엘은 폐허가 되고 비웃음의 대상이 될 것이다. '내 백성의 수욕을 담당하리라'는 대속적 고난이 아니라 죄로 인해 당하는 수치를 가리킨다.

적용

첫째, 하나님의 성품과 그분의 요구의 성격에 대한 오해는 하나님께 대한 잘못된 자세를 초래한다. 자기 공로와 자기 노력을 가지고 하나님께 나아가며 하나님을 기쁘게 하려는 경향을 가져온다. 감사와 기쁨이 없는 피곤한 종교생활을 영위하게 된다. 자유를 주셨는데도 구속(拘束)하신다고 비난하고, 하나님을 괴롭게 하고도 하나님이 괴롭게 하셨다고 불평한다(3절). 이는 하나님의 구원의 은혜를 알지 못하기 때문이다. 하나님을 아는 영적 지식의 결여는 총체적인 불행을 초래한다.

둘째, 하나님의 성품과 그 구원의 은혜를 알기 위해서는(5하절) 하나님의 구원역사를 '추억'해야 한다(5상절). 추억은 특별한 기억(זָכַר자카르)을 의미한다. 하나님은 그의 자녀들에게 기억의 선물을 주셨다. 기억은 과거의 사건에 대한 단순한 회상이 아니라, 그 사건이 현재적 의미를 가지고 인식과 행동을 변화시키는 강력한 힘으로 다가오는 것을 의미한다. 이러한 구원역사의 끊임없는 기억은 하나님이 누구인지 하나님의 행동의 목적이 무엇인지를 마음속에 각인시켜 감사와 순종의 삶을 살게 한다. 반면에 영적인 망각은 불평과 좌절을 가져오기 마련이다.

셋째, 하나님은 심판 중에서도 긍휼을 베푸신다. 책망하시는 중에도 '내 백성'이라고 부르시며, 자신을 '네 하나님'이라고 소개한다. 이는 징계에 임하시는 하나님의 근본적인 자세를 보여준다. 애정 어린 근심으로 언약 백성임을 상기시키며 정상적인 언약 관계를 회복하시기를 원하신다. 어찌 보면 징계는 관계의 확인이다. 하나님과 이스라엘 사이에 언약관계가 없다면 하나님은 이스라엘을 징계하지도 않았을 것이다. 하나님은 자식이기에 성도들을 징계하신다(히 12:7, 8).

넷째, '야곱을 해할 사술이 없고 이스라엘을 해할 복술이 없다'(5절; 민 23:23). 얼마나 확신을 주는 말씀인가? 이 세상에는 성도에게 주신 하나님의 축복을 막을 방법이 없다. 과거에 당한 어떤 일도, 현재 당하고 있는 어떤 고난도, 장차 닥칠 어떤 불확실한 일도 우리를 하나님의 축복과 그리스도의 사랑에서 끊을 것이 없다(롬 8:35~39). 하나님은 그 신실함과 능력으로 저주를 축복으로 바꾸시는 분이다. 이 확신은 모든 불만과 불안에 대한 충분한 예방약이 될 것이다.

다섯째, 좋은 지도자는 하나님의 선물이다(5절). 그리스도가 교회에 주신 축복이다(엡 4:11). 하나님은 선한 지도자들을 통하여 그의 백성을 인도하신다. 안타깝게도 이스라엘의 불의한 지도자들은 이스라엘에게 축복이 아닌 저주를, 행복인 아닌 불행을 가져다주었다(16상절). 추종자들에게 잘못된 모델이 될 뿐이다. 그러나 겸손히 하나님과 동행하면서 사랑으로 성도를 섬기는 지도자는 참된 유일한 지도자이신 예수를 바로 수종드는 자다.

여섯째, 예배의 중요성은 아무리 강조해도 지나치지 않다. 하나님이 구하시는 예배는 어떤 예배인가? 오늘날에는 예배를 재미있고 웅장하게 드리려는 나머지 예배의 본질을 소홀히 하여 오도하는 경향이 없지 않다. 본문은 신약에서 명시된 두 가지 강조점을 벌써 보여주었다. '하나님은 영이시니 예배하는 자가 신령과 진정으로 예배할지니라'(요 4:24). '너희 몸을 하나님이 기뻐하시는 거룩한 산 제사로 드리라. 이는 너희의 드릴 영적 예배니라'(롬 12:2). 하나님은 오늘도 이렇게 자기에게 예배하는 자들을 찾으신다.

일곱째, 참된 종교는 언제나 하나님이 원하시는 선한 것이 무엇인가에 대한 계시와 순종을 포함한다. 공의와 인자, 그리고 겸비하게 하나님과 동행하는 일은 시대를 초월한 하나님의 요구다. 사람마다 하나님의 뜻을 묻지만 성경은 이미 풍성하게 계시를 담고 있다. 그런데 왜 찾지 못하는 사람이 많은가? 그들의 마음이 어두워져서 하늘에라도 올라가고 땅에라도 내려가야 할 것처럼 말하기 때문이다. 그러나 '오직 그 말씀이 네게 심히 가까워서 네 입에 있으며 네 마음에 있은즉 네가 이를 행할 수 있느니라'(신 30:14).

여덟째, '베리트(בְּרִית)'의 번역으로 '언약'이 좋은가 '계약'이 좋은가 하는 논쟁이 있다. 둘 다 장단점이 있다. 그중 '계약'으로 번역할 때 주의할 점은 하나님과의 관계를 '거래'로 오해할 소지가 있다는 점이다. 우리는 이러한 태도가 이미 이스라엘 예배자의 마음속에 나타났음을 보았다. 이러한 태도는 신약성도들도 은혜의 복음을 공로의 교환으로 생각하는 태도로 나타날 수 있다. 언약은 거래가 아니다.

아홉째, 삶의 현장에서 공의와 사랑을 실천하는 것이야말로 하나님과 동행하는 길이다. 성도는 온갖 사회적 왜곡을 교정하는 삶을 살아야 한다. 어찌 보면 사회의 투명성과 기본질서가 확보되지 않아서 사회가 정체하는 현상은 그리스도인의 직무유기의 결과라고 할 수 있다. 하나님은 값비싼 예물이 많이 드려지는 성소보다 공의가 행해지는 시장바닥을 찾아가신다. 예배 행위는 삶의 내용을 대신할 수 없다. 예배당은 의로운 삶을 거절하기로 작정한 사람들의 도피처일 수가 없다.

마지막으로 현대는 죄의 심각성이 과소평가되는 시대다. 죄는 여러 가지 이름으로 재정의되어 결국은 부인되는 현상을 보게 된다. 그러나 죄는 '비존재'다. 하나님의 축복을 앗아간다. 죄는 '반존재'다. 하나님의 저주를 경험하게 한다. 죄 문제를 소홀히 다루는 것은 모든 잘못된 것에 대하여 바른 진단을 내리지 못하게 만든다. 현대인이 직면하고 있는 문제들은 그들이 죄를 직면하기 이전에는 제대로 해결될 수 없다. 이것은 본문뿐만 아니라 전 이스라엘 역사가 가르치는 교훈이다.

결언

선지자의 심판의 선언을 단순히 인과응보의 연장선상에서 보는 것은 잘못이다. 우리는 선지자와 성경의 교훈이 기계적 보응사상의 한계를 뛰어넘는다는 점을 주의해야 한다. 우선 선지자가 선언하는 벌은 인격적이다. 언약의 주이신 하나님의 판단과 결정에 의한 것이다. 또 선지자들은 번영이 순종의 결과이고, 궁핍이 저주의 결과라고 법칙적으로 말하지 않는다. 오히려 불의한 재물을 모은 부자는 심판의 대상이 되나 경건한 '궁핍자'는 하나님의 자비의 대상이다. 따라서 구약의 율법이나 선지자의 역할을 기계적 인과응보의 선언이나 집행으로 보는 것은 성경의 메시지와 정반대되는 것이다. 하나님은 미가서가 전체적으로 보여주듯이 심판 중에서도 긍휼을 거두지 않으시며, 궁극적인 소망의 근거를 자기 자신 안에서 찾으신다.

07

주와 같은 신이 어디 있으리이까

미가 7장 주해와 적용

서론 – 송사(訟事)를 제출하기까지

미가서는 선지자 미가의 단편적인 메시지들이 반복되는 모티브나 스타일, 주제 등이 여러 가지 문학적 장치들로 서로 연결되어 있음을 발견할 수 있다.[1] 이런 장치들을 따라 분석해 보면 미가서는 크게 두 부분으로 나누어진다. "백성들아 들어라"(שִׁמְעוּ עַמִּים כֻּלָּם 쉬무 암밈 쿨람)로 시작하여 이스라엘을 포함한 여러 민족들에게 주어지는 하나님의 계시가 나타나는 1~5장과, "너희는(그의 백성, 이스라엘과 변론하시는) 여호와의 말씀을 들을지어다"(שִׁמְעוּ־נָא אֵת אֲשֶׁר־יְהוָה אֹמֵר 쉬무 나 에트 아쉐르 아도나이 오메르)로 시작하여 하나님이 전적으로 이스라엘 백성들과 말씀하시는 부분인 6~7장이 구분되어진다. 우리가 살펴보려는 7장은 두 부분 중 후반부에 속하는 메시지다.

이 후반부에서 미가 선지자는 예언자들이 이따금씩 사용하는 문의 형식대로 그의 예언을 시작한다. 하나님의 심판을 선언하는 예언자들은 소위 'messenger formula'라 불리는 נְאֻם־יְהוָה, כֹּה אָמַר יְהוָה (네움 아도나이, 코 아마르아도나이) 즉 "여호와께서 말씀하시기를"이라는 도입구를 자주 사용하는 것을 볼 수 있다. 그와 함께 눈에 띄는 것이 미가가 후반부 예언에서 사용하는 용어다. 예언자, 특히 아모스 이후의 주전 8세기 문서의 선지자들은 이스라엘에 하나님의 심판이 임할 것이라는 예언을 서슴지 않았다. 이러한 심판의 선언을 전하면서 선지자들이 자주 사용한 용어가 바로 '립'(רִיב)라는 용어다. 이는 일반적으로 '불평', '변론'이라는 뜻을 가지기도 하지만 자주 사람 사이의 '분쟁'을 가리키는 말로 사용되었다.[2] 사람 사이에 분쟁이 제대로 해결되지 않으면 법정에 호소하는 것은 예나 지금이나 차이가 없다. 구약 시대에도 이러한 분쟁 해결을 위한 법정은 어떤 형태로든 존재하고 있었음을 알 수 있다. 미가보다 조금 앞섰지만 동시대의 사람으로 말할 수 있는 아모스 선지자는 구체적으로 법정에서 공의를 세울 것을 촉구하고 있음을 볼 수 있다(암 5:15).

'립'은 법정에서의 고소를 말할 때 사용하는 용어라는 견해가 지배적이다. 우리가 살피고자 하는 7장은 6장과 밀접하게 연결되어 있다. 6장은 1~2절에서 세 번씩이나 이 용어를 동원한다. "일어나서 산 앞에서 고소하라", "너희는 여호와의 변론을 들어라", "여호와께서 자기 백성 이스라엘과 변론하신다." 이러한 하나님의 고소에 대한 이스라엘의 응답, 그에 따른 하나님의 이어지는 공박, 그 송사에의 대답이 7장까지 이어지고 있다.

이것은 무슨 말인가? 하나님은 지금까지 예언자를 통하여 때로는 사마리아와 예루살렘의 심판(1:3~3:12)에 대하여, 때로는 시온과 이스라엘의 구원(4:1~5:9)에 관하여 선포해왔다. 열국들에게는 다가올 하나님의 나라 앞에서 굴복할 것인지(4:1~4), 징벌을 받을 것인지(5:10~15) 선택을 요청했다. 그런데 아무도 대답이 없다. 하나님만 애타게 부르짖고 있을 뿐이다. 그래서 지금 하나님은 화가 나신 것이다. 이대로 내버려 둘 수는 없는 일이고, 소송이라도 벌이지 않으면 꿈쩍도 하지 않을 것이라는 생각을 하신 것이 분명하다. "이제 너희는 들을지어다!" 변론을 시작할 테니 일어나라고 하신다. 재판장이 등장하는 법정을 보는 느낌이다.

그렇게 송사가 시작되어도 백성들은 제대로 반응을 보이지 않는다. 겨우 무슨 종류의 제사를 드릴 것인가를 고민할 정도로 영적 미성숙의 상태를 보인다(6:6~7). 이스라엘의 죄와 심판을 선언하는 하나님의 외침이 다시 시작되지 않을 수 없었다(6:9~16).

오늘의 우리 모습은 어떤가? 하나님이 고소를 벌이고 싶을 만큼 형편없는 상황에 처한 것은 아닌가? 돌이키는 기색이 보이지 않아도 회복시켜주고 싶어 하시는 하나님의 마음을 아랑곳하지 않은 채, 가는 길을 계속하는 미련한 모습을 보이고 있는 것은 아닌가? "한국 교회가 위기를 만나고 있다. 물량주의 권위주의 분파주의 지역주의 등 온갖 세속적 모습에 생각 있는 교인들이 절망하고 있다. 왕조나 재벌에게나 적용될 '세습'이라는 용어가 교회에서 일어나는 현상에 적용되는 것은 언약 공동체의 본질을 훼손하는 것이다" 라고 아무리 외쳐도 끄덕도 없는 한국 교회는, 그야말로 하나님의 고소 거리가 아니고 무엇인가?

본론

1. 재앙이로다(7:1~6)

1) 텅 빈 과수원과 같은 성읍(1절)

송사 끝에 하나님의 심판 선언이 이어지자, 선지자는 자신이 살고 있는 악한 시대를 바라보며 깊은 좌절감으로 탄식의 시를 읊조린다. 탄식은, 찬양과 함께, 시편을 형성해낸 가장 중요한 요소다. 이스라엘 공동체 전체를 대상으로 외치던 자리에서, 이제 그는 자신이 속한 사회의 도덕적 상황을 바라보며 깊은 시름에 빠져 한탄의 목소리를 높인다. "재앙이로다!" 그런데 그가 인식하는 재앙의 대상은 다름 아닌 탄식의 시를 읊고 있는 선지자 자신이다! 백성에 대한 심판을 소리 높여 외치다 문득 정신을 차리고 보니, 남을 향해 심판을 외쳤던 자신이 되레 여름 실과를 얻기 위하여 과수원에 들어갔지만 누군가가 이미 다 따버렸고, 그래서 실과는 하나도 남아있지 않은, 앙상한 가지들만 쳐다보는 신세가 되어있음을 발견한다. 포도라도 얻을까 했더니 포도원도 비어있기는 마찬가지요, 무화과 밭도 한결 같음에 아연 실색한다(1절). "재앙이로다!"를 외치지 않을 수 없다. 마땅히 열매로 가득해야 할 곳이 언제 이렇게 텅 비어 버렸더라는 말인가?

이것은 다름 아닌 예루살렘 성의 모습을 보여 주고 있음을 알 수 있다. 공의와 정의의 열매로 가득해야 할 성읍이 텅 빈 과수원과 같은 꼴을 보이고 있음에 대한 탄식인 것이다. 그 한 가운데에 선지자가 서 있는 셈이다.

오늘 우리가 살고 있는 곳은 어떠한가? 불의한 세상을 두고 탄식하는 우리가 이룬 과수원은 어떠한가? 거기엔 열매가 있는가? 우리 교회는 아직 포도송이가 남아 있는가? 나누어 먹을 무화과가 있는가? 우리 역시 "재앙이로다"를 외쳐야 할 신세가 아닌가 말이다.

2) 사람이 없다(2~4절)

빈털터리로서의 좌절을 경험한 예언자의 탄식은 구체적인 내용을 띄기 시작한다. 무엇보다 사람 없음에 탄식한다. 과수원에 과일이 없듯이 세상에 사람 같은 사람이 보이지 않는다는 것이다. 제대로 된 사람이 없다는 말이다. "선인이 세상에 끊쳤고 정직한 자가 없다." 선지자가 없다고 탄식하는 חָסִיד(하시드)로 표현된 "선인"(善人)과 יָשָׁר(야샤르 정직한 자)는 누구를 말하는가? 2절 후반부가 이들과 반대되는 자들의 모습을 잘 그려준다. 형제들을 그물로 잡으려는 후안무치한 자와 정반대의 인물들이 바로 선인이며 정직한 자인 셈이다. 지금 이 성읍에는 하나님과의 관계를 바로 맺지 못하는 것은 말할 것도 없고 욕심에 사로잡혀 자신의 형제들과도 제대로 인간적인 관계를 맺지 못하는 사람들만 널려있다. 악을 저지르기에 부지런한 사람들, 뇌물만 찾는 지도자와 재판관, 마음의 욕심만 드러내는 대인(大人, גָּדוֹל가돌)이라고 불리는 권세자들이 서로 '꼬여(עָבַת아봣)' 연결이 된다. 가장 선한 자가 가시 같고, 가장 정직한 자가 "찔레 울타리보다 더하다"는 소리를 들을 지경이니 사람다운 사람이 없다고 외치는 것은 정당하다. 그러니 '형벌의 날이 임할 것'이라는 말 외에는 들려 줄 다른 말이 있을 수 없다.

이와 같은 탄식은 우리도 흔히 듣기도 하고 내뱉기도 하는 말이다. 우리 역시 지금 처처에 사람이 널려 있는데 사람이 없다는 탄식을 절로 하는 세상을 살아가고 있다. 찬란한 학벌에, 정치적 배경이 좋은, 남 보기에 그럴 듯한 사람들이 행하는 일이 무엇인가? 미가 시대 이스라엘의 지도자들처럼 뇌물만 찾고, 욕심에 눈 먼 모습을 얼마든지 볼 수 있지 않은가? 믿을 수 있는 사람을 찾을 수가 없는 세상이라는 데 아무도 이의를 걸 수가 없다. 나라가 총체적 위기에 빠졌다며 민심 수습을 위해 대폭 개각을 '단행'(斷行)해도 누구도 거들떠보지 않는다. 장관할 거라며 '자신을 임대하는' 사람이 장관 자리에 오르는 일을 보고 도대체 무슨 생각을 할 수 있는가? 장관 자리를 나눠 먹기 대상으로 삼는 작태 속에서 믿을 만한 일이 일어날 것이라고 기대하는 것은 어리석기 짝이 없는 일이다. 대통령을 하고 싶은 사람, 대통령을 만들 '킹 메이커' 또한 그렇게도 많은데, 믿을 수 있는 사람은 눈을 닦고 찾아도 볼 수가 없어 사람들의 절망이 갈수록 더하고 있다. 의약분업을 두고 의사와 약사가 서로 죽게 되었다며 사생결단을 하고 그 난리를 치더니, 과도한 의료수가 인상, 부풀리기와 낯 뜨거운 허위 보험료 부당 청구 행위에, 정작 죽게 된 사람은 가난한 국민뿐이라는 사실 앞에 아연 실색하고 있다. 나라는 총체적으로 미궁으로 빠져 들어가는 느낌인데, 책임지는 사람은 아무도 없다. 국민 모두가 스스로를 믿지 못하니 지도자들이 불의와 부정, 불신행위를 행해도 책임을 추궁할 용기가 없다. 1억의 돈을 받고 특혜를 주자고 간부회의를 한 사실이 명백한 도지사에게 형이 가벼울 수 있는 다른 혐의를 적용하지 않았다고 하여 괘씸죄를 적용, 판사가 무혐의를 선고했고, 평소 기소독점권을 이용, 유전무죄 무전유죄로 끌고 간다고 비난받던 검사가 '정치 실세에게 죄를 뒤집어씌우는 일이 가능한 일인가'라며 격렬하게 비난하는 웃지 못할 일이 공공연하게 벌어지고 있음을 어떻게 설명할 수 있을까? "선인이 세상에 끊어졌고 정직한 자가 없다"라는 말 외에 달리 표현할 길이 있는가? 문제는 2천 수 백 년 전의 예언자의 절망이 여전히 우리의 절망으로 남아있다는 사실이다. 왜 인간은 역사에서 배우지 못하는 것인지 한심스러울 뿐이다.

교회도 마찬가지다. 한 교회가 비어 담임 목사를 찾는 광고가 나가면 수십 장, 심하면 백 수십 장의 이력서가 들이닥친다. "목회를 어떻게 할 계획이

냐"고 헛기침을 하며 목사를 다그치는 장로들의 어깨에는 점점 힘이 들어가는데, 둘러싼 장로들의 질문에 주눅이 든 목사는 상대적으로 자꾸 작아져간다. 한 사람을 뽑느라고 당회를 거듭하고, 비행기로 이리저리 돌아다니며 목사 고르는 즐거움도 그만, 결국 이력서를 전부 쓰레기통에 던지고서는 "어디 사람 없느냐"며 다시 눈을 두리번거린다. 홍수 끝에 가뭄이라고 했던가? '하시드'라 불리는 '언약에 신실한 사람'[3]을 보기가 예나 지금이나 그렇게 쉽지 않다.

하나님께 신실한 사람만 찾을 수 있다면, 문제는 간단히 해결될 일이다. 결코 지도자, 재판관, 권세자가 되는 것이 중요하지 않다. 역사는 눈에 보이는 것처럼 그런 사람들의 손에 있는 것이 아니다. 교회는 지금까지 어떤 사람들을 중요하게 여겨왔는가? 우리 아이들을 어떻게 키우려 하는가? 그저 세상에서 출세한, 큰 자(가돌 big one)가 아닌가? 목회자들은 스스로 어떤 사람이 되려 하고 있으며, 어떤 사람이 중요하다고 여기고 있는가? 높고 크고 힘이 센, 지극히 세상적인 잣대를 들이대며 살지 않았는가? 언제 한 번이라도 심각하게 미가 선지자의 '사람 없다'는 탄식소리에 귀를 기울인 적이 있는가?

3) 집에 존재하는 원수(5~6절)

사람 없다며 탄식하던 선지자는 이제 자신이 서 있는 사회 전체를 바라보던 자리에서, 일상생활에서 만나는 서로 가까운 사람들에게로 시선을 옮겨본다. 그러면 좀더 나은 상황을 볼 수 있는가? 전혀 아니다! 그의 탄식은 더 처절해진다. 이웃, 친구, 심지어 아내까지도 믿을 수가 없다. 부모, 자녀, 친지들 모두 다 사회 전체를 부패하게 만든 바로 그 악에 오염되어 있음을 보며 탄식하게 된다. 가족 사이의 신뢰를 통한 안정과 조화는 이스라엘 백성들에게 무엇보다 중요한 것이었다(출 20:12; 21:15, 17; 신 21:18이하; 레 20:9; 잠 20:20). 이것이 불신에 의해 파괴되는 것은 심각한 재앙이 아닐 수 없다. 마태복음 10:21, 35이하와 마가복음 13:12, 누가복음 12:53 등에서 보여 주는 대로, 예수님이 이 땅에 계심으로 일어날 위기–역사를 뒤바꾸는 위기–에 대한 표현을 여기에서 빌려왔다는 것은 이 사태의 심각성을 잘 보여 준다. '사람은 결코 믿음의 대상이 될 수 없음'을 잊어서는 안 된다.

흔히 사람들은 세상이야 어떻게 돌아가든 '나만 우리 가정만 괜찮으면 그만이다'라는 생각을 한다. 세상 일, 다른 사람의 일에 신경 쓸 필요가 없다고 생각하는 사람들도 꽤 있다. 그러나 사람 사는 일을 그런 식으로 구분하는 것은 불가능하다. 세상과 가정이 따로 존재하는 것이 아니다. 둘은 불가분리의 관계며, 세상 속에서, 세상과 더불어 내가 살고 가족이 살아간다. 공동 책임을 지지 않을 수 없다. 죄악은 그 영향력을 어디든지 미친다.

따라서 교회와 그리스도인들은 세상과 독립하여 홀로 존재할 수 없다는 사실을 명심해야 한다. 교회 내부의 개혁을 이룬 다음 폭넓게 사회악에 대하여 관심을 가질 것이라는 논리는 성립될 수 없다. 세상의 악이 집안사람을 원수로까지 둔갑시킬 수 있음을 알아야 한다. 세상과 가정, 가정과 세상을 동시에 살펴야 한다. 세상의 악을 제거하는 일이 가정을 지키는 일이요, 가정에서 경건한 삶을 꾸리는 것이 세상을 변화시키는 길이다. 교회와 세상의 관계도 마찬가지다. 세상의 악이 가정과 교회를 덮쳐, 집안을 불신으로 몰아넣고 가족을 원수로 만드는 어처구니없는 일을 일으키지 않도록 유의해야 한다. 흔히 한국 교회를 진보와 보수로 이분화 시켜 보수 그룹은 세상을 소홀히 하고, 진보그룹은 개인의 신앙을 소홀히 하는 것으로 말해 왔다. 물론 근년 들어 많은 변화를 보이고 있는 것도 사실이다. '기독교윤리실천운동'을 비롯한 많은 시민단체들에서 의식 있는 그리스도인들이 주도적으로 일하고 있음은 매우 고무적인 일이다. 「복음과 상황」이라는 이름의 잡지를 통하여, 사회성이 약하다는 소리를 들어온 복음주의 신학과 신앙의 바탕을 가진 사람들이 상황에 민감한 교회의 구체적인 모습을 그려가고 있는 것도 바람직한 일이 아닐 수 없다. 그럼에도 불구하고, 여전히 대다수의 그리스도인들이 자신에게 직접 관련된 일이 아니면 관심을 보이지 않는 경향을 보이고 있음을 부인하지 못한다. 미가 선지자를 통해 2천 수백 년 전에 이미 그와 같은 나눔이 불가하다는 사실을 잘 말해주었음을 명심할 일이다.

2. 역사의 전환 – 하나님 같은 이가 어디 있으랴(7:7~20)

미가 7:8~20은 하나님의 구원에 대한 기대로 가득 찬 메시지를 담고 있다. 4부분으로 나눌 수 있는 본문은 8~10절에서 하나님이 징벌을 바꾸어 구원을 베푸시고 대적 앞에서 성읍을 인정해 주실 것을 확신하고 노래하는 것을 본다. 11~13절은 성벽과 경계의 회복에 대한 약속이 주어진다. 14~17절은 하나님의 백성들이 하나님이 그들의 목자가 되셔서 열방들이 주의 능력을 바로 알고 인정하게 만들기를 청원한다. 18~20절은 하나님의 백성들이 자신들을 용서하시는, 비교할 수 없는 하나님의 크신 은혜를 찬양하는 것으로 끝맺고 있다.[4]

그런데, 이러한 전환은 7:7을 기점으로 일어난다. 미가서의 후반부를 이루는 6장에 들어서면서부터 고소의 형식을 빌어 이스라엘의 죄악을 폭로하던 예언자 미가는 7:7에 이르러 돌연 호흡을 멈추고 시선을 하늘로 향한다. 그러다 마침내 마지막 단락인 18절에 이르러서는 "주와 같은 신이 어디 있으리이까"며 탄성을 발한다. 무엇이 이 같은 변화를 가능하게 했는가? 이것은 심판과 구원을 번갈아 말하는 선지자들의 상투적인 어법인가? 아니면 흔히 비평학자들이 주장하는 대로 후대의 사람들이 미가 선지자의 부정적인 메시지를 완화시키기 위하여 덧붙인 것인가?

1) 역사 전환의 근거 – 그가 들으시리라(7절)

모든 주석가들이 7절의 독특성을 지적하는 데 동의한다. 이 구절은 1~6절의 내용과 전혀 다른 8절 이하의 본문을 연결하는 역할을 하고 있다. 7절을 읽어보자. "오직 나는(וַאֲנִי봐 아니) 여호와를 우러러보며 나를 구원하시는 하나님을 바라보나니 나의 하나님이 나를 들으시리로다!" 여기서 '오직'으로 번역된 히브리어는 '와우 접속사'에 해당하는 것이다. 일반적으로 '그리고'의 뜻으로 읽히는 것이지만 여기서와 몇몇 곳에서 'waw adversative', 즉 but, nevertheless와 같은 반어접속사로 사용되고 있다. 앞의 메시지의 흐름을 완전히 바꾸는 역할을 하고 있는 셈이다. 재앙이 임하였고 선인(善人)을 찾을 수가 없으며 믿을 수 있는 사람이 없는 처절한 형편이지만, 이스라엘 성읍 곧 이스라엘 백성들은(6:9에서부터 여성형인 성읍, 곧 예루살렘 성읍을 대상으로 예언하고 있다) 역사의 방향이 전환될 수 있는 가능성을 찾아낸 것이다.

'그러나 나는…'이라는 표현은, 앞서 삶의 현장을 살피면서 전혀 소망을 발견할 수 없다고 결론 내린 일에 대한 반전을 시도하고 있음을 보여 준다. 이웃도 친척도 품속의 여인도 믿을 수 없는 상황에서, 마지막 소망의 근거가 되시는 하나님을 기억해낸 것이다. 그분에게 마지막 기대를 걸 수밖에 없다. '나를 구원하시는 하나님', '나의 하나님', '그가 나를 들으시리로다.' 이스라엘이 위대한 백성으로 역사에 남는 이유가 여기에 있다. 여호와 하나님은 이스라엘의 탄식을 들으실 것이라는 믿음이 이들을 지켜간 것이다. 비록 메시아를 제대로 인식하지 못하는 우(愚)를 범하고 있지만, 나라를 잃은 지 2천 5백 년이 훨씬 지난 후에 다시 국가를 회복할 만한 독특한 민족이 된 것은 '여호와 하나님'에 대한 특별한 믿음이 바탕이 되어있음을 부정할 수 없다.

교실이 무너지고 도덕이 무너지는 것을 보는 요즘, 나라마저 무너지는 느낌을 받는다. 절망의 그림자가 곳곳에 도사리고 있다. 이 때가 바로 우리 민족이 다시 하나님을 우러러 보아야 할 때다. 하나님이 우리의 소원을 들으시리라는 믿음이 필요한 때다. 이 믿음을 교회가, 그리스도인들이 보여야 한다. 일본은 지금 10년 이상 지속된 경제 침체와 극단적 이기주의 때문에 심각한 정체성의 위기를 맞고 있다. 이러한 역사의 위기가 왜곡된 교과서를 만들고, 아이들에게 거짓 역사를 가르침으로 피할 수 있다고 믿고 있으니 기막힌 일이 아닐 수 없다. 참된 역사의 전환은 역사의 주인이신 하나님을 바라보고, 그가 나를 들으실 것이라는 믿음을 소유할 때 가능한 일이다. 세상이 절망적이나 우리 민족이 모두 '그러나', '오직', 나는 여호와를 바라본다는 역사 전환의 근거를 발견할 수 있도록 기도하자. 제 아무리 인간적인 노력을 기울여도 근거가 불확실하면 불안에서 벗어날 수 없는 법이다.

2) 전환 1: 어두움에서 빛으로(8~10절)

"나의 대적이여 나를 인하여 기뻐하지 말라"(8절)는 표현에서 '나'로 압축된 이스라엘과의 전쟁에서 승리하고 희희낙락하는 이방나라의 모습을 쉽게 그려볼 수 있다. 때문에 주석가 대부분이 이 본문이, 현실이라기보다는 미래에 일어날 일에 대한 예언이라는 주장을 펴는 경우는 있을지라도, 예루살렘을 함락시킨 바빌론과 상관이 있다는 데는 이의를 달지 않는다. 그런데 미가는 요담 왕(주전 739~731년) 시절에서 히스기야 시대(주전 715~686년)까지 활동했던 사람으로, 히스기야 왕이 반(反)앗수르 정책을 편 관계로 주전 701년 산헤립이 예루살렘을 침공하여 격전을 치른 역사를 공유했을 것을 감안할 때, 부정하고 부패한 예루살렘의 무너짐을 얼마든지 현실로 그릴 수 있는 위치에 있었다.[5] 그래서 신랄한 선포를 그치지 않았다.

그러나 그게 전부가 아니었다. 하나님을 바라보면 얼마든지 새로운 탈출이 가능하다는 확신을 가졌다. 여기서 적을 '에돔'으로 말하는 경우가 많지만 개인적인 대적이 아닌 것만 분명할 뿐(10절), 어느 나라인가는 그리 중요하지 않다. 이스라엘의 역사 속에는 수많은 대적들이 있었다. '대적'의 핵심은 '네 하나님 여호와가 어디 있느냐?'고 외치는 그 오만함에 있다. 그 대적이 마침내 거리의 진흙같이 밟힐 것이고, 이스라엘이 그것을 눈으로 보게 된다는 사실이 중요하다. 여호와께서 어두움에 앉은 자들의 빛이 되실 것이요, 도성을 '흑암에서 광명으로' 인도하는 역사의 대전환을 일어나게 한다는 데 이 예언의 의미가 있다.

빛과 어두움은 후일 사도 요한이 복음을 설명하면서 즐겨 쓴 대조적 용어다. 여호와로 인한 역사의 전환은 어두움과 빛처럼 극적인 대조를 이룰 것이고, 이것이야말로 바로 하나님의 '의(義, צְדָקָה쯔다카)', 곧 '택하신 자기 백성을 변호하는 하나님의 구체적인 행동'(9절)을 가장 잘 드러내는 것이다.

3) 전환 2: 넓어지는 지경(11~13절)

본문은 새로운 시대가 열려지는 것을 바라보는 선지자적 예언이라는 게 공통된 견해다. 미래에 대한 소망이 계시에 근거하고 있다. 이 선포는 한 여성에게 주어지는 형식을 띠고 있다. 앞서 지적한 대로 사마리아란 견해가 없는 것은 아니지만 인격화시킨 시온성(personified Zion)을 가리킨다는 견해가 우세하다.

이 단락의 처음 세 문장은 모두 '날'(יוֹם 욤)로 시작하여 말하고자 하는 주제를 강화시키고 있다. '성벽을 재건하는 날, 지경이 넓어지는 날, 그들이(원문은 네가) 네게로 오는 날'로 하나씩 점점 새로운 변화가 일어날 것을 예고한다. 따라서 주석가들은 이 본문의 배경으로 느헤미야(주전 445~433년)의 예루살렘 성벽 재건 사역을 떠올리게 된다. 그러나 성이 재건되고 지경이 넓어지고 사람들이 다시 모여오는 것은 어느 나라이건 회복될 때의 자연스러운 과정이다. 선민의 나라는 심판이 끝이 아니라 반드시 회복될 것을 구체적으로 보여 주고 있다.

12절이 묘사하고 있는, 앗수르, 애굽과 '산과 바다로부터', 즉 전 세계로부터 사람들이 몰려드는 광경은 이사야와 스가랴의 언어와 유사성을 보여준다(사 11:11~16; 27:12; 슥 10:8~12). 이것은 열방의 순례를 말하는 것이 아니라 이스라엘 백성들의 귀환을 노래하는 것이다. 하나님의 진노가 끝나고 이스라엘이 이전과 같이 회복될 것임을 말해 주는 것이다. 그렇게 되면 시온과 이방 세상은 완전히 대조를 이루게 될 것이다(13절). 시온은 하나님의 구원의 표가 되고, 나머지 세상은 심판의 재앙이 어떠한가를 그 황폐함으로 잘 드러내게 된다.

때로 죄와 허물을 드러내는 자기 백성으로 하여금 끝내 역사의 질곡, 그 어두움의 세월을 벗어나 새로운 변화의 날을 바라보게 하시는 하나님은 신실하시다. 악인의 행위에 대해 반드시 그 대가를 치르게 하시는 하나님 앞에서 우리가 바라볼 것은 무엇인가? 이제 우리가 할 일과 갈 길은 너무 분명하다. 하나님이 행하실 일에 대한 환상을 가져야 하지 않는가? 계시가 사라지고 환상을 갖지 못한 사람은 '변화의 그 날'을 볼 수 없음이 너무 당연하다.

4) 전환 3: 애굽에서 나오던 날 같이(14~17절)

하나님께서 목자가 되셔서 양떼인 주의 백성을 구원해달라는 기도가 올려지고 있다. 이스라엘과 그의 하나님 야훼의 관계는 역시 목자와 양의 관계를 통해 가장 잘 표현된다(시 100:3; 95:7; 28:9, 23). "주의 기업의 떼를 먹이시라"고 할 때의 그 '기업'은 특별한 용어로 구약에서 사용되었다. '나할라'(נַחֲלָה)라는 용어는 애초에 '야훼가 이스라엘 각 지파들에게 나누어 준, 상속 가능한 땅을 지칭하였고,[6] 나중에는 야훼의 특별한 소유로서의 이스라엘의 가치를 표현하는 말로 사용되었다(시 33:12; 68:9~10; 94:5, 14; 78:68, 71 등). 확실하고 철저하게 하나님의 백성들을 인도해달라는 기도임을 알 수 있다.

그런데 15절 본문은 보존에 문제가 있는 것으로 여겨진다. '네가 애굽 땅에서 나오던 날과 같이 내가 그들에게 기사를 보이리라'고 번역된 MT본문은 '…내가 그에게 기사를 보이리라'로 되어있다. 누가 나온다는 것이며, '그들'이란 누구를 가리키며 누가 기사(wonders)를 보인다는 것인가? 구약의 다른 곳에서는 단 한번도 야훼가 '애굽에서 나오신다(יהוה יצא야짜 아도나이)'는 표현을 쓰지 않는다.[7] 그렇다면 애굽에서 나오는 것은 이스라엘인가? 그건 전체 기도와 맞지 않다. 어딘지 어색하기 짝이 없다. 전례가 없지만 애굽에서 나오는 분은 야훼로 볼 수밖에 없다. '내가 그들에게'(I will show him)는 '우리로 보게 하소서'(let us see)로 바꾸어야 흐름이 맞아 가는 것이 사실이다.[8] "당신이 애굽에서 나오시던 날과 같이 우리에게 기사(奇事)를 보여 주소서." 그렇게 되면 자연적으로 열방은 부끄러움과 수치, 두려움에 사로잡히게 될 것이 분명하다(16~17절).

이스라엘이 경험한 출애굽의 역사와 야훼의 특별한 소유로서의 자기 인식은 기도의 동력이 되었고, 응답의 확신을 주기에 충분했다. '애굽에서 나오던 날'은 역사의 모든 의문을 해소하기에 남음이 있었다! 그렇다. 아무리 힘들어도 역사적인 구원의 날을 생각하면 역사의 긍정적인 전환을 의심할 수가 없다. 제2의 출애굽, 죄로부터의 탈출을 가능하게 한 십자가 사건 역시 우리로 하여금 기도하고, 기사(奇事)를 소망하게 하며, 역사의 역전이 가능함을 믿게 하는 원동력이 된다. 삶의 어두움이 깊어갈수록 생의 전환점을 가져다주기에 충분한 증거가 되는 출애굽 역사, 십자가의 사건을 기억하라.

5) 전환의 기쁨–주와 같은 신이 어디 있으랴(18~20절)

야훼를 바라보면서 역사의 전환을 기대하던 이스라엘은, 어둠에서 광명으로 인도하시는 하나님으로부터 넓어지는 지경과 선민들의 귀환을 약속받았고, 마지막으로 애굽에서 나오던 날같이 기적을 보여 달라는 기도를 통하여 대적들이 입과 귀를 막고 두려워 떠는 완전히 뒤바뀐 모습을 보게 된다. 이제 이스라엘이 할 수 있는 남은 일이 무엇인가? 단 한 가지, 찬송할 일뿐이다! "주와 같은 신이 어디 있으리이까?" 수사 의문문의 형식을 빌어, 야훼는 그 어느 누구와도 비교 불가능한 찬양의 대상임을 천명한다. 1인칭으로 시작하여 3인칭으로(18하~19절), 다시 1인칭으로(20절) 스타일을 바꾸어가면서 드리는 찬송은 역사의 전환을 보게 되어 일어나는 흥분을 잘 표현하고 있다.

여기서 허물을 용서받는 '기업의 남은 자'(18절)는 굳이 예루살렘 멸망 후의 남은 자를 가리킨다고 말할 필요가 없다. 언젠가 다가올 심판을 견디고 남는 자가 있을 것이라는 것은 심판을 외치는 선지자 모두에게 공통되는 메시지다(암 9:12). 그런 확신이 있어야만 자기 백성에게 과감하게 심판을 선포할 수 있지 않겠는가?

이 찬송은 두 가지 내용으로 압축된다. 18절은 용서와 인애(仁愛)의 본질을 가지신 하나님을 노래하고, 19절 이하는 그러한 하나님이 행하실 일을 찬양한다. 결국 하나님의 '인애'가 가장 중요한 찬양의 요소로 등장한다(18, 20절). 역사 전환의 근거이신 야훼 하나님은 다름 아닌 '인애의 하나님'이시라는 말이다.

그렇다면 인애로 번역된 '헤세드'(חֶסֶד)는 구체적으로 무엇을 가리키는가? 메이스는 이것을 한마디로 잘 요약하고 있다. '헤세드'는 관계를 극대화시키는 자비로운 행위, 즉 관계를 맺은 상대가 연약하고 흠이 많다고 할지라도 상호관계를 충족시키는 행동이다.'[9] 이러한 인애가 풍성하신 하나님의 모습은 구약 곳곳에서 마치 하나님을 설명하는 신학적 공식처럼 나타날 만큼 매우 중요한 하나님의 성품임을 알아야 한다.[10]

그런데 여기서 우리가 주목할 것은 역사 전환의 근거가 되시는 하나님의 인애가 이스라엘의 '죄악'과 상관되어 나타난다는 점이다. 예언의 마지막 단락에서 죄를 지적하는 세 가지 용어 전부가 동원되고 있다(פֶּשַׁע페샤아 죄악, עָוֺן아온 허물, חַטָּאת하타앗 죄). 선지자를 통해 이스라엘이 바라본 하나님은 무엇보다 이스라엘의 '모든 종류의 죄를 용서하시는 하나님'이시라는 것이다. "우리의 죄악을 발로 밟으시고", "모든 죄를 바다에 던지신다"(19절). 죄는 하나님의 진노를 받기에 마땅한 행위이지만(7:9), 하나님은 인애를 기뻐하셔서 자기 백성을 무너뜨리는 죄를 마침내 뭉게 버리신다. 이 같은 하나님의 행동은 오늘에 국한된 것이 아니다.

20절을 보라. "주께서 옛적에 우리 열조에게 맹세하신대로 야곱에게 성실을 베푸시며 아브라함에게 인애를 더하시리이다." 하나님의 성실(אֱמֶת에멧)과 인애는 야곱과 아브라함, 역사의 시작까지 거슬러 올라가고 있음을 보여준다.

도대체 우리는 하나님께로부터 무엇을 바라는 것인가? 우리의 야훼 하나님이 어떤 하나님으로 내게, 우리 가정에, 우리 교회에, 그리고 이 민족 앞에 나타나시기를 원하는가? 인간의 죄악이 모든 문제의 핵심이요, 그 죄악의 해결이 가장 급선무임을 잊지 말아야 할 것이다.

호세아 주(註)

1부

1장

1. Bobby Box, "Introduction to the Book of Hosea", *The Theologicad Educator*, Vol. 6 (1975, Fall), 23.
2. Dan G. Kent, "Hosea: Man, Times and Material", *Southwestern Journal of Theology*, vol. 36 1993, Fall), 7.
3. Jame L. Mays, Hosea, *The old Testament Library* (Philadelphia: The Westminster Press, 1969), 11.
4. James, D. Newsome, Jr., *The Hebrew prophets* (Atlanta: John Knox Press, 1984), 36.

2장

1. M. de Roche, "Yahweh's rib against Israel: Areassessment of the so-called 'prophetic Lawsuit' in the preexilic prophets" *JBL*, 102 (1983), 563~574.
2. 이러한 주장이 강하게 나타난 번역은「표준 새번역」이다.
3. H. W. Wolff, *Hosea* (Philadelphia: Fortress Press, 1974), 21.
4. 호세아 시대에 계약의 관한 개념에 대해서는 다음의 논문을 참고하라; J. H. Hayes, "Covenant," *Mercer Dictionary of the Bible* (W. L. Mills ed.; Macon: Mercer University, 1990) 177~181.
5. H. Hayes, "Covenant," 180.
6. 9절에 "갔고"로 번역된 히브리어 '알라'(עָלָה)는 "올라가다, 대항하다, 공격하다"의 뜻으로 사용되는 단어로 여기서는 "대항하다"는 의미로 번역함이 옳다. 즉 이스라엘이 앗수르에 대해 반기를 든 것을 말한다.

3장

1. 이사야 52:14는 '너'라고 불리는 이스라엘과 '그'라고 불리는 단수인 여호와의 종이 서로 비교되고 있다. "무리가 너를 보고 깜짝 놀랐었지! 그와 같이 그의 얼굴은 상하였고 인간이라 할 수 없을 정도로 상하였도다!" 이 구절은 이스라엘과 메시야의 고난이 비교되고 있으며, 이사야 53장 전체를 통하여 어떻게 메시야가 고난을 당함으로써 이스라엘('우리'라고 표현되었음)이 회복 받는지를 묘사하고 있다.
2. 이사야 52:13~53의 '여호와의 종'의 역할을 생각할 것.
3. J. Barton Payne, *Encyctopedia of Biblical Prophecy* (Grand Rapids: Baker, 1973), 405.
4. KJV은 "But Judah still rules with God"으로 오히려 좋은 의미로 번역하는데, 이것은 רָד(라드)의 원형을 '다스리다'로 보았기 때문이다. 그러나 원형을 '방황하다'로 보는 것이 전후 문맥에

서 타당할 것이다.

4장

1. 이 글에서 인용하는 우리말 개역성경의 장절과 히브리어 맛소라 본문의 장절이 다를 경우 후자의 것을 ( )속에 표기함.
2. 열왕기하 17:1~6; 참고 John Bright, *A History of Israel*, Third Ed., (Philadelphia: The Westminster Press, 1981). = 「이스라엘 역사」, 박문재 옮김(크리스챤 다이제스트, 1993), 376~377.
3. 우리말 개역성경의 '망하였거늘'에 대한 히브리어 동사 어근은 '죽다'다.
4. 참고 Hans Walter Wolff, *Hosea: A Commentary on the Book of the Prophet Hosea*. Tr. by G.Stansell. Philadelphia: Fortress Press, 1974 (=English Translation of Dodekapropheton 1 Hosea. BKATXIV/1. Neukirchen~Vluyn: Neukirchner Verlag, 1961), 221, n.ee.
5. 에브라임의 군인들을 가리키고 있을 것이다.
6. 참고 열왕기하 8:12하; 이사야 13:16상; 나훔 3:10상.
7. 참고 열왕기하 8:12하; 15:16하; 아모스 1:13하.
8. James Luther Mays, *Hosea*, OTL. Philadelphia: The Westminster Press, 1969, 184, n.b, 참고 Wolff (1974: 231, n.b).
9. 우리말 개역성경은 2(3)절 마지막 귀절을 "우리가 입술로 수송아지를 대신하여 주께 드리리이다"로 옮겼으나 70인 역 등을 참고하여 위와 같이 읽었다.

미가 주(註)

1부

1장

1. Thomas E. McComiskey, ed., *The Minor Prophets*, vol. 2 (Grand Rapids: Baker Book House Company, 1993), 591.
2. 앞의 책.
3. 앞의 책, 592.
4. 앞의 책, 593.
5. Kenneth L. Barker and Wayne Bailey, *Micah, Nahum, Habakkuk, Zephaniah, The New American Commentary*, vol 20 (Nashville: Broadman & Holman Publishers, 1998), 24.

2장

참고문헌

Allen, Leslie C, *The New International Commentary on the Old Testament: Joel, Obadiah, Jonah and Micah*, WEPC, 1983.

Bullock, C. Hassell, *An Introduction to the Old Testament Prophetic Book*, Chicago: Moody Press, 1986.

Dillard, Raymond B. and Longman III, Tremper, *An Introduction to the Old Testament*. Grand Rapids: Zondervan Publishing House, 1994.

Dorsey, David A., *The Literary Structure of the Old Testament*, Grand Rapids: Baker Books, 1999.

Hill, Andrew and Walton, Joh, *A Survey of the Old Testament*, Grand Rapids: Zondervan Publishing House, 1991.

Keil, C. F., and Delitzsch, F., *Commentary on the Old Testament*: Vol. 10 Minor Prophets. Peabody: Hendrickson, 1989.

Smith, J M P, Ward, W H and Bewer, J, *The International Critical Commentary: Micah, Zephaniah, Nahum, Habakkuk, Obadiah and Joel*, Edinburgh: T &T Clark Limited, 1985.

Smith, Ralph L., *Word Biblical Commentary*, Volume 32: Micah–Malachi, (Dallas, Texas: Word Books, Publisher) 1998.

VanGemeren, Willem A., *Interpreting the Prophetic Word*, Grand Rapids: Academie Books, 1990.

글리아슨 아처, 「구약총론」 김정우 옮김, 서울 : 기독교문서선교회, 1985.

레온 우드, 「이스라엘의 선지자」, 김동진 옮김, 서울 : 기독교문서선교회, 1990.
이학재, 「구약성경에서 배운다」, 서울 : 도서출판 이레서원, 2001.

2부

1장

1. B. Waltke, *Micah* (The Minor Prophets. An Exegetical and Expository Commentory) ed. by T.E. McComiskey vol. 2, Grand Rapids: Baker, 1993, 594.
2. 앞의 책, 627.
3. Leslie C. Allen, *The Book of Joel, Obadiah, Jonah and Micah* (NICOT), 279.
4. 앞의 책, 281.
5. 그 부조가 대영박물관의 제 17번 방으로 옮겨져 왔고, 이 방을 라기스방(Lachish Room)이라고 부르고 있다.
6. L. C. Allen, 앞의 책, 277.

3장

참고문헌

Bullock, C. Hassell, *An Introduction to the Old Testament Prophetic Book*, Chicago: Moody Press, 1986.
Hill, Andrew and Walton, John, *A Survey of the Old Testament*, Grand Rapids: Zondervan Publishing House, 1991.
Smith, Ralph L, *Word Biblical Commentary* Vol. 32 (Micah–Malachi). Waco: Word Books, 1984.
이학재, 「구약성경에서 배운다」, 서울 : 도서출판 이레서원, 2001.

5장

1. 1절의 역사적인 배경에 대해서 학자들의 견해는 일치하지 않지만, 주전 701년 앗수르 왕 산헤립이 이스라엘을 침공한 사건으로 사료된다(왕하 18~19장, 사 36~37장).

6장

1. '매를 순히 받고 그것을 정하신 자를 순종할지니라'에서 '매'는 '지파'를 의미할 수도 있고, '순히 받고'는 히브리어 성경에 없다. 또 문장의 부자연스러움 때문에 몇까지 대안이 제시되기도 한다. 대표적인 수정번역으로는 '들으라, 지파와 성읍의 총회여'가 있다.
2. 14절은 *hapax legomenon*과 불확실한 어근을 가진 단어 때문에 그 의미가 불분명하다. NEB는 '너희가 수고하나 추수하지 못할 것이며 너희가 아이를 밸지라도 내가 그를 칼에 붙이리라'로 번역하기도 한다.

7장

1. James L. Mays, *Micah*, OTL, SCM, p. 3.
2. 신명기 17:8; 19:17; 25:1; 사무엘하 15:4; 이사야 1:23; 호세아 4:1; 12:2. 이 용어는 이스라엘이 원수에 대항하는 송사에 사용되어 심판보다 구원의 근거가 되기도 했다. 예레미야 50:34; 51:36; 예레미야애가 3:58; 이사야 51:22; 시편 43:1; 74:22; 119:153.
3. 히브리어 '헤세드'(חסד)는 steadfast love, covenant love라는 의미를 가진다. 우리말로 인자라고 주로 번역하는 데, 정확하게 표현하자면 언약을 지키며 단일의 목적을 가지고 하나님과의 관계를 올바르게 맺고 살아가는 것을 가리킨다. '하시드'(חסיד)는 그런 헤세드를 가지고 살아가는 사람을 가리키게 된다. 참고 J. L. Mays, *Micah*, 151.
4. 7:8~20의 성격과 구성에 관하여서는 많은 견해가 제기되어왔다. B. Stade는 1903년에 이 부분과 시편의 언어가 유사함에 주목하면서 이 본문이 예전적 성격을 가졌음을 지적한 바 있다. 'Micha 1,2~4 und 7,7~20, ein Psalm', *ZAW* 23, 1903, 163~171, K. Marti는 두 개의 시편이 하나로 짜여진 것으로 이해했고, B. Duhm은 vv 8~10, 11~13, 14~20 등 세 개의 시편이 결합되어 있는 것으로 보았다. 참고 Mays, 153~154. 물론 J. M. Smith (ICC), T. H. Robinson(HAT)은 1954년에 독립적인 탄식시인 vv. 8~10에다 내적 연관성이 없는 다른 시들을 덧 붙였다고 주장하기도 한다. 시편 연구를 통해 양식비평의 길을 연 Gunkel은, 오늘날 대부분의 주석가들이 따르는 대로 4개의 시가 두 개씩 짝을 이루어 정교하게 이루어져 있음을 주장하였다. 물론 후일의 Eissfeldt를 비롯한 대부분의 학자들은 이 시를 북국 이스라엘이 망하고 난 다음 그곳에 남은 사람들을 위한 희망을 말한 것이라거나 (Eissfeldt), 포로 시대 이스라엘 백성을 대상으로 회개를 요구하는 선지자적 예전의 일환으로 보고 있다. 최근의 R. Smith는 a Psalm of trust (7~10), an oracle(11~13), a prayer for God (14~17), a hymn praising Yahweh (18~20) 등의 특색을 가진 시들의 연합으로 설명한다, *Micah~Malachi*, WBC, 58.
5. 특히 7:12에서 미가가 알고 있는 땅 끝은 바빌론이 아닌 앗수르와 애굽이었다는 사실을 두고 볼 때, 굳이 예루살렘의 멸망을 현실적으로만 이해할 이유는 없어 보인다. 특히 7:12는 환상을 말하는 것임을 감안할 때 더욱 그러하다. 게다가 7:11~13이 선포의 대상으로 삼는 '인격화된 여성'이 무엇을 가리키는가에 대한 논쟁에서도 Eissfeldt, Reicke 등은 예루살렘이 아니라 사마리아라는 견해를 피력한다. 7:14의 갈멜, 바산, 길르앗이 모두 북 이스라엘에 속한 지역임을 고려할 때 아직 예루살렘의 패망을 말하는 것이 아니라는 견해가 설득력을 가진다. 참고 R. Smith, 앞의 책, 59.
6. G.von Rad, *Old Testament Theology I*, 224.
7. '야짜 민'(יצא מן)은 이스라엘에게 사용되고 있다. 출애굽기 13:3; 23:15; 신명기 11:10; 시편 114:1.
8. MT본문의 '아르에누'(אַרְאֶנּוּ)를 Wellhausen의 제안대로 '헤르에누'(הראנו)로 읽는 것이 아무래도 자연스럽다. 본문의 전수 과정에서 이상이 생겨난 것으로 밖에 볼 수 없다. R. Smith, 앞의 책, 58.
9. J. L. Mays, *Micah*, 168.
10. 출애굽기 34:7, "여호와로라 여호와로라 자비롭고 은혜롭고 노하기를 더디 하고 인자와 진실이 많은 하나님이로다." 이러한 양식은 느헤미야 9:17; 시편 86:15; 103:8; 145:8; 요나 4:2; 민수기 14:18 등에서 그대로 되풀이되고 있다.

원어 일람표(히브리어/헬라어)

P. 24
헤세드 חֶסֶד
미쉬파트 מִשְׁפָּט
쩨다카 צְדָקָה
에무나 אֱמוּנָה
다앗 엘로힘 דַּעַת אֱלֹהִים
라하밈 רַחֲמִים

P. 27
쉐마 שְׁמַע
립 רִיב

P. 28
하타아트 חַטָּאת

P. 40
나아르 נַעַר

P. 53
라드 רָד

P. 55
마콤 מָקוֹם

P. 59
임 אם

P. 80
에쉐트 제누님 אֵשֶׁת זְנוּנִים
라카흐 לָקַח
자나 זָנָה

P. 81
얄데이 제누님 יַלְדֵי זְנוּנִים
이스르엘 יִזְרְעֶאל
로암미 לֹא עַמִּי
로루하마 לֹא רֻחָמָה
아헤헴 אֲחֵיכֶם
아호테헴 אֲחוֹתֵיכֶם
암미 עַמִּי
루하마 רֻחָמָה

P. 83
로쉬 에하드 רֹאשׁ אֶחָד

P. 85
리부 리부 רִיבוּ רִיבוּ
라헨 לָכֵן

P. 86
제누님 זְנוּנִים
나아푸프 נַאֲפוּף
갈라 גָּלָה
골라 גּוֹלָה

P. 87
파타 פָּתָה
이쉬 אִישִׁי

바알리 בַּעְלִי
아라스 אָרַשׂ
바욤 하후 בַּיּוֹם הַהוּא

P. 92
립 ריב
에메트 אֱמֶת
헤세드 חֶסֶד

P. 109
자아크 זָעַק

P. 110
브릿트 בְּרִית
토라 תּוֹרָה

P. 125
이카보드 אִי־כָבוֹד
보케크 בּוֹקֵק

P. 72
아도나브 אֲדֹנָיו

P. 135
이스르엘 יִזְרְעֶאל
로루하마 לֹא רֻחָמָה
로암미 לֹא עַמִּי

P. 138
야다 יָדַע

P. 143
슈브 שׁוּב

P. 163
미가야후 מִיכָיְהוּ

P. 170
호이 הוי

P. 173
하타트 חַטָּאת
하타아 חֲטָאָה
라아 רַע
페샤 פֶּשַׁע
아본 עָווֹן
아온 עָוֹן
아벨 עָוֶל
아벨라 עַוְלָה

P. 174
욤 메차페이하, 페쿠다테하
יוֹם מְצַפֶּיךָ פְּקֻדָּתְךָ
버치드카토 בְּצִדְקָתוֹ

P. 176
미 엘 카모하 מִי־אֵל כָּמוֹךָ

P. 179
야하드 יַחַד

P. 183
샬롬 שָׁלוֹם

P. 201
미가야 מִיכָיָה

P. 206
베들레아브라 בֵּית לְעַפְרָה
아파르 עָפָר

P. 207
사빌 שָׁפִיר
사아난 צַאֲנָן
야짜 יָצָא
벧에셀 בֵּית הָאֵצֶל
마롯 מָרוֹת
샬롬 שָׁלוֹם
라기스 לָכִישׁ
모레셋 מוֹרֶשֶׁת
메오레셋 מאורסת
악십 אַכְזִיב
악잡 אַכְזָב
마레사 מָרֵשָׁה
요레쉬 יוֹרֵשׁ

P. 215
보스라 בָּצְרָה

P. 218
아노키 אָנֹכִי
바브 ו
로쉬 רֹאשׁ
카친 קָצִין

P. 219
마트임 מַתְעִים
하존 חָזוֹן
믹솜 מִקְסָם
버 וְ
울람 אוּלָם
코하 כֹּחַ
미셔파트 מִשְׁפָּט
개부라 גְּבוּרָה
페샤아 פֶּשַׁע
하타아 חַטָּאת
나가드 נָגַד

P. 220
쉬무 שִׁמְעוּ
야살 יָשָׁר
톱 טוֹב
담 דָּם
아벨 עָוֶל
버 בְּ
버샤하드 בְּשֹׁחַד
빔히르 בִּמְחִיר
버케세프 בְּכֶסֶף

P. 224
이카보드 אִי־כָבוֹד

P. 229
로쉬 רֹאשׁ

P. 231
나할 נָהַר
알라 עָלָה
토라 תּוֹרָה

P. 237
아삽 אָסַף
카바츠 קָבַץ

P. 243

예테르 יֶתֶר

슈에릿 שְׁאֵרִית

P. 261

자카르 זָכַר

P. 262

베리트 בְּרִית

P. 265

쉬무 암밈 쿨람 שִׁמְעוּ עַמִּים כֻּלָּם

쉬무 나 에트 아쉐르 아도나이 오메르

שִׁמְעוּ־נָא אֵת אֲשֶׁר־יְהוָה אֹמֵר

네움 아도나이, 코 아마르 아도나이

נְאֻם־יְהוָה, כֹּה אָמַר יְהוָה

P. 266

립 רִיב

P. 268

하시드 חָסִיד

야샤르 יָשָׁר

가돌 גָּדוֹל

아봇 עֲבֹת

P. 272

봐 아니 וַאֲנִי

P. 274

쯔다카 צְדָקָה

P. 275

욤 יוֹם

P. 276

나할라 נַחֲלָה

야짜 아도나이 יצא יהוה

P. 277

헤세드 חֶסֶד

P. 278

페샤아 פֶּשַׁע

아온 עָוֹן

하타앗 חַטָּאת

에멧 אֱמֶת

P. 279

알라 עָלָה

P. 283

헤세드 חסד

하시드 חסיד

야짜 민 יצא מן

아르에누 אַרְאֵנוּ

헤르에누 הראנו

* ח, ס, צ, ו는 원칙적으로 'ㅎ', 'ㅆ', 'ㅊ', '부'로 음역했으나, 필자가 'ㅋ', 'ㅅ', 'ㅉ', '우'를 선호한 경우 필자의 의견을 존중했습니다.
* יהוה는 필자에 따라 '야웨'(혹은 '야훼')나 '아도나이'로 표기했습니다.